Regulação do Setor Portuário

Regulação do Setor Portuário

2021

Paulo Renato Jucá

ALMEDINA

REGULAÇÃO DO SETOR PORTUÁRIO

AUTOR: Paulo Renato Jucá

DIRETOR ALMEDINA BRASIL: Rodrigo Mentz
Editora Jurídica: Manuella Santos de Castro
EDITOR DE DESENVOLVIMENTO: Aurélio Cesar Nogueira
ASSISTENTES EDITORIAIS: Isabela Leite e Larissa Nogueira

DIAGRAMAÇÃO: Almedina
DESIGN DE CAPA: FBA

ISBN: 9786556272962
Setembro, 2021

Dados Internacionais de Catalogação na Publicação (CIP)
(Câmara Brasileira do Livro, SP, Brasil)

Jucá, Paulo Renato
Regulação do setor portuário / Paulo Renato Jucá. – São Paulo : Almedina, 2021.

Bibliografia
ISBN 9786556272962

1. Direito marítimo – Brasil 2. Portos – Leis e legislação – Brasil I. Título.

21-70022 CDU-347.79(81)

Índices para catálogo sistemático:

1. Brasil : Direito marítimo 347.79(81)

Cibele Maria Dias – Bibliotecária – CRB-8/9427

Este livro segue as regras do novo Acordo Ortográfico da Língua Portuguesa (1990).

EDITORA: Almedina Brasil
Rua José Maria Lisboa, 860, Conj.131 e 132, Jardim Paulista | 01423-001 São Paulo | Brasil
editora@almedina.com.br
www.almedina.com.br

À Carolina, meu grande amor.
À Julia e Maria, nossos maiores tesouros.

AGRADECIMENTOS

Aos meus pais, por sempre acreditarem em mim e por compreenderem os diversos e incansáveis dias, finais de semana ou feriados em que estive imerso em livros, estatísticas, documentos ou qualquer outro material relacionado ao tema desta obra, privando-os do nosso convívio familiar.

Aos meus avós, que contribuíram (e muito) para minha a formação, muito além do aspecto acadêmico.

Aos meus queridos amigos, pela ajuda, compreensão e por respeitarem a minha constante ausência. Certamente este trabalho não seria o mesmo sem as risadas que vocês me proporcionam em todos esses anos de convivência.

Aos companheiros do escritório FCDG Advogados, pelo suporte no caminho da formação profissional e acadêmica. Essa árdua tarefa teria sido ainda mais difícil sem o apoio de vocês.

À Fundação Getúlio Vargas e à Faculdade de Direito da Universidade de Lisboa, que me deram a oportunidade de discutir e aprofundar as matérias tratadas neste trabalho.

Ao Alfonso Gallardo e Ana Beatriz Castro, pela paciência quase monástica para esclarecer a um advogado as diversas dúvidas surgidas a respeito dos aspectos técnicos da atividade portuária.

Aos professores Leandro Molhano, Sérgio Guerra e Patrícia Pinheiro Sampaio, que me permitiram um profícuo período de convívio acadêmico durante os anos de mestrado na Fundação Getúlio Vargas, que foi a semente para o surgimento deste livro.

Ao professor Rafael Carvalho Rezende Oliveira, que me honrou ao aceitar o convite para integrar a minha banca de mestrado, momento em que surgiram sugestões relevantes para aprimorar este livro.

Por fim, agradeço a ela, Carolina, certamente a melhor parte de mim, minha grande companheira, que está comigo em todos os momentos. Sem a sua presença, essa jornada teria sido muito mais difícil.

PREFÁCIO

Com grande satisfação faço a apresentação do livro de Paulo Renato Jucá ***"A Regulação do Setor Portuário"***, fruto de seus estudos e reflexões materializadas na dissertação de mestrado acadêmico em direito da regulação, aprovada no âmbito do Programa de Pós-graduação *stricto sensu* da Escola de Direito do Rio de Janeiro da Fundação Getulio Vargas. Em suas pesquisas o autor enfrentou um tema altamente intrincado, de grande complexidade para o sistema jurídico e para o sistema econômico, disciplinado e regulado pelo Estado há várias décadas.

As normas que estruturaram o setor portuário no Brasil são do ano de 1934, momento em que se estabeleceu um regime jurídico próprio próximo à edição da Carta de 1934, período de grande inflexão do papel do Estado sobre o domínio econômico e sobre a livre iniciativa. Além de consagrar o constitucionalismo social no Brasil, a Carta Constitucional de 1934 inovou ao disciplinar a economia, nacionalizando as minas, águas, fontes de energia elétrica e riquezas de subsolo, submetendo a sua exploração à concessão federal. A Constituição trouxe, ainda, limitações a atividades econômicas e profissionais exercidas por pessoas e empresas estrangeiras.

Para disciplinar o setor portuário foram editados os seguintes atos: Decreto nº 24.447, de 22 de junho de 1934, que definiu as atribuições conferidas a diferentes Ministérios e repartições a estes subordinadas, nos serviços referentes aos portos organizados; Decreto nº 24.508, de 29 de junho de 1934, que definiu os serviços prestados pelas administrações dos portos organizados e uniformizou as taxas portuárias, quanto a espécie, incidência e denominação; Decreto nº 24.511, de 29 de junho de 1934, que disciplinou a utilização das instalações portuárias, estabelecendo o monopólio do Porto Organizado relativamente às cargas derivadas ou provenientes de sua hinterlândia, esta que representava uma parcela do litoral e sua projeção para o interior do País; e, Decreto nº 24.599, de 03 de julho de 1934, que disciplinou as obras e melhoramentos dos portos nacionais, seu aparelhamento e a exploração do respectivo tráfego, revogando expressamente o Decreto nº 1.746/1869.

As constituições federais promulgadas após a edição desses atos regulamentares pouco dispuseram acerca da estruturação jurídica do setor portuário. Com a promulgação da Constituição Federal de 1988 disciplinou-se a atividade portuária estabelecendo a competência da União para explorar os portos marítimos, fluviais e lacustres, diretamente ou mediante concessão, permissão e autorização. Assim, e de acordo com o art. 21, inciso XII, o setor portuário foi disciplinado constitucionalmente tanto sob a ótica do serviço público (concedido ou permitido) quanto no regime de atividade econômica (autorizada).

Com efeito, até a década de 1990, as atividades portuárias eram desenvolvidas no âmbito da União por empresa estatal federal (Empresa de Portos do Brasil S/A – Portobrás). Com a edição da Lei nº 8.029, de 12 de abril de 1990, foi autorizada a dissolução e privatização de inúmeras entidades da Administração Indireta, inclusive a Portobrás, retornando os serviços portuários à União Federal.

Com a extinção da Portobrás, e visando promover uma ampla reforma no setor portuário, foi editada a Lei nº 8.630, de 25 de fevereiro de 1993, conhecida como a "Lei de Modernização dos Portos" ou, simplesmente, a "Lei dos Portos". Na vigência dessa lei a regulamentação do setor portuário foi disciplinada por meio do Decreto nº 4.391, de 26 de setembro de 2002 e do Decreto nº 6.620, de 29 de outubro de 2008.

A citada Lei nº 8.630, de 25 de fevereiro de 1993, que revogou todas as principais normas que disciplinavam o setor portuário, definiu o Porto Organizado como sendo aquele construído e aparelhado para atender às necessidades da navegação, da movimentação de passageiros ou da movimentação e armazenagem de mercadorias, concedido ou explorado pela União, cujo tráfego e operações portuárias estejam sob a jurisdição de uma autoridade portuária.

E, quanto aos instrumentos necessários à utilização das instalações portuárias (construir, reformar, ampliar, melhorar, arrendar e explorar), assim dispôs aquela normativa federal: a) contrato de arrendamento, celebrado com a União no caso de exploração direta, ou com sua concessionária, sempre através de licitação, quando localizada dentro dos limites da área do Porto Organizado; e b) autorização do órgão competente, quando se tratar de Instalação Portuária Pública de Pequeno Porte, de Estação de Transbordo de Cargas ou de terminal de uso privativo, desde que fora da área do Porto Organizado, ou quando o interessado for titular do domínio útil do terreno, mesmo que situado dentro da área do Porto Organizado.

No regime jurídico do setor portuário, advindo da edição da Lei dos Portos de 1993, as instalações portuárias admitiam algumas formas de exploração. Descentralização para pessoa jurídica da Administração Pública Federal; delegação por convênio para Estados e Municípios e delegação por contrato de concessão de serviços públicos. Quanto à concessão de porto para a iniciativa privada, foi estabelecida previsão legal da possibilidade de celebração de contrato de concessão, após a realização de processo licitatório, nos termos do art. 175 da Constituição Federal de 1988.

Na sequência da edição de normas que regem o setor portuário, passados 20 (vinte) anos a Lei dos Portos foi expressamente revogada pela Lei nº 12.815, de 5 de junho de 2013, que passou a disciplinar sobre a exploração direta e indireta pela União de portos e instalações portuárias e sobre as atividades desempenhadas pelos operadores portuários. Essa normativa foi regulamentada pelo Decreto nº 8.033, de 27 de junho de 2013, com alterações (Decreto nº 8464/2015, Decreto nº 9.084/2017 e Decreto nº 10.672/2021), que dispõe sobre políticas e diretrizes para o desenvolvimento e o fomento do setor de portos e terminais portuários de competência da Secretaria Especial de Portos da Presidência da República, disciplina a concessão de portos, o arrendamento e a autorização de instalações portuárias marítimas.

A Lei nº 12.815/2013 foi precedida pela Medida Provisória nº 595/2012 que manteve em grande parte a estrutura, o regime jurídico e o conteúdo normativo da Lei 8.630/93. Essa lei estabeleceu, como premissa básica, que a exploração indireta do Porto Organizado e das instalações portuárias nele localizadas ocorrerá mediante concessão e arrendamento de bem público; por outro lado, dispôs que a exploração indireta das instalações portuárias localizadas fora da área do Porto Organizado ocorrerá mediante autorização.

Além das regras atinentes à concessão e arrendamento do serviço público portuário e da autorização de terminal de uso privado; estação de transbordo de carga; instalação portuária pública de pequeno porte; e instalação portuária de turismo; a referida normativa não disciplinou a forma de contratação para a utilização de área do Porto Organizado em caráter excepcional (temporário). Com isso, a norma criou, de forma aberta e maleável (*standard*), espaços normativos para a criação de outras categorias jurídicas para a exploração do Porto Organizado por meio de normas regulatórias – que não se confundem com a função regulamentar – expedidas pela Agência Nacional de Transporte Aquaviário – ANTAQ. Considerando todas as normas antes coligidas, indisputavelmente estamos diante de um sistema regulado altamente complexo, que aponta para a materialização de um regime jurídico próprio para o setor portuário nacional.

A pesquisa realizada por Paulo Renato Jucá contextualiza essa grande complexidade do setor portuário, apontando as suas mudanças ao longo do tempo, sobretudo a partir da citada Lei nº 12.815/2013, mas inovando na abordagem do tema. E, nesse sentido, ressalta-se o grande mérito do autor ao lançar esta obra.

O autor indica que a Lei nº 12.815/2013 permitiu uma concorrência direita e irrestrita entre os operadores portuários de terminais públicos (portos organizados) e operadores portuários privados pela movimentação de carga de terceiros, em um modelo demonstrado no primeiro capítulo de assimétrica regulatória.

O problema enfrentado pelo autor, apresentado no segundo capítulo, se relaciona à concorrência direta, entre operadores privados submetidos a regimes jurídicos distintos, em um setor de infraestrutura impactado por falhas de mercado, monopólio natural, externalidade, poder de mercado e barreiras a entrantes. A hipótese de pesquisa é que a Lei nº 12.815/2013, com a adoção de uma regulação assimétrica e liberdade na movimentação de cargas, sem distinção entre os operadores portuários, proporcionou alterações no mercado de contêineres no Brasil.

Para enfrentar a hipótese, o autor apresentou um estudo empírico envolvendo terminais de contêineres do Estado de Santa Catarina, podendo, a partir do caso concreto, extrair as conclusões com forte estrutura analítica complementada por denso levantamento doutrinário. Conclui, nessas bases, que os resultados da pesquisa demostraram que a assimetria de regimes produz efeitos positivos para a injeção de recursos privados e o incentivo à competição. E que há pontos a serem endereçados para uma concorrência mais preocupada com o equilíbrio sistêmico dos portos a longo prazo, mediante consensualidade, de modo que a competição entre terminais portuários não implique no encerramento das atividades de quaisquer dos seus atores.

A qualidade da ampla pesquisa desenvolvida pelo autor, cuja determinação e capacidade analítica foram demonstradas desde o início da sua participação no mestrado na disciplina "Teoria do Estado Regulador", no ano de 2017, foram confirmadas após profunda arguição pela banca examinadora formada pelos ilustres e competentes Professores Leandro Molhano Ribeiro (orientador), Patrícia Sampaio e Rafael Carvalho Rezende Oliveira, além deste signatário na qualidade de coorientador.

Parabéns ao mestre Paulo Renato Jucá pelo excelente trabalho de pesquisa, e que culmina na apresentação à comunidade jurídica de relevante subsídio científico e prático em uma obra publicada pela tradicional Editora Almedina. Certamente, a obra se apresenta como leitura obrigatória para estudantes, reguladores, pesquisadores e profissionais das carreiras jurídicas pública e privada que tenham interesse ou necessidade de compreender a grande complexidade do setor portuário nacional.

Rio de Janeiro, junho de 2021.

SÉRGIO GUERRA
Professor Titular da Escola de Direito do Rio de Janeiro
FGV Direito Rio

LISTA DE FIGURAS

Figura 1 – Volume de contêineres movimentado nacionalmente 129

Figura 2 – Volume de contêineres movimentado pelo terminal público de Itajaí.. 138

Figura 3 – Volume de contêineres movimentado pelos terminais público e privado 140

Figura 4 – Movimentação de contêineres e *market share* do terminal privado.. 144

Figura 5 – Movimentação de contêineres na vigência do atual marco dos portos 147

Figura 6 –Volume de contêineres e quantitativo da MMC do terminal público de Itajaí... 152

LISTA DE TABELAS

Tabela 1 – Características da estrutura dos terminais........................ 130

Tabela 2 – Movimentação de contêineres dos terminais.................... 141

SUMÁRIO

AGRADECIMENTOS 7

PREFÁCIO 9

INTRODUÇÃO 21

1. A REGULAÇÃO DO SETOR PORTUÁRIO

1.1. Contextualização do setor portuário 33

1.2. Regimes jurídicos aplicáveis aos operadores portuários 46

1.2.1. A assimetria regulatória 46

1.2.2. Assimetria regulatória nos portos – formas de exploração dos portos 51

1.2.3. Assimetria regulatória em outros setores de infraestrutura 67

1.3. Centralização de competências: as autoridades envolvidas na regulação portuária 70

2. A CONCORRÊNCIA NO SETOR PORTUÁRIO

2.1. Regulação econômica e concorrência 81

2.1.1. Competências das autoridades da regulação e da concorrência – a relação do Conselho Administrativo de Defesa da Concorrência – CADE e a Agência Nacional de Transportes Aquaviários – ANTAQ: limite de competências 85

2.1.2. As falhas de mercado nos portos 90

2.1.2.1. Monopólio natural 91

2.1.2.2. Externalidades 94

2.1.2.3. Poder de mercado 97

2.1.2.4. Barreiras à entrada 100
2.2. Concorrência no setor portuário na vigência da Lei nº 12.815/2013: elementos que contribuem para o exame do caso dos terminais situados no Estado de Santa Catarina 103
2.2.1. Mercado relevante – concorrência intraporto e interporto 104
2.2.2. A contratação da mão de obra como fator determinante 111
2.2.3. Integração vertical no marco regulatório dos portos: a relação entre operadores portuários e armadores 116
2.2.4. O compartilhamento de infraestruturas 121

3. O CASO DOS TERMINAIS DE CONTÊINERES DE ITAJAÍ E NAVEGANTES NO ESTADO DE SANTA CATARINA
3.1. Os terminais escolhidos para a pesquisa 127
3.2. O início das operações do terminal público arrendado de Itajaí 132
3.3. Fatores de decisão para a escolha terminais portuários por parte dos armadores 135
3.4. O desempenho do terminal arrendado de Itajaí antes da Lei nº 12.815/2013 136
3.5. Os impactos de um novo competidor – o terminal privado de Navegantes 142
3.6. Resultado do comparativo entre os terminais público e privado 155
3.7. Os desafios do regime assimétrico – tentativa pelo caminho da mutabilidade e consensualidade 162

CONCLUSÕES 171
REFERÊNCIAS 175

Introdução

Os portos são estruturas essenciais ao fluxo de comércio exterior. Atualmente, o setor responde por mais de 80% do volume das negociações comerciais, o que enfatiza a sua importância para o desenvolvimento econômico global[1]. A expansão da economia brasileira passa pela gestão eficiente das estruturas portuárias, bem como por regras claras quanto à exploração e concorrência dos participantes desse segmento de mercado.

Regular esse valioso setor da economia é, portanto, uma tarefa relevante, principalmente quando considerada a vasta extensão de costa navegável nacional (aproximadamente 8.500 quilômetros). A questão, contudo, é buscar que a regulação[2] congregue, dentre os seus objetivos, a atração de investimentos, a concorrência entre os atores que exercem a atividade portuária, o crescimento econômico e o desenvolvimento social.

[1] A atividade portuária é considerada elemento estratégico para desenvolvimento das nações, especialmente porque pelos portos transitam cerca de 80% do comércio global por volume e 70% por valor, percentual que é ainda maior em países em desenvolvimento, como é o caso do Brasil, onde o setor portuário responde por 95% do comércio exterior. CASTRO JUNIOR, Osvaldo Agripino de. Defesa da concorrência na Nova Lei dos Portos, **Revista de Defesa da Concorrência**. v. 4, n. 2, nov./2016. p. 184.

[2] É inegável a importância da regulação para o crescimento econômico e o progresso social. Os arranjos regulatórios atraem não só investimentos, como também permitem a sociedade lidar com recursos escassos. Por isso, Carlos Ragazzo explica que a busca deve ser pela melhora regulatória, com valorização do papel do Estado Regulador e a regulação voltada para resultados. Para um estudo mais profundo sobre o tema, veja-se: RAGAZZO, Carlos Emmanuel Joppert. **Regulação Jurídica, racionalidade econômica e saneamento básico**. Rio de Janeiro: Renovar, 2011.

Até dezembro de 2012, o marco regulatório[3] dos portos era estabelecido pela Lei nº 8.630/1993, conhecida como "Lei de Modernização dos Portos". O citado diploma legal teve como principal foco modernizar a estrutura dos portos, estimular a concorrência e dar incentivos à desestatização, afastando a participação direta do Estado na exploração portuária, até então exercida pela empresa pública "Empresa de Portos do Brasil S.A. – Portobrás", vinculada ao Ministério dos Transportes.

Na vigência da Lei nº 8.630/1993, definiu-se que o exercício da atividade portuária por particulares ocorreria, basicamente, mediante a exploração de terminais de uso público ou terminais de uso privativo – neste caso, divididos em três espécies: terminais exclusivos; mistos ou de turismo.

Em linhas gerais, para os terminais públicos, o particular exploraria diretamente, após a realização de processo licitatório, uma área de titularidade da União, mediante concessão ou contrato de arrendamento. O particular que oferecesse a maior oferta de remuneração pela concessão ou arrendamento do porto organizado seria vencedor do certame, explorando a atividade portuária, notadamente a movimentação de carga[4], pelo prazo de 25 anos (prorrogável por igual período).

A partir da celebração do contrato administrativo, seria transferido ao particular o direito de uso do bem de titularidade da União, o qual já dispunha de infraestrutura instalada (de responsabilidade do poder concedente). Ao operador privado do terminal público caberiam os custos

[3] A partir das lições de Alexandre Santos de Aragão e Carlos Ragazzo, pode-se definir que um marco regulatório estabelece parâmetros normativos mínimos para mitigar instabilidades, orientar e criar incentivos para os agentes participaram de um respectivo setor. Aragão, Alexandre Santos de. O marco regulatório dos serviços públicos. **Interesse Público**. Belo Horizonte: v. 5, n. 27, set. 2004 e Ragazzo, Carlos Emmanuel Joppert. **Regulação Jurídica, racionalidade econômica e saneamento básico**. Rio de Janeiro: Renovar, 2011.

[4] Ao longo deste trabalho, quando se empregar o termo movimentação de "carga", estar-se-á fazendo referência à movimentação de carga de contêineres, ofertada pelo operador portuário, que compreende os serviços diretamente relacionados com a movimentação do carregamento de e para as embarcações em terra, incluindo o recebimento ou a entrega da carga nos acessos terrestres. Britto, Paulo Augusto P. de. Promoção da concorrência no setor portuário: uma análise a partir dos modelos mundiais e aplicação ao caso brasileiro. **Revista Adm. Pública**. Rio de Janeiro: 49(1), jan./fev. 2015. p. 53. O escopo deste trabalho não abrange exame dos terminais destinados aos graneis líquidos, sólidos ou gasosos.

para instalar galpões, ancoradouros, docas, cais, edificações, vias de circulação interna, guindastes, empilhadeiras, veículos de cargas, etc. no local (itens que compõem a "superestrutura"). Esse conjunto de bens deveria permitir ao particular operar um terminal dentro da área do porto organizado para a prestação de um serviço regular, contínuo, atual, seguro, adequado, eficiente e com tarifas controladas[5].

O terminal de uso privativo, por sua vez, receberia autorização do órgão competente para exercer atividade em um terreno próprio, fora da área do porto organizado. Após firmar um contrato de adesão, o próprio particular seria responsável por prover, às suas expensas, toda a estrutura de seu terminal, incluindo instalações, acessos e equipamentos necessários ao exercício de sua atividade (ou seja, suportar o custo inicial para implantar a infraestrutura e a superestrutura do terminal privado).

Caberia a este particular explorar atividade econômica – com submissão ao regime jurídico de direito privado, operando com autonomia e sem obrigatoriedade da prestação, realizada unicamente com recursos próprios, em regime de livre iniciativa – em um terminal portuário para movimentar carga própria (terminal de uso privativo exclusivo) ou, carga própria e de terceiros (terminal de uso privativo misto).

A ideia era de que os terminais de uso privativo serviam às necessidades de seu titular – empresas ou grupo econômico que utilizavam sua própria estrutura para o embarque de seus produtos e desembarque de matérias-primas[6] – e sua capacidade ociosa poderia ser utilizada para a movimentação de carga de terceiros[7].

[5] Em razão dessas características – assunção de obrigações e direitos típicos de concessionários de serviços públicos –, parcela da doutrina, a qual é adotada nesta obra, entende que os contratos de arrendamento de terminais portuários instalados dentro do porto organizado se assemelham a uma "subconcessão imprópria" ou "subconcessão de serviço público" (nesse sentido, posicionam-se, por exemplo: Caio Tácito, Carlos Augusto da Silveira Lobo, Floriano de Azevedo Marques Neto, Fábio Barbalho Leite e Alice Maria Gonzáles Borges).

[6] Tais terminais funcionariam como "centro de custo, voltado exclusivamente à viabilidade econômica operacional de uma cadeia logística específica, como, por exemplo, a de exportação de minério de ferro realizada pela Vale, por meio do Terminal Marítimo de Ponta da Maranhão (...)." PIERDOMENICO, Fabrizio; AZEVEDO NETO, João Octávio de. O novo terminal de uso privado na logística do agronegócio. *In*: RIBEIRO, Leonardo Coelho;

Especificamente quanto aos terminais de uso misto, a Lei de Modernização dos Portos não estabeleceu quantitativo mínimo de movimentação de carga própria[8], o que acarretou uma disputa, inclusive com o ajuizamento de ação de descumprimento de preceito fundamental no âmbito do Supremo Tribunal Federal, entre os operadores de terminais de uso público e de uso privativo. A discussão gravitou em torno da obrigação de se definir limites mínimos de movimentação de carregamento próprio para os operadores de terminais mistos.

Embora a ANTAQ tenha, em 2005, publicado norma para disciplinar os terminais de uso privativo, indicando os requisitos a serem atendidos nos requerimentos formulados por empresas interessadas em obter autorização para explorar terminais privativos (Resolução nº 517/2005[9]), não houve pacificação do tema relativo ao quantitativo de movimentação de carga própria nos terminais de uso misto. A agência aludiu somente a necessidade de existir um volume mínimo de carregamento capaz de justificar a instalação do terminal.

Posteriormente, em 2008, foi editado o Decreto nº 6.620, que, ao regulamentar a revogada Lei nº 8.630/1993, passou a prever que os terminais de uso privativo misto movimentariam preponderantemente carga pró-

FEIGELSON, Bruno; FREITAS, Rafael Véras de (Coord.). **A nova regulação de infraestrutura e da mineração**: portos, aeroportos, ferroviais e rodovias. Belo Horizonte: Fórum, 2015. p. 203.

[7] Carlos Augusto Lobo afirma que "o terminal privativo é um verdadeiro estabelecimento da empresa a que pertence e integra sua atividade industrial ou comercial, até porque a finalidade precípua do terminal é a movimentação da carga própria, relacionada com o empreendimento. A movimentação de carga de terceiros visa a ocupar a capacidade ociosa do terminal". LOBO, Carlos Augusto da Silveira. Os terminais portuários previstos na Lei nº 8.630/93. **Revista de Direito Administrativo**. Rio de Janeiro: n. 220, abr./jun. 2000. p. 26.

[8] É o que se extrai da leitura do art. 4º da Lei nº 8.630/1993, que trata, no parágrafo segundo, da exploração das instalações portuárias de uso privativo.

[9] O art. 5º da citada Resolução nº 517/2005 (que estabeleceu critérios para a outorga de autorização para a construção, exploração e ampliação de terminal de uso privativo), trata dos requisitos necessários à habilitação jurídica, técnica e regularidade fiscal dos interessados. Disponível em: http://antaq.gov.br/Portal/pdfSistema/Publicacao/0000004965.pdf. Acesso em: 26 abr. 2018.

pria e, em caráter subsidiário e eventual, de carregamento de terceiros, desde que compatível com a natureza da carga própria autorizada[10].

Havia, portanto, sobretudo a partir da edição do citado Decreto, uma concorrência limitada entre terminais e uma dualidade de regimes jurídicos para a exploração de atividades no setor portuário: terminais de uso público (submetidos ao regime jurídico público na prestação de serviço público) e terminais de uso privativo misto (regidos pelo regime privado e exercendo atividade econômica em sentido estrito)[11].

Com a publicação da Lei nº 12.815, em junho de 2013 – que revogou integralmente a Lei nº 8.630/1993 – foram introduzidas mudanças no arranjo concorrencial e na atribuição de competências das autoridades responsáveis pela regulação dos portos. Visou-se, a partir da mudança no marco regulatório, atrair o capital privado para o setor, permitindo a modernização e expansão de estruturas, bem como o incremento na movimentação de cargas e a concorrência entre os agentes atuantes no mercado[12].

Para alcançar esses objetivos, uma das alterações promovida foi a centralização das competências regulatórias na Secretaria de Portos e na Agência Nacional de Transporte Aquaviário – ANTAQ, o que implicou na diminuição da importância do Conselho de Autoridade Portuária e da Autoridade Portuária, agentes que, na vigência da Lei de Modernização dos Portos, detinham amplas prerrogativas para organizar os portos, inclusive nos aspectos relacionados à defesa da concorrência.

[10] O Decreto nº 6.620/2008 definiu, no art. 2º, incisos IX e X, os conceitos de cargas própria e de terceiro. Já a Resolução nº 1.660/2010 da ANTAQ detalhou, no art. 2º, incisos VI e VII, os conceitos de operação eventual e subsidiária na movimentação de cargas de terceiros.

[11] Alguns sustentam, como se verá, que o Decreto nº 6.620/2008 contrariou o espírito da Lei nº 8.630/1993, que foi editada justamente com o propósito de reestruturação portuária e estímulo à concorrência entre terminais.

[12] É o que se extrai da Exposição de Motivos da MP dos Portos: "(...) para fazer frente às necessidades ensejadas pela expansão da economia brasileira, com ganhos de eficiência, propõe-se modelo baseado na ampliação da infraestrutura e da modernização da gestão portuária, no estímulo à expansão dos investimentos do setor privado e no aumento da movimentação de cargas com redução dos custos e eliminação de barreiras à entrada. (...)". Disponível em: http://www.planalto.gov.br/ccivil_03/_ato2011-2014/2012/Exm/EMI-12-A-SEP-PR-MF-MT-AGU-Mpv-595-12.doc. Acesso em: 17 abr. 2018.

Outra modificação relevante – a principal delas – diz respeito ao critério de distinção dos operadores portuários. A Lei nº 12.815/2013 substituiu o critério de titularidade de carga – que havia se tornado o balizador do setor a partir da edição do Decreto nº 6.620/2008 – por um critério geográfico[13], a área do porto organizado. A diferença relevante entre os terminais passou a ser a sua localização: dentro dos limites de área do "porto organizado"[14] ou fora de tais limites, sem preocupação acerca da titularidade da carga movimentada[15].

Com isso, estabeleceu-se uma concorrência irrestrita pela movimentação de carga de terceiros, com a adoção de regimes jurídicos díspares (assimetria regulatória[16]) para os operadores interessados em explorar instalações portuárias. Buscou-se, assim, estimular a competição entre os

[13] Há quem defenda, inclusive, que a Lei nº 12.815/2013 retomou o critério geográfico que já existia na Lei nº 8.630/1993, antes da edição do Decreto 6.620/2008. Isso porque o parágrafo 3º do art. 4º, assim como o inciso II do mesmo artigo, ambos da Lei de Modernização dos Portos, previam que "exploração de instalação portuária de uso público fica restrita à área do porto organizado ou à área da Instalação Portuária Pública de Pequeno Porte" e que o terminal de uso privativo seria autorizado pelo órgão competente a operar "desde que fora da área do porto organizado". Ou seja, a exploração da atividade portuária dentro da área do porto organizado era limitada ao terminal de uso público – salvo situações excepcionais em que o interessado em operar um terminal de uso privativo fosse titular do domínio útil do terreno, mesmo que situado dentro do porto organizado.

[14] Bem público construído e aparelhado para atender a necessidades de navegação, de movimentação de passageiros ou de movimentação e armazenagem de mercadorias, e cujo tráfego e operações portuárias estejam sob jurisdição de Autoridade Portuária (art. 2º, inciso I, da Lei nº 12.815/2013).

[15] O marco regulatório acabou com as figuras dos terminais de uso privativo exclusivo e misto. Ambas foram consolidadas em uma única classificação: terminal de uso privado, o TUP.

[16] Em um modelo de assimetria regulatória, há a convivência entre prestadores sob regime de serviço público e outros prestadores sob regime de atividade econômica, ambos submetidos a graus de incidência regulatória distintos. MARQUES NETO, Floriano de Azevedo. A Nova Regulação dos Serviços Públicos. *In*: **Revista de Direito Administrativo – RDA**. Rio de Janeiro: v. 228, abr./jun. 2002. p. 23. O ordenamento jurídico, portanto, autoriza a exploração de uma mesma atividade em regimes jurídicos distintos, dotando-os, contudo, de regras específicas de atuação (*players* do mesmo setor podem se submeter obrigações e direitos diferentes, variando segundo o regime no qual explorem suas respectivas atividades).

terminais e atrair novos investimentos, mediante incentivos aos entrantes (os terminais privados) e diminuição do poder de mercado dos incumbentes (os terminais públicos).

A assimetria regulatória que se observa nos portos também existe em outros setores da economia, como, por exemplo, no setor de telecomunicações. Floriano Azevedo Marques e Marina Zago explicam que as assimetrias regulatórias – assim consideradas as regras diferenciadas para atores de um mesmo setor ou mesmo de uma mesma cadeia setorial – devem ser previstas se e na medida necessária para efetivar a pauta da política pública setorial[17].

No caso dos portos, a política pública visou, como dito, fomentar a entrada de capital privado, promover competição e incrementar a movimentação de cargas no setor. Passados pouco mais de cinco anos da entrada em vigor da Lei nº 12.815/2013, a concorrência direta[18] entre operadores portuários pela movimentação de carga, no atual marco regulatório do setor portuário, permitiu o progresso na instalação e desenvolvimento dos terminais privados no país[19].

[17] MARQUES NETO, Floriano de Azevedo. ZAGO, Marina Fontão. Limites das assimetrias regulatórias e contratuais: o caso dos aeroportos *In*: **Revista de Direito Administrativo – RDA**. Rio de Janeiro: v. 277, n. 1, jan./abr. 2018, 2002. p. 177.

[18] Para Marçal Justen Filho, "a Lei 12.815 implantou, portanto, um sistema de competição direta entre portos públicos e privados. Os interessados podem escolher livremente entre um terminal público e um terminal privado para operar as suas cargas e os seus navios.". JUSTEN FLHO, Marçal. O regime jurídico das atividades portuárias e seus reflexos sobre a delimitação do porto organizado *In*: PEREIRA, Cesar; SCHWIND, Rafael Wallbach (Org.). **Direito Portuário Brasileiro**: Lei 12.815 – Poligonal, Arrendamento e Autorização, Arbitragem. São Paulo: Marcial Pons, 2015. p. 305.

[19] Segundo dados divulgados pela Secretaria de Portos: "Desde a promulgação da Lei nº 12.815, a Secretaria de Portos já autorizou 67 Instalações Portuárias Privadas, dentre novas autorizações e ampliações de terminais já existentes, totalizando uma previsão de investimento de R$ 16,2 bilhões. Já estão em análise no sistema SEP/ANTAQ mais 67 processos, com previsão em investimentos de R$ 6,25 bilhões. O acréscimo de movimentação de cargas, nesse cenário, é distribuído conforme segue: carga geral, 83,66 milhões de toneladas/ano; granel sólido, 155,95 milhões de toneladas/ano; granel líquido, 23,72 milhões de m^3/ano". Disponível em: http://www.portosdobrasil.gov.br/assuntos-1/investimentos/terminais-de-uso-privado. Acesso em: 17 abr. 2018.

De acordo com os dados divulgados pela ANTAQ em seus anuários estatísticos, os terminais de uso privado – TUPs, na sua grande maioria, cresceram e conseguiram elevar sua participação no mercado. Todavia, as estatísticas também demonstram uma queda na quantidade de carga de contêineres movimentada pelos terminais públicos[20].

Esses resultados decorreriam do modelo assimétrico, com competição irrestrita e direta pela movimentação de cargas entre os operadores portuários, ou o crescimento dos TUPs seria fruto de outros fatores, como, por exemplo, a maior eficiência do terminal privado na gestão e no exercício de sua atividade? Ou, ainda, a regulação forjada a partir de regimes jurídicos díspares permitiu aos operadores de TUPs serem mais eficientes e, com isso, ocuparem um espaço no mercado?

O objetivo deste trabalho é exatamente compreender os impactos e os efeitos advindos da instituição do marco setorial dos portos (Lei nº 12.815/2013), com assimetria de regimes. A competição é saudável e desejável, mas não pode ser um fim em si mesmo[21]. Buscar o equilíbrio da concorrência entre os operadores portuários – evitando-se a concentração de poder econômico e a eliminação de atores do mercado – significa a possibilidade de desenvolvimento e expansão da economia por meio do uso de instalações portuárias[22].

[20] A ANTAQ divulga boletins e anuários de movimentações de cargas de diversos portos brasileiros. Com base na pesquisa de dados compilados pelo autor nos Anuários Estatísticos da ANTAQ, constata-se que os TUPs cresceram em índices superiores a 12% desde a Lei nº 12.815/2013 (entre 2015 e 2016, o crescimento foi de 16,9%), tendo sido apurado um aumento de 38% no número de instalações privadas autorizadas a partir do novo marco regulatório. BRASIL. **Anuários estatísticos da Agência Nacional de Transportes Aquaviários**. Disponível em: http://antaq.gov.br/Portal/Estatisticas_Anuarios.asp. Acesso em: 05 mar. 2018.

[21] É o que se extrai das lições de George Stigler: "*Competition enter all major areas of man's life, and generally connotes rivalry between two or more men or groups for a given prize. Competition is often an end in itself. (...) In economic life competition is not a goal: it is a means of organization economic activity to achieve a goal. The economic role of competition is to discipline the various participants in economic life to provide their goods and services skillfully and cheaply*". Stigler, George J. **The organization of industry**. Chicago: University of Chicago Press, 1983. p. 5.

[22] Garantindo-se a concorrência e seu efetivo desenrolar através de regras comportamentais, pretende-se assegurar que agentes econômicos coordenem suas relações da forma mais justa. O equilíbrio das relações econômicas é o ponto de partida inicial para qualquer

Assim, a hipótese desta obra é que o marco regulatório dos portos, com a adoção de uma regulação assimétrica e liberdade na movimentação de cargas, sem distinção entre os operadores portuários, proporcionou alterações no mercado de contêineres[23] no Brasil. O teste desta hipótese passará pela análise do volume da movimentação de cargas em terminais públicos e privados nos últimos anos e os custos envolvidos na operação de terminais[24].

A escolha do tema justifica-se pela necessidade de examinar se o marco regulatório estabelece um ambiente seguro e previsível[25], com regras

interação econômica. SALOMÃO FILHO, Calixto. **Regulação da atividade econômica**: princípios e fundamentos jurídicos. 2ª ed. São Paulo: Malheiros, 2008. p. 159.

[23] Luiz Henrique Werneck de Oliveira define os contêineres e a forma pela qual a sua movimentação é computada: "os contêineres são caixas metálicas autoestruturadas em forma de paralelepípedo, de largura igual à largura de caminhões rodoviários comuns, com alturas praticamente padronizadas e com comprimentos sempre de 20 ou 40 pés, sendo a movimentação computada em unidades (número de contêineres) ou em unidades equivalentes a 20 pés (*Twenty-Feet Equivalent Unit* = TEU, em inglês)". OLIVEIRA, Luiz Henrique Werneck de; SCHIRATO, Vitor Rhein. Tendências do transporte marítimo mundial e sua contextualização para o planejamento portuário brasileiro *In*: PEREIRA, Cesar; SCHWIND, Rafael Wallbach (Org.). **Direito Portuário Brasileiro**: Lei 12.815 – Poligonal, Arrendamento e Autorização, Arbitragem. São Paulo: Marcial Pons, 2015. p. 101. Essa escala (*Twenty Foot Equivalent Unit*) é universalmente adotada para a medição de quantidade de contêineres em portos.

[24] Como explica Ivo Gico Jr., "os juseconomistas reconhecem a imensa complexidade do mundo real e a grande dificuldade – ou impossibilidade – de se lidar com todas as variáveis simultaneamente. Por isso, assim como os economistas, os praticantes de AED [Análise Econômica do Direito] elaboram modelos teóricos dos problemas que desejam investigar, nos quais apenas variáveis tidas como relevantes são consideradas.". GICO JR, Ivo. Introdução ao direito e economia *In*: TIMM, Luciano Benetti. **Direito e economia no Brasil**. 2ª ed. [2ª reimpressão]. São Paulo: Atlas, 2018. p. 24. Assim, para este trabalho, as variáveis consideradas na modelagem foram, primordialmente, os números de contêineres movimentados (um critério adotado internacionalmente nas pesquisas do setor portuários) e, em caráter complementar, os custos dos terminais de contêineres – especificamente os custos de contratação da mão de obra portuária; tarifas e para a instalação de um terminal. Esses critérios foram escolhidos por terem relação direta com a assimetria regulatória existente no setor portuário.

[25] Gaspar Ariño Ortiz explica que "desenhar uma boa regulação para a concorrência nos setores estratégicos recentemente liberalizados não é tarefa fácil. A regulação tem que contribuir com clareza e previsibilidade para a evolução destes setores, tem que facilitar

claras e critérios definidos de concorrência no mesmo mercado (movimentação de carga conteinerizada), sem que isso implique no sacrifício de quaisquer dos atores que exercem a atividade portuária e, sobretudo, sem ônus ou prejuízo ao interesse da sociedade. A regulação dos portos deve ter como objetivo o equilíbrio sistêmico, os custos, os resultados e a competividade em uma política de longo prazo para o setor[26].

Metodologicamente, o estudo se desenvolverá a partir de revisão bibliográfica e doutrinária (referencial teórico), bem como por meio do exame de dados relativos à movimentação de carga de contêineres – os quais são disponibilizados pela Agência Nacional de Transportes Aquaviários; por Autoridades Portuárias e Associações do setor; por consultorias especializadas em portos; e pelos sítios na internet dos operadores portuários.

As informações serão direcionadas à análise dos dados referentes ao volume da movimentação de contêineres no Estado de Santa Catarina,

a realização de planos de negócio e promover o investimento neles, tem que definir o 'tabuleiro de jogos' face ao futuro de uma maneira clara e estável, na qual os operadores possam confiar.". Ortiz, Gaspar Ariño. Sucessos e fracassos da regulação *In*: **Revista Eletrônica de Direito Administrativo Econômico – REDAE**. Salvador: n. 3, ago./out. 2005. p. 5. Disponível em: http://www.direitodoestado.com.br/artigo/gaspar-arino-ortiz/sucessos-e-fracassos-da-regulacao. Acesso em: 08 mar. 2018.

[26] Sérgio Guerra ensina que "a regulação é uma espécie de intervenção estatal, porém, indireta, que alcança atividades econômicas e sociais, visando, basicamente, à implementação de políticas públicas e à realização dos direitos sociais. Para alcançar seus objetivos, a função de regulação deve perseguir o equilíbrio sistêmico de setores complexos e, para tanto, deve se valer de uma visão prospectiva, de modo a se afastar das decisões de momento e sem sustentabilidade. A base de suas escolhas deve ser a preponderância técnica (não política), de modo a redução da discricionariedade". Guerra, Sérgio. Evolução das Escolhas Administrativas: da Self-Execution Law à Regulação *In*: Guerra, Sérgio (Org.). **Teoria do Estado Regulador**. v. II, Coleção FGV Direito Rio, 2017. p. 21. A preocupação com todos os atores dos portos e os resultados da política pública setorial a longo prazo devem ser uma preocupação para que o Estado não se torne uma ameaça à indústria, concretizando, assim, as palavras de George Stigler: "*The state – the machinery and power of the state – is a potential resource or threat to every industry in the society. With its power to prohibit or compel, to take or give money, the state can and does selectively help or hurt a vast number of industries.*". Stigler, George J. The Theory of Economic Regulation. **The Bell Journal of Economics and Management Science**. v. 2, n. 1, 1971. p. 3. JSTOR. Disponível em: www.jstor.org/stable/3003160. Acesso em: 19 ago. 2018

com foco nos casos envolvendo as cidades de Itajaí e Navegantes. Isso porque, nestas cidades, estão instalados dois dos principais terminais de contêineres nas margens do rio Itajaí-Açu: na margem direita, situa-se um terminal público arrendado (no município de Itajaí) e, na margem esquerda, está instalado um TUP (na cidade de Navegantes). Ambos os terminais, portanto, utilizam a mesma infraestrutura (o acesso aquaviário do rio Itajaí-Açu) para exercer suas atividades.

A delimitação da pesquisa a esses terminais também se justifica porque, de acordo com o *ranking* nacional de movimentação, no período compreendido entre janeiro de 2017 e janeiro de 2018, o Estado de Santa Catarina concentrou mais de 17% das importações e exportações de carga conteinerizada, sendo o TUP de Navegantes o terminal privado com a maior movimentação total de contêineres no Brasil[27].

Para isso, o primeiro capítulo do trabalho fará uma contextualização dos marcos regulatórios do setor, passando pela abertura dos portos e a primeira sistematização do regime de exploração da atividade portuária, até a publicação da Lei nº 12.815/2013.

Ainda serão tratados, no capítulo inicial, os regimes jurídicos aplicáveis aos operadores portuários, com exame das características e diferenças nos modos de exploração de terminais público e privado, segundo as normas das Leis nºs 8.630/1993 e 12.815/2013.

Embora a Lei nº 8.630/1993 tenha sido integralmente revogada pela Lei nº 12.815/2013, o estudo das características do marco regulatório anterior se propõe a demonstrar que, anteriormente, sobretudo após a edição do Decreto nº 6.620/2008, os operadores portuários de terminais públicos e de uso privado não concorriam de forma integral e irrestrita pela movimentação de carga de terceiros.

Com efeito, serão analisados os dois regimes jurídicos de exploração da atividade portuária, bem como as diferenças existentes entre eles, apresentando o modelo de assimetria regulatória do setor portuário.

[27] Os dados relativos ao quantitativo e o *ranking* da movimentação de contêineres no Brasil foram obtidos no *site* do Ministério dos Transportes, Portos e Aviação Civil. BRASIL. Ministério dos Transportes, Portos e Aviação Civil. **Dados estatísticos sobre movimentação de cargas e *ranking* nacional**. Disponível em: https://webportos.labtrans.ufsc.br/Brasil/Movimentacao. Acesso em: 25 abr. 2018.

Antes, porém, se passará pelo conceito de assimetria regulatória, para, após o exame das peculiaridades da regulação com concorrência em assimetria de regimes nos portos, indicar que a política setorial adotada na indústria portuária se verifica em outros setores de infraestrutura, nos quais também há prestação concorrencial com assimetria de regimes.

Estabelecidos o contexto histórico dos portos e os seus modos de exploração, tratar-se-á da centralização de atribuições advinda da Lei nº 12.815/2013, medida que almejou permitir a retomada da capacidade de planejamento no setor. Isso porque a baixa qualidade de integração dos sistemas e a falta de coordenação entre os agentes envolvidos na regulação portuária provocava duplicidade de processos, falta de previsibilidade, fatores que afastavam investidores privados.

No segundo capítulo, serão abordadas questões de mercado e concorrência no setor portuário. Antes, porém, serão explorados, brevemente, as falhas de mercado relativas ao setor e os aspectos da relação entre regulação econômica e concorrencial. Além disso, serão expostos os arranjos que envolvem as autoridades reguladoras e de defesa da concorrência. A finalidade de se delinear conceitos de direito antitruste se justifica porque tais elementos podem gerar impactos na competição entre os operadores de terminais portuários de contêineres. Assim, a compreensão de alguns desses conceitos auxiliará no estudo de caso dos terminais público de Itajaí e privado de Navegantes.

No terceiro capítulo, serão indicados os reflexos do marco regulatório para o setor portuário e o resultado do estudo de caso em relação aos terminais portuários (público, situado em Itajaí, e privado, situado em Navegantes) no Estado de Santa Catarina. Será neste item que a hipótese trazida nesta obra será testada: a Lei nº 12.815/2013, com uma prestação em regimes assimétricos, alterou o panorama da movimentação de contêineres dos terminais localizados em Itajaí e Navegantes.

Por fim, a conclusão do trabalho fará um resumo dos pontos explorados nesse estudo e do diagnóstico dos portos brasileiros, tendo em vista a edição da Lei nº 12.815/2013 e os seus primeiros anos em vigor.

1.

A Regulação do Setor Portuário[28]

1.1. Contextualização do setor portuário

Com a assinatura da Carta Régia de abertura dos portos brasileiros[29], permitiu-se o comércio direto do Brasil com outras nações, sem a necessidade de se submeter às alfândegas portuguesas. Embora essa abertura não tenha sido acompanhada por qualquer atividade estatal direta junto aos portos em um primeiro momento[30], pode se dizer que o setor por-

[28] Parte das ideias desenvolvidas neste trabalho teve origem em: JUCÁ, Paulo Renato. A Lei nº 12.815/2013: veneno ou remédio? A regulação do setor portuário *In*: Sérgio Guerra. (Org.). **Teoria do Estado Regulador**. Curitiba: Juruá, v. 3, 1ª ed, 2017. p. 367-392.

[29] Flávio Amaral Garcia e Rafael Véras explicam que "o contexto da exploração dos portos no então Brasil Colônia era de submissão ao monopólio de Portugal, que, na qualidade de metrópole colonizadora, ditava os rumos do fluxo de exploração daquela ainda embrionária nação. Tal domínio português teve o seu declínio iniciado a partir de 1808, com a chegada da família real portuguesa ao Brasil. Após essa mudança do núcleo de governo de Portugal para o Brasil Colônia, o príncipe regente Dom João VI, em 28 de janeiro de 1808, premido pela necessidade de desenvolver o seu novo território, assinou a Carta Régia de abertura dos portos às nações amigas". GARCIA, Flávio Amaral; FREITAS, Rafael Véras de. Portos brasileiros e anova assimetria regulatória – Os títulos habilitantes para a exploração da infraestrutura portuária *In*: **Revista de Direito Público de Economia – RDPE**. Belo Horizonte: n. 47, jul./set. 2014. p. 88.

[30] Desde as concepções mais antigas do direito público português, o bem nacional "porto" (ou, ainda: o bem público "porto") abarcava as atividades nele realizadas, como, por exemplo, rendas, direitos e mercadorias que ao porto eram trazidas. Desse modo, o bem público "porto" já continha em seu próprio conceito as atividades inerentes à sua própria finalidade. Não por acaso, quando ocorre a abertura dos portos no Brasil, tornando os portos abertos ao comércio marítimo internacional, essa abertura ainda não é acompanhada da implantação de qualquer atividade estatal juntos aos portos, o que somente veio a aconte-

tuário, historicamente, sempre ocupou papel de destaque aos interesses do país.

As preocupações, contudo, nem sempre foram as mesmas nas constituições brasileiras. Os portos, inicialmente, atraiam às atenções quanto à segurança nacional, preservação da soberania e arrecadação de tributos, e não para a atividade econômica portuária, como explica Egon Bockmann Moreira: "desde a Carta Imperial de 1824, o assunto [portos] foi alçado ao nível constitucional, a representar sua elevada importância. Contudo, nem sempre isso se deu sob o ângulo da atividade econômico-empresarial cujo desenvolvimento estratégico é cometido ao Estado"[31].

Apesar de sua importância – nomeadamente porque o Brasil possui grande costa navegável e não dispõe de ligações, por via terrestre, com importantes parceiros comerciais –, o setor portuário permaneceu por longo período sem a devida sistematização. A matéria era regida por uma série de leis esparsas e deficientes[32].

Apenas em 1934, durante a Era Vargas (regime de Estado Novo), período marcado por forte intervencionismo e centralização de poder econômico estatal, elaborou-se a primeira regulação da atividade portuária brasileira e consolidou-se a legislação portuária[33]. As mudanças serviram, como aponta Itiberê Rodrigues, "para atualizar a matéria portuária

cer dois anos depois, com a criação das "mesas de renda", postos para cobrança de tributos relativos às atividades portuárias. Rodrigues, Itiberê de Oliveira Castellano. Evolução histórico-jurídica do regime de exploração de portos no Brasil e no regime na Constituição de 1998 *In*: **Revista Eletrônica de Direito Administrativo Econômico – REDAE**. n. 37, fev./abr. 2014. p. 3. Disponível em: www.direitodoestado.com.br/codrevista.asp?cod=639. Acesso em: 20 mar. 2018.

[31] Moreira, Egon Bockmann. Portos brasileiros e seus regimentos jurídicos *In*: **Portos e seus regimes jurídicos**: a Lei 12.815/2013 e seus desafios. Belo Horizonte: Editora Fórum, 2014. p. 35.

[32] Schirato, Vitor Rhein. A experiência e as perspectivas da regulação do setor portuário no Brasil *In*: **Revista de Direito Público da Economia – RDPE**. Belo Horizonte: a. 6, n. 23, jul./set. 2008. p. 172.

[33] "O primeiro esforço notável de sistematização da legislação portuária brasileira foi empreendido em 1934, sob os auspícios de José Américo, então Ministro de Viação e Obras Públicas. Em junho daquele ano, foram publicados os Decretos nºs 24.447, 24.508 e 24.511, que, em conjunto, estabeleceram – até quanto era possível à época – um sistema legal para disciplinar os portos brasileiros.". Lobo, Carlos Augusto da Silveira. Os termi-

em face da série de reformas político-econômicas (...) que visavam a uma 'revolução industrial' no Brasil"[34].

Neste período, além da promulgação da Carta Constitucional de 1934, que fixou a competência da União para legislar sobre "regime de portos"[35], o Governo Vargas publicou quatro decretos (Decretos nºs 24.447, 24.508, 24.511 e 24.599) para regular a matéria, estabelecendo normas para a exploração portuária (marcada pela presença e monopólio estatal).

O Decreto nº 24.447/1934 introduziu o conceito de "porto organizado"[36], fixou a sua forma de administração (a ser exercida pela União, diretamente ou mediante concessão), bem como repartiu competências entre os ministérios de Estado dentro dessas instalações. O Decreto também conferiu, no seu art. 13, discricionariedade à Administração Pública para escolha do regime jurídico de prestação das atividades portuárias.

Na sequência, o Decreto nº 24.508, de 22 de junho de 1934, definiu os serviços prestados pelas administrações dos portos organizados, uniformizou as taxas portuárias, quanto a sua espécie, incidência e denomi-

nais portuários previstos na Lei nº 8.630/93. **Revista de Direito Administrativo**. Rio de Janeiro: n. 220, abr./jun. 2000. p. 19.

[34] Rodrigues, Itiberê de Oliveira Castellano. Evolução histórico-jurídica do regime de exploração de portos no Brasil e no regime na Constituição de 1998 *In*: **Revista Eletrônica de Direito Administrativo Econômico – REDAE**. n. 37, fev./abr. 2014. p. 14. Disponível em: www.direitodoestado.com.br/codrevista.asp?cod=639. Acesso em: 27 abr. 2018.

[35] A Constituição de 1934 não tratou da concessão de atividades portuárias, como observa Egon Bockmann Moreira: "Foi a Constituição de 1934 (...) que previu a competência privativa da União para 'explorar ou dar em concessão os serviços de telégrafos, radiocomunicação e navegação aérea, inclusive instalações de pouso, bem como as vias-férreas que liguem diretamente portos marítimos a fronteiras nacionais, ou transponham os limites de um Estado' (art. 5º, VIII – mas note-se que não se trata da concessão de atividades portuárias, mas sim de ferrovias) e para legislar sobre 'regime de portos e navegação de cabotagem (...)".Moreira, Egon Bockmann. Portos brasileiros e seus regimentos jurídicos *In*: **Portos e seus regimes jurídicos**: a Lei 12.815/2013 e seus desafios. Belo Horizonte: Editora Fórum, 2014. p. 38.

[36] Definiu-se o porto organizado como uma área aparelhada para atender a navegação, a movimentação e a guarda de mercadorias, sob a direção de uma 'administração do porto'. O conceito da Lei dos Portos (art. 2º) se aproxima, em alguma medida, com o que já consta na legislação pátria desde 1934.

nação. Além disso, o diploma legal definiu as funções das administrações dos portos organizados, incluindo nesse rol a execução do serviço de movimentação de mercadorias.

Na mesma data, foi publicado o Decreto nº 24.511/1934, cujo objetivo foi instituir o regime de monopólio da chamada "hinterlândia" (espaços territoriais com apenas um porto, uma espécie de "porto regionalizado"), a qual cabia a exclusividade no embarque e desembarque de cargas e passageiros originadas ou destinadas às localidades pertencentes à jurisdição de sua alfândega.

O Decreto nº 24.599/1934, por sua vez, regulou a utilização das instalações portuárias destinadas à exploração de serviços públicos prestados pelos portos aos Estados, a manutenção de portos organizados, assim como o regime de concessão aos particulares em situações restritas e excepcionais.

As constituições editadas posteriormente ao texto de 1934 pouco ou nada alteraram o regime de exploração de portos. O monopólio estatal seguiu praticamente inalterado, exceto para os terminais portuários rudimentares e os terminais particulares construídos para movimentação de cargas próprias. As instalações desses terminais foram autorizadas por meio da edição de decretos específicos (Decreto-Lei nº 6.460/1944 e Decreto-Lei nº 05/1966)[37].

O modelo de exploração de portos fortemente concentrado no Estado (a operação dos portos e o desempenho dos serviços públicos a ele relacionados) durou por aproximadamente 30 anos. Tal característica devia-se ao forte influxo do modelo francês, centrado em uma administração piramidal, focada na supremacia do interesse público e na prestação esta-

[37] Sobre o histórico e sistematização da legislação portuária brasileira, veja-se: LOBO, Carlos Augusto da Silveira. Os terminais portuários previstos na Lei nº 8.630/93. **Revista de Direito Administrativo.** Rio de Janeiro: n. 220, abr./jun. 2000. p. 19-34; MAYER, Giovanna. Notas sobre o regime de portos brasileiros *In*: MOREIRA, Egon Bockmann (Coord.). **Portos e seus regimes jurídicos**: a Lei 12.815/2013 e seus desafios. Belo Horizonte: Fórum, 1ª ed. 2014. p. 75-110; e RODRIGUES, Itiberê de Oliveira Castellano. Evolução histórico-jurídica do regime de exploração de portos no Brasil e no regime na Constituição de 1998 *In*: **Revista Eletrônica de Direito Administrativo Econômico – REDAE**. n. 37, fev./abr. 2014. p. 1-61 Disponível em: www.direitodoestado.com.br/codrevista.asp?cod=639. Acesso em: 18 abr. 2018.

tal de serviço público. Na época, o ente estatal representava um provedor das demandas sociais e, por isso, a sua intervenção na economia era justificada.

Com o crescimento da máquina estatal, a Administração Pública buscava se ocupar de praticamente todas as atividades relevantes em setores econômicos e sociais[38]. Na atividade portuária, o retrato dessa participação estatal intensa ficou caracterizado com a criação, por meio de lei (Lei nº 6.222/1975), da empresa pública "Empresa de Portos do Brasil S.A. - Portobrás", vinculada ao Ministério dos Transportes.

A Portobrás passou a deter monopólio quanto à exploração e fiscalização dos serviços portuários. Suas atribuições consistiam, basicamente, na realização de atividades relacionadas à construção, administração e exploração dos portos e das vias navegáveis interiores, exercendo supervisão, orientação, coordenação, controle e fiscalização dessas mesmas atividades[39].

A viabilidade desse Estado intervencionista e provedor[40], contudo, passou a ser questionada. O elevado déficit fiscal, a inflação galopante, as crises econômicas, o predomínio de governos de ideologia neoliberais (especialmente nos EUA, com Ronald Reagan, e no Reino Unido, com Margareth Thatcher[41]) levaram a crise desse modelo estatal[42]. A grande

[38] Sérgio Guerra explica que "até a década de 1980 o Brasil seguiu o modelo de forte intervenção estatal direta, seja na prestação de serviços públicos, seja na atuação nas atividades econômicas em sentido estrito". Guerra, Sérgio. Regulação Estatal sob a ótica da organização administrativa brasileira *In*: Guerra, Sérgio (Org.). *Regulação no Brasil*: uma visão multidisciplinar. Rio de Janeiro: Editora FGV, 2014. p. 373.

[39] Schirato, Vitor Rhein. Instalações portuárias e serviço público: requisitos e efeitos da definição de poligonais dos portos organizados *In*: PEREIRA, Cesar; Schwind, Rafael Wallbach (Org.). **Direito Portuário Brasileiro**: Lei 12.815 – Poligonal, Arrendamento e Autorização, Arbitragem. São Paulo: Marcial Pons, 2015. p. 441.

[40] Vital Moreira explica que "*o 'Estado social' ou "Estado providência' que emergiu em meados do presente século é um Estado activo na área económica e social, tanto pela participação directa na produção e prestação de bens e serviços.*". Moreira, Vital. **Auto-regulação profissional e administração pública**. Coimbra: Almedina, 1997. p. 23.

[41] O neoliberalismo ganhou força com um encontro, ocorrido em 1989, na capital dos Estados Unidos, conhecido como Consenso de Washington. Nesta reunião, que contou com economistas, administradores e estudiosos, foram feitas diversas recomendações visando ao desenvolvimento e à ampliação do neoliberalismo nos países da América Latina.

máquina estatal mostrou-se ineficiente para atuar em diversas áreas da sociedade, inclusive na exploração das atividades portuárias.

A partir da Constituição de 1988, experimentou-se um processo de alteração dessa estrutura administrativa. O Estado brasileiro deixou de prestar diretamente muitas das atividades econômicas e passou a assumir um novo papel: uma função regulatória[43] para formular orientações, editar normas de perfil preponderantemente técnico e implementar políticas estratégicas para setores da sociedade de forma sistêmica.

Nesse contexto de mudança de paradigmas, explica Sérgio Guerra que "buscou-se, no Brasil, no início da segunda metade da década de 1990, um novo marco teórico para a administração pública que substituísse a perspectiva burocrática weberiana até então seguida". Segundo o autor, impôs-se "uma reforma administrativa para a renovação de estruturas estatais absorvidas do modelo burocrático francês"[44].

O Programa Nacional de Desestatização – PND[45] foi criado nessa linha de ideias e representou um marco no processo de reestruturação estatal. A transferência das atividades exploradas pelo setor público à iniciativa privada foi acompanhada pela criação de entidades autônomas em

WILLIAMSON, John. Washington Consensus as policy prescription for development *In*: BESLEY, Timothy; ZAGHA, Roberto (Coord.). **Development Challenges in the 1990s**: Leading Policymakers Speak from Experience. Copublication of The World Bank and Oxford University Press, 2005. p. 33.

[42] ARAGÃO, Alexandre Santos de. **Direito dos Serviços Públicos**. 3ª ed. Forense: Rio de Janeiro, 2013. p. 43.

[43] Cf. art. 174 da Constituição Federal.

[44] GUERRA, Sérgio. Regulação Estatal sob a ótica da organização administrativa brasileira *In*: GUERRA, Sérgio (Org.). **Regulação no Brasil: uma visão multidisciplinar**. Rio de Janeiro: Editora FGV, 2014. p. 375.

[45] Criado pela Lei nº 8.031, de 12 de abril de 1990, posteriormente alterado pela Lei nº 9.491, de 9 de setembro de 1997. O PND estabeleceu as bases para a privatização tanto de empresas estatais que exerciam atividade econômica em sentido estrito – e que foram as primeiras a serem alienadas – como para a delegação da prestação de serviços públicos à iniciativa privada, intensificada a partir de 1995. Esse processo de desestatização, iniciado no âmbito federal, foi seguido por diversos Estados da Federação, em especial São Paulo, conforme destacado por Elena Landau e Patricia Sampaio. LANDAU, Elena; SAMPAIO. Patricia Regina Pinheiro. O Setor Elétrico em uma visão introdutória *In*: LANDAU, Elena (Coord.). **Regulação jurídica do setor elétrico**. Rio de Janeiro: Lumen Juris, 2006. p. 8.

relação à Administração Direta, e tecnicamente estruturadas para regulação dessas atividades: as agências reguladoras. Nesse mesmo período, a Lei nº 8.029/1990 – que dispôs sobre a extinção e dissolução de diversas entidades da Administração Pública Federal – autorizou a dissolução ou privatização da Portobrás[46].

Conforme comentam Carlos Ari Sundfeld e Jacintho Arruda Câmara, "o primeiro setor a experimentar uma alteração legislativa, durante esse período [de transformações de diversos setores relacionados à infraestrutura], foi justamente o de portos"[47]. Isso se deveu, em grande parte, ao nível de precariedade das instalações portuárias, o que levou os particulares a se organizarem para propor mudanças para modernização do setor[48].

Em 1993, afastou-se o monopólio estatal da exploração portuária com a edição da Lei nº 8.630, com a finalidade de abrir o setor à iniciativa privada. Instituiu-se um novo modelo de regulação com relevantes mudanças nos portos, com a adoção de conceitos para viabilizar a concorrência[49] (como, por exemplo, o arrendamento portuário e os terminais de uso privativo misto), o desenvolvimento e a atração de investimentos. O setor portuário passou a ser tratado como peça-chave para as políticas

[46] Cf. art. 4º da Lei nº 8.029/1990.

[47] SUNDFELD, Carlos Ari; CÂMARA, Jacintho Arruda. Terminais portuários de uso misto *In*: **Revista de Direito Público da Economia**. Belo Horizonte: Fórum, n. 23, jul./set. 2008. p. 59.

[48] HEEREN, Márcia Lopes Gomes. Mudança de competências e novas formas de exploração portuária *In*: RIBEIRO, Leonardo Coelho; FEIGELSON, Bruno; FREITAS, Rafael Véras de (Coord.). **A nova regulação de infraestrutura e da mineração**: portos, aeroportos, ferroviais e rodovias. Belo Horizonte: Fórum, 2015. p. 139.

[49] Na Exposição de Motivos da Lei nº 8.630/1993, consta que, para alcançar os objetivos estabelecidos no anteprojeto – possibilitar modernização dos portos, maior participação da iniciativa privada, estimular a participação da iniciativa privada, aumentar a produtividade, dentre outros –, uma das medidas propostas seria a "livre concorrência entre proprietários, arrendatários ou locatários de instalações de um mesmo porto, de maneira a possibilitar, através da competição, a prática de tarifas adequadas e prestação de serviços de acordo com as necessidades dos usuários.". BRASIL. **Exposição de Motivos da Lei nº 8.630, de 25 de fevereiro de 1993**. Disponível em: http://imagem.camara.gov.br/Imagem/d/pdf/DCD26FEV1991.pdf#page=63. Acesso em: 10 maio 2018.

de desenvolvimento, compreendido como parte importante do sistema econômico do país[50].

Assim, os terminais privados, que antes somente eram admitidos pelo Estado em situações excepcionais, segundo critérios da lei, passaram a ser permitidos a operar e, para alguns autores, concorrer com os portos organizados (os terminais públicos). A Lei de Modernização dos Portos criou um ambiente de competição entre os terminais públicos e privados, já que estes últimos, conforme redação do art. 4º, §2º, inciso II, *b*, poderiam movimentar cargas próprias e de terceiros[51].

Vitor Rhein Schirato entende dessa maneira: "a Lei 8.630/1993 trouxe, assim, concorrência para o segmento portuário, o que implicou a prestação dos serviços em regime de competição e com assimetrias"[52]. Já Marçal Justen Filho sustenta que sequer havia competição entre operadores (de terminais públicos e de terminais privativos mistos) durante a vigência da Lei n.º 8.630/1993, pois "o terminal de uso privativo era destinado preferencialmente à movimentação de cargas próprias. Somente de modo adicional é que poderia haver a utilização das instalações para a prestação de serviços ao público geral"[53].

[50] Moreira, Egon Bockmann. Portos brasileiros e seus regimentos jurídicos *In*: **Portos e seus regimes jurídicos**: a Lei 12.815/2013 e seus desafios. Belo Horizonte: Editora Fórum, 2014. p. 34.

[51] A dualidade de regimes para a exploração de terminais portuários, a qual se anunciou na introdução deste trabalho, foi uma marca da Lei nº 8.630/1993: (i) terminais de uso público, instalados dentro dos limites da área do porto organizado, sujeitos aos ditames do regime de direito público; e (ii) terminais de uso privativo misto, fora dos limites da área do porto organizado, regidos por normas de direito privado.

[52] Schirato, Vitor Rhein. Instalações portuárias e serviço público: requisitos e efeitos da definição de poligonais dos portos organizados *In*: Pereira, Cesar; Schwind, Rafael Wallbach (Org.). **Direito Portuário Brasileiro**: Lei 12.815 – Poligonal, Arrendamento e Autorização, Arbitragem. São Paulo: Marcial Pons, 2015. p. 440-441.

[53] Justen Flho, Marçal. O regime jurídico das atividades portuárias e seus reflexos sobre a delimitação do porto organizado *In*: Pereira, Cesar; Schwind, Rafael Wallbach (Org.). **Direito Portuário Brasileiro**: Lei 12.815 – Poligonal, Arrendamento e Autorização, Arbitragem. São Paulo: Marcial Pons, 2015. p. 309.
Apesar da opinião do autor, entende-se que havia, seja de modo incipiente ou em estágio de desenvolvimento (e com intensas discussões acerca dos limites de movimentação de

Apesar da discussão doutrinária sobre a existência de competição (ou a falta dela) nos portos, a Lei nº 8.630/1993 representou, de fato, uma mudança radical no setor, reduzindo o papel do Estado como gestor e operador portuário e permitindo o ingresso de agentes privados no setor. Os níveis de investimento se elevaram e, em decorrência disso e da modernização na gestão, ganhos de eficiência foram obtidos[54].

Para a continuidade do desenvolvimento do setor portuário, era essencial estabelecer um ambiente regulatório neutro e imune às influências políticas, aumentado o grau de estabilidade e segurança jurídica, de forma a atrair investimentos privados[55]. Por essas razões, foi editada a Lei nº 10.233/2001, que criou a Agência Nacional de Transportes Aquaviários – ANTAQ, autarquia federal com objetivo de estabilizar o setor, promover concorrência, fomentar o seu desenvolvimento, elaborar e editar normas, dentre outras atribuições descritas, detalhadamente, no art. 27 do aludido diploma legal.

A criação da agência setorial não impediu as polêmicas nos portos em torno do regime jurídico privado (terminais privativos) e de sua convivência com o regime jurídico público (terminais de uso público)[56], assim como os efeitos desse modelo na concorrência pela movimentação de carga de terceiros (envolvendo terminais de uso público e terminais de uso privativo misto). A esse respeito, Leonardo Coelho Ribeiro indica que:

> A dualidade ou assimetria regulatória de regimes exploratórios constitucionalmente prevista, permitindo sua concretização tanto por meio da presta-

carga de terceiros pelos terminais privados), competição entre os terminais públicos e terminais privativos de uso misto na vigência da Lei nº 8.630/1993.

[54] BRITTO, Paulo Augusto P. de. Promoção da concorrência no setor portuário: uma análise a partir dos modelos mundiais e aplicação ao caso brasileiro. **Revista Adm. Pública**. Rio de Janeiro: 49(1), jan./fev. 2015, p. 49.

[55] GARCIA, Flávio Amaral; FREITAS, Rafael Véras de. Portos brasileiros e anova assimetria regulatória – Os títulos habilitantes para a exploração da infraestrutura portuária *In*: **Revista de Direito Público de Economia – RDPE**. Belo Horizonte: n. 47, jul./set. 2014. p. 88.

[56] A respeito do tema, SUNDFELD, Carlos Ari; CÂMARA, Jacintho Arruda. Terminais portuários de uso misto *In*: **Revista de Direito Público da Economia**. Belo Horizonte: Fórum, n. 23, jul./set. 2008. p. 59-74.

ção de serviços públicos veiculados por concessões de portos organizados ou arrendamentos de instalações portuárias, quanto por meio da exploração de atividade econômica habilitada mediante autorização, ao mesmo tempo em que fomentou a concorrência entre portos, fez surgir, no contexto anterior, intensa disputa acerca do tipo de carga que poderia ser movimentada por uns e outros[57].

A ANTAQ foi incapaz de lidar com as estranhezas[58] advindas de uma regulação cujos atores estavam submetidos a regimes diversos. Mesmo com a edição da Resolução nº 517/2005[59], a agência não definiu claramente limites à movimentação de carga de terceiros pelos operadores de terminais privados, tendo aludido somente a necessidade de existir um volume mínimo de carregamento capaz de justificar a instalação do terminal.

Posteriormente, com a divulgação de novas resoluções pela ANTAQ e a edição do Decreto nº 6.620/2008[60], que regulamentou a Lei nº

[57] Ribeiro, Leonardo Coelho. O novo marco regulatório dos portos: entre grandes objetivos e inadequadas exigências *In*: MOREIRA, Egon Bockmann (Coord.). **Portos e seus regimes jurídicos**: a Lei 12.815/2013 e seus desafios. 1ª ed., Belo Horizonte: Fórum, 2014. p. 119.

[58] Essa é a expressão utilizada por Vitor Rhein Schirato para descrever a primeira lei setorial editada após a Constituição de 1988, a qual empregou uma regulação assimétrica entre os operadores portuários. Schirato, Vitor Rhein. Instalações portuárias e serviço público: requisitos e efeitos da definição de poligonais dos portos organizados *In*: Pereira, Cesar; Schwind, Rafael Wallbach (Org.). **Direito Portuário Brasileiro**: Lei 12.815 – Poligonal, Arrendamento e Autorização, Arbitragem. São Paulo: Marcial Pons, 2015. p. 441.

[59] Na citada Resolução, que estabeleceu critérios e procedimentos para a outorga de autorização para construção, exploração e ampliação de terminal portuário de uso privativo, a ANTAQ determinou a forma pela qual o particular deveria apresentar seu requerimento para a agência, elencando os documentos necessários, dentre eles uma declaração com especificação das cargas a serem movimentadas em seu terminal, "com movimentação anual mínima estimada que justifique, por si só, de conformidade com estudo técnico especializado, a sua implantação, e, com relação às cargas de terceiros, se houver, a natureza destas".

[60] Eduardo Augusto Guimarães afirma que o Decreto nº 6.620/2008 representou uma contrarreforma no setor portuário, inibindo os investimentos privados, pois, ao afirmar que os terminais privados mistos movimentariam cargas de terceiros em caráter subsidiário e eventual, prejudicou a competitividade do setor Guimarães, Eduardo Augusto.

8.630/1993, poder-se-ia imaginar que o tema seria pacificado. Afinal, o art. 35, incisos I e II, do aludido decreto previu que "as instalações portuárias de uso privativo destinam-se à realização das seguintes atividades portuárias: I - movimentação de carga própria, em terminal portuário de uso exclusivo; II – movimentação preponderante de carga própria e, em caráter subsidiário e eventual, de terceiros, em terminal portuário de uso misto".

Não foi o que ocorreu. Como explica Rafael Carvalho Rezende Oliveira, "a discussão, contudo, não acabou com a edição dos referidos atos normativos, pelo contrário, a discussão resultou em importantes artigos e pareceres, desdobrando-se inclusive na propositura da ADPF nº 139 e na ADI nº 929-0"[61].

Especificamente quanto à Ação de Descumprimento de Preceito Fundamental nº 139, que ganhou maior relevo, esta foi ajuizada pela Associação Brasileira dos Terminais de Contêineres de Uso Público – ABRATEC. Em linhas gerais, a ABRATEC advogou a tese de que estariam sendo violados preceitos constitucionais fundamentais por atos normativos e concretos praticados pela ANTAQ, os quais permitiam aos terminais privativos mistos movimentar cargas de terceiros irrestritamente[62].

Regulação dos portos no Brasil: evolução e perspectivas *In*: Pinheiro, Armando Castelar; Frischtak, Cláudio Roberto. **Gargalos e soluções na infraestrutura de transportes**. Rio de Janeiro: FGV, 2014. p. 297.

[61] Oliveira, Rafael Carvalho Rezende. Parcerias Público-Privadas no setor portuário *In*: Ribeiro, Leonardo Coelho; Feigelson, Bruno; Freitas, Rafael Véras de (Coord.). **A nova regulação de infraestrutura e da mineração**: portos, aeroportos, ferroviais e rodovias. Belo Horizonte: Fórum, 2015. p. 227. Na ADI nº 929-0, proposta pelos partidos Socialista Brasileiro, Comunista do Brasil e Democrático Trabalhista, discutia-se a constitucionalidade de uma série de dispositivos da Lei nº 8.630/1993. Em resumo, a alegação dos requerentes era no sentido de que o diploma legal impugnado promoveria a privatização de atividade (exploração dos portos – constitucionalmente definida como serviço público), contemplaria normas incompatíveis com a proteção constitucional do trabalhador portuário e os limites dos acordos e convenções coletivas de trabalho, impediria o acesso do trabalhador avulso à jurisdição, usurparia a competência do Presidente da República para fixar tarifas portuárias e disporia sobre matéria privativa de lei complementar.

[62] Registre-se que o Decreto nº 6.620/2008 (cujo objeto foi regular a Lei nº 8.630/1993) é posterior ao ajuizamento da ADPF nº 139. Na doutrina, Vitor Rhein Schirato critica o mencionado decreto: "é importante mencionar que o Decreto 6.620/2008 praticamente

Assim, embora a Lei nº 8.630/1993 tenha permitido avanços nos portos, havia uma grande discussão a respeito da competição entre atores do setor portuário. Enquanto os operadores de terminais públicos questionavam uma "concorrência desleal" em virtude de terminais privados movimentarem cargas de terceiro, os terminais privativos mistos afirmavam que, na vigência da Lei de Modernização dos Portos, a restrição ao transporte dessas mesmas cargas limitava a competição[63].

Com a intenção de ampliar a concorrência entre os participantes do mercado, atrair investimentos privados, modernizar os terminais e, por consequência, expandir a atividade portuária no país, o legislador alterou o marco regulatório do setor, editando a Medida Provisória nº 595/2012, conhecida como "MP dos Portos", posteriormente convertida na Lei nº 12.815/2013, que revogou expressa e integralmente a Lei nº 8.630/1993[64].

Algumas das alterações trazidas pelo atual modelo regulatório foram: a delimitação das atribuições da ANTAQ e da Secretária dos Portos; a centralização de competências normativas em favor da Administração Pública federal; as definições dos critérios de licitações para concessões ou arrendamentos[65]; o processo seletivo público para as hipóteses nas

acabou com a competição no setor portuário, atendendo aos anseios da Abratec. Embora não tenha acabado com a figura dos terminais de uso privativo de uso misto, dispôs que tais terminais apenas poderiam movimentar cargas de terceiros em caráter subsidiário e eventual. Na prática, portanto, impôs o fim da competição entre terminais privados e públicos, dentro do mesmo porto organizado, e mais ainda, decretou o fim da competição entre portos organizados e portos privados. Daí porque sustentamos, à época, que o regime de concorrência no âmbito dos serviços portuários era marcado pela simetria de regimes." Schirato, Vitor Rhein. Instalações portuárias e serviço público: requisitos e efeitos da definição de poligonais dos portos organizados *In*: Pereira, Cesar; Schwind, Rafael Wallbach (Org.). **Direito Portuário Brasileiro**: Lei 12.815 – Poligonal, Arrendamento e Autorização, Arbitragem. São Paulo: Marcial Pons, 2015. p. 441.

63 Fernandes, Victor Oliveira. Os desafios do antitruste no setor portuário brasileiro: inovações da Lei nº 12.815/13 e seus reflexos concorrenciais. **Revista de Direito Setorial e Regulatório**. Brasília: v. 2, n. 1, p. 176-177, maio/2016.

64 Com isso, o Supremo Tribunal Federal julgou prejudicada a ADPF nº 139 (e também a ADI nº 929) por perda superveniente do objeto.

65 Os critérios para a seleção do vencedor do certame são, de forma isolada ou combinada, a menor tarifa ofertada ou outros parâmetros relacionados à operação eficiente do terminal (cf. art. 6º).

quais existam outros interessados na obtenção de autorização para instalação portuária na mesma região e com características semelhantes[66]; a mudança das características da autorização concedida aos terminais privados (TUPs); a definição de que a área do porto organizado é um bem público – o que, para Maria Sylvia Zanella Di Pietro, teria sido uma inovação da Lei nº 12.815/2013 que pôs fim a qualquer dúvida que pudesse haver na vigência da lei anterior (a qual, como visto, não continha expressamente tal definição)"[67].

Outra alteração de destaque diz respeito ao compartilhamento de infraestrutura (das redes de serviços públicos) – instrumento que já existia em outros setores regulados, como, por exemplo, no caso das telecomunicações (art. 73 da Lei nº 9.472/1997). Essa é uma solução bastante utilizada para estabelecer concorrência no mercado e foi expressamente tratada no a Lei nº 12.815/2013, quando prevê, nos arts. 7º e 13, que a ANTAQ poderá disciplinar as condições de acesso, por qualquer interessado, em caráter excepcional, às instalações portuárias arrendadas, exploradas pela concessionária, ou autorizadas, assegurando-se a remuneração

[66] Os critérios utilizados para seleção pública do autorizatário podem ser: a menor tarifa; a maior capacidade de movimentação; o menor tempo de movimentação de carga; ou outro critério estabelecido no instrumento convocatório. Todavia, o fato de o autorizatário participar, por exemplo, de chamada pública (no caso em que mais de um interessado manifestar interesse por exercer atividade portuária em uma área fora do porto organizado), não torna a autorização uma "delegação de serviço público". Essas atividades exercidas pelos autorizatários continuam protegidas pelo direito fundamental da livre iniciativa, garantia que é excluída no caso dos serviços públicos. A Constituição apenas atribuiu ao legislador a competência para dizer em que intensidade da livre-iniciativa será exercida nas atividades elencadas no art. 21, até porque ela deve cumprir sua função social e ser ponderada com outros valores também constitucionalmente relevantes (ARAGÃO, Alexandre Santos de; FIDALGO, Carolina Barros. Regime jurídico da autorização portuária no Brasil: serviços públicos ou atividades privadas regulamentadas *In*: RIBEIRO, Leonardo Coelho; FEIGELSON, Bruno; FREITAS, Rafael Véras de (Coord.). **A nova regulação de infraestrutura e da mineração**: portos, aeroportos, ferroviais e rodovias. Belo Horizonte: Fórum, 2015. p. 175).

[67] DI PIETRO, Maria Sylvia Zanella. Alteração da poligonal de porto organizado: requisitos materiais segundo a Lei 12.815/2013 *In*: PEREIRA, Cesar; SCHWIND, Rafael Wallbach (Org.). **Direito Portuário Brasileiro**: Lei 12.815 – Poligonal, Arrendamento e Autorização, Arbitragem. São Paulo: Marcial Pons, 2015. p. 262.

adequada ao titular da autorização – estando em linha, portanto, com os objetivos divulgados pelo legislador para o marco setorial dos portos[68].

A principal alteração oriunda da Lei nº 12.815/2013, contudo, foi a extinção dos conceitos de "carga de terceiros" e "carga própria" – o principal motivo de debates no setor durante a vigência da Lei de Modernização dos Portos –, pondo fim à distinção entre terminais de uso privativo exclusivo e terminais de uso privativo misto, criando a figura dos Terminais de Uso Privado – TUPs. O fator relevante para distinguir os terminais seria a sua posição geográfica, se dentro ou fora da poligonal[69], e não mais a titularidade da carga (critério que ficou definido claramente a partir do Decreto nº 6.620/2008).

1.2. Regimes jurídicos aplicáveis aos operadores portuários

1.2.1. A assimetria regulatória

A alteração mais significativa do atual marco regulatório dos portos, como mencionado, foi a extinção do critério de titularidade da carga para distinção dos regimes jurídicos aplicáveis aos operadores de terminais portuários (até então um obstáculo à concorrência no setor), passando a ser utilizado um critério geográfico, a poligonal.

A Lei nº 12.815/2013, todavia, manteve – com base no que dispõe o art. 21, inciso XII, alínea "f", da Constituição –, a distinção nos modos pelos quais as atividades portuárias podem ser exploradas: em regime público,

[68] Cesar Pereira e Rafael Schwind explicam que "a Lei 12.815 determina a aplicação do compartilhamento de infraestruturas (*essential facilities doctrine*) tanto aos terminais arrendados (nos portos organizados) quanto aos terminais autorizados (de uso privado, fora das áreas dos portos organizados). (...) Trata-se de uma novidade no setor portuário (já existente em outros setores, como o art. 59 da Lei 9.478) e cria um instrumento para grande intervenção regulatória em todos os tipos de instalações portuárias.". Pereira, Cesar; Schwind, Rafael. O Novo Marco Regulatório do Setor Portuário Brasileiro *In*: Pereira, Cesar; Schwind, Rafael Wallbach (Org.). **Direito Portuário Brasileiro**: Lei 12.815 – Poligonal, Arrendamento e Autorização, Arbitragem. São Paulo: Marcial Pons, 2015. p. 74.

[69] Adiante se voltará a esse tema com maior profundidade, para delinear as características da poligonal.

por terminais públicos habilitados por concessão[70] (quando constituirão um serviço público, sujeito a uma intensa regulação estatal), ou em regime privado, por terminal privado habilitado por autorização (hipótese de exercício de atividade econômica)[71].

Essa é a característica típica de um modelo de assimetria regulatória: permite-se que, em uma mesma atividade, um agente atue por meio da delegação de serviço público, observando o regime jurídico de direito público, e outro exerça atividade econômica, de titularidade privada, sendo habilitado por meio de autorização, submetendo-se, por sua vez, ao regime privado[72]. A intervenção indireta do estado na economia – leia-se regulação estatal – terá gradações distintas. Sérgio Guerra assinala essa peculiaridade:

> Uma dessas questões toca a denominada 'assimetria regulatória' que estará presente nos casos em que seja estabelecida uma competição em determinadas atividades que sejam reguladas pelo Estado sob diferentes graus de

[70] Leia-se, "subconcessão imprópria" – conceito tratado a seguir nesta obra –, pois, na grande maioria dos casos, os operadores privados de terminais públicos exploram a atividade portuária por meio da celebração de contratos de arrendamento – o que, igual modo, ainda será tratado neste trabalho.

[71] Explica Vitor Rhein Schirato: "a dicotomia de formas de exploração por particulares das atividades portuárias prevista na Constituição Federal demonstra a adoção, pelo Ordenamento Jurídico brasileiro, de um dualismo de regimes nas atividades portuárias, consubstanciadas na existência de serviço público, de competência da União, e, ao mesmo tempo, de atividade econômica em sentido estrito, mantida a competência da União de regular a matéria.". Schirato, Vitor Rhein. A experiência e as perspectivas da regulação do setor portuário no Brasil *In*: **Revista de Direito Público da Economia – RDPE**. Belo Horizonte: a. 6, n. 23, jul./set. 2008. p. 175.

[72] Alexandre Santos de Aragão explora o tema: "A assimetria regulatória distingue as atividades e as dota de uma maior ou menor dose de concorrência de acordo com as suas peculiaridades. É assim que, por exemplo, a telefonia fixa – serviço básico – sofre maiores restrições à livre iniciativa do que a telefonia celular; que serviços de lixo domiciliar podem eventualmente ficar sujeito a uma maior concorrência, ao passo que usinas do seu tratamento não. Trata-se de um 'desmembramento' da própria atividade, seja dentro da mesma fase da cadeia produtiva do setor, seja em fases diversas, instalando-se a concorrência em ao menos uma delas.". Aragão, Alexandre Santos de. Serviços Públicos e Concorrência *In*: **Revista de Direito Administrativo – RDA**. Rio de Janeiro: v. 233, jul./set. 2003. p. 332-333.

> intervenção (forte, média ou fraca). Isto é, os regulados estarão participando do mesmo subsistema regulado (a mesma atividade, como, por exemplo, telecomunicações), porém submetidos à regulação assimétrica, desigual (concessão de telefonia fixa e autorização de telefonia fixa)[73].

A arquitetura de um modelo assimétrico, em que um dos operadores ingressa em um regime de exploração da atividade com uma regulação menos intensa, pode impulsionar a concorrência[74], trazendo, por consequência, benefícios aos usuários[75]. Aline Lícia Klein, ao tratar da assimetria regulatória como um instrumento de concorrência, explica que a regulação díspar "é empregada para incentivar a competição entre atividades bastante concentradas. Oferece-se ao prestador entrante um regime de prestação mais brando em relação àquele que se submete o prestador dominante, para acirrar a competição"[76].

Portanto, a opção legislativa ao instituir o marco regulatório dos portos, com a adoção do critério geográfico (poligonal) – e consequente supressão da exigência de terminais privados movimentarem cargas pró-

[73] Guerra, Sérgio. Riscos, assimetria regulatória e o desafio das inovações tecnológicas *In*: Freitas, Rafael Véras de; Ribeiro, Leonardo Coelho; Feigelson, Bruno (Coord.). **Regulação e novas tecnologias**. Belo Horizonte: Fórum, 2017. p. 93.

[74] Sabino Cassese corrobora o entendimento de que uma regulação assimétrica pode favorecer a competição, com o ingresso de novos *players* no mercado. No entanto, o autor sustenta que se trataria de uma medida temporária: "*La situación que acabo de describir se presenta de fonna más vistosa cuando existen regulaciones diferenciadas, llamadas asimétricas. Éstas disciplinan de fonna distinta empresas que operan en el mercado, para favorecer el ingreso y el desarrollo de los últimos entrantes a costa de los monopolistas y de los entrantes que les preceden. Se trata de medidas temporales*". Cassese, Sabino. **La globalización jurídica**. Madri: Marcial Pons, 2006. p. 157.

[75] Marques Neto, Floriano de Azevedo. A Nova Regulação dos Serviços Públicos. *In*: **Revista de Direito Administrativo – RDA**. Rio de Janeiro: v. 228, abr./jun. 2002. p. 23.

[76] Klein, Aline Lícia. O porto organizado como bem público e a delimitação de sua área *In*: Pereira, Cesar; Schwind, Rafael Wallbach (Org.). **Direito Portuário Brasileiro**: Lei 12.815 – Poligonal, Arrendamento e Autorização, Arbitragem. São Paulo: Marcial Pons, 2015. p. 400.

prias e cargas de terceiros apenas de forma esporádica –, foi no sentido de adotar a assimetria regulatória[77] com vistas a estimular a concorrência[78].

A modelagem da Lei nº 12.815/2013, nos termos em que foi concebida, causa debates na literatura, existindo opiniões dissonantes acerca dos benefícios de sua adoção[79]. Osvaldo Agripino de Castro Junior chega

[77] No mesmo sentido, cite-se Vitor Rhein Schirato: "Desse modo, é possível afirmar que, a partir da publicação do novel diploma legislativo, criou-se um ambiente concorrencial no setor portuário com assimetrias regulatórias. Assim, os serviços portuários podem tanto ser prestados em regime público – hipótese em que constituirão serviços públicos –, quanto em regime privado – hipótese em que constituirão atividades econômicas.". SCHIRATO, Vitor Rhein. Instalações portuárias e serviço público: requisitos e efeitos da definição de poligonais dos portos organizados *In*: PEREIRA, Cesar; SCHWIND, Rafael Wallbach (Org.). **Direito Portuário Brasileiro**: Lei 12.815 – Poligonal, Arrendamento e Autorização, Arbitragem. São Paulo: Marcial Pons, 2015. p. 443.

[78] Retome-se ao texto da Exposição de Motivos da "MP dos Portos", que demonstra a adoção de um modelo assimétrico como medida para estimular a competição: "Além disso, é importante aprimorar o marco regulatório, a fim de garantir maior segurança jurídica e, sobretudo, maior competição no setor. (...) Propomos a adoção do conceito de concessão de uso de bem público para as instalações portuárias dentro do porto organizado, formalizado em contratos de concessão e de arrendamento. Adicionalmente, é proposta a adoção do regime de autorização para a exploração de instalações portuárias fora do porto organizado. Serão dois regimes diferentes, um associado a uma infraestrutura pública (concessão e arrendamento) e outro a uma infraestrutura privada (autorização)". Disponível em: http://www.planalto.gov.br/ccivil_03/_ato2011-2014/2012/Exm/EMI-12-A-SEP-PR-MF-MT-AGU-Mpv-595-12.doc. Acesso em: 23 maio 2018.

[79] Flávio Amaral Garcia e por Rafael Véras, por exemplo, elogiam a mudança, tratando-a como uma das conquistas do setor portuário brasileiro: "Uma das maiores inovações introduzidas pelo Novo Marco Regulatório do Setor Portuário concerne ao desenho da assimetria regulatória estabelecida entre os prestadores de serviços públicos (arrendatários e os exploradores de atividades econômicas em sentido estrito (autorizatários). (...) Diante disso, foi confirmada e acentuada a assimetria regulatória entre prestadores de serviços públicos e exploradores de atividades econômicas reguladas. Em outras palavras, a extinção dos conceitos de 'carga própria' e de 'carga de terceiro' ratificou o sistema dual de exploração da infraestrutura portuária: o dos serviços públicos e o das atividades econômicas.". GARCIA, Flávio Amaral; FREITAS, Rafael Véras de. Portos brasileiros e anova assimetria regulatória – Os títulos habilitantes para a exploração da infraestrutura portuária *In*: **Revista de Direito Público de Economia – RDPE**. Belo Horizonte: n. 47, jul./set. 2014. p. 103-104. Por outro lado, Victor Oliveira Fernandes demonstra preocupação com a assimetria regulatória resultante do atual marco regulatório, pois ela traria imensos desafios à viabilidade da concorrência: "(...) é plausível que as assimetrias nas regulamen-

a afirmar que o cenário desenhado pela Lei nº 12.815/2013 "possibilita um ambiente com externalidades negativas entre usuários e terminais públicos localizados nos portos organizados. O mesmo se dá entre terminais públicos localizados no porto organizado e terminais privados. Esse ambiente aumenta os custos de transação e insegurança jurídica"[80].

A hipótese deste trabalho é a de que o marco regulatório dos portos, com a adoção dessa modelagem de regulação assimétrica, conjugada com a liberdade na movimentação de cargas para os operadores portuários, alterou o mercado de contêineres no Brasil. O exame do caso concreto, que se empreenderá no capítulo 3, permitirá a verificação se o marco regulatório dos portos se preocupou com o equilíbrio sistêmico, os custos, os resultados e a competitividade em uma política de longo prazo para o setor[81].

tações dos contratos de arrendamento e autorização possam inviabilizar a concorrência entre instalações portuárias públicas e privadas. Na realidade, o novo sistema institui um ambiente em que agentes privados, submetidos a regimes jurídicos totalmente distintos, competem na prestação de serviços públicos já naturalmente marcados por elevadas barreiras à entrada e fortes tendências à integração vertical. Em um mercado com essas peculiaridades, a regulação assimétrica parece torná-lo ainda mais vulnerável do ponto de vista concorrencial". FERNANDES, Victor Oliveira. Os desafios do antitruste no setor portuário brasileiro: inovações da Lei nº 12.815/13 e seus reflexos concorrenciais. **Revista de Direito Setorial e Regulatório**. Brasília: v. 2, n. 1, p. 198, maio/2016.

[80] CASTRO JUNIOR, Osvaldo Agripino de. Defesa da concorrência na Nova Lei dos Portos, **Revista de Defesa da Concorrência**. v. 4, n. 2, nov./2016, p. 186.

[81] O Brasil ainda dispõe de meios incipientes para avaliação de desempenho ou qualidade regulatória (como, por exemplo, análises de impacto regulatório ou um órgão central com responsabilidade para exercer coordenação regulatória). É rara a *accountability* sobre os custos, benefícios e resultados da escolha regulatória para um determinado setor, o que indica uma falta de compromisso com uma visão prospectiva da política regulatória – e com a própria proteção dos interesses da sociedade. A contabilidade dos resultados da regulação permite ao Estado Regulador a busca da melhora regulatória, como sustenta Carlos Ragazzo: "Assim, melhora regulatória não é mais ou menos regulação, mas sim uma atuação governamental com foco em resultados. Para chegar ao ponto de equilíbrio do pêndulo (entre mais ou menos regulação), é indispensável uma metodologia de avaliação que permitisse comparar custos e benefícios. RAGAZZO, Carlos Emmanuel Joppert. **Regulação Jurídica, racionalidade econômica e saneamento básico**. Rio de Janeiro: Renovar, 2011. p. 205. Assim, examinar números da movimentação de contêineres no

1.2.2. Assimetria regulatória nos portos – formas de exploração dos portos

A Constituição Federal de 1988 estabelece ser de competência da União a exploração dos portos diretamente ou mediante autorização, permissão ou concessão[82], como apontam Carlos Ari Sundfeld e André Rosilho: "a União, segundo legislação aplicável, poderá explorá-los diretamente (por exemplo, por meio de empresa estatal por ela autorizada), poderá delegar sua exploração a outros entes da federação, ou, então, poderá explorá-los indiretamente, mediante concessão e arrendamento de bem público"[83].

Embora não caiba tratar de todos os aspectos da Lei nº 8.630/1993, afigura-se importante pontuar aspectos dos modos de exploração da atividade portuária no marco regulatório anterior. Isso porque a dualidade de regimes exploratórios (assimetria regulatória), que gerava discussões no setor sobre a conveniência da sua adoção (e a ANTAQ, conforme explicado em seção anterior, não conseguia endereçar uma solução ao tema), foi adotada pelo atual marco regulatório dos portos (Lei nº 12.815/2013).

Durante a vigência da Lei nº 8.630/1993, a exploração indireta, por meio de concessão ou autorização, de instalação portuária era promovida nas modalidades de uso público ou uso privativo (categorizados em terminais de turismo, de uso exclusivo ou de uso misto).

Para o terminal público, após prévio procedimento licitatório, na forma determinada pelo art. 175 da Constituição, seria transferido ao particular, com a assinatura de contrato administrativo (de concessão ou arrendamento[84]), o direito de uso da infraestrutura portuária localizada

Complexo Portuário de Itajaí, após a instituição do novo marco regulatório dos portos, auxilia nesse processo de *accountability* sobre os efeitos da regulação.

[82] A Lei nº 9.277/1996 autorizou a União a delegar aos Municípios, Estados e Distrito Federal a administração e exploração de portos federais por meio de convênio, podendo fazê-lo diretamente ou por meio de concessão. Esse, inclusive, é o caso da Autoridade Portuária de Itajaí, como se verá mais detidamente no capítulo 3.

[83] Sundfeld, Carlos Ari; Rosilho, André. A redefinição da poligonal do porto organizado como mecanismo de desenvolvimento do setor portuário *In*: Pereira, Cesar; Schwind, Rafael Wallbach (Org.). **Direito Portuário Brasileiro**: Lei 12.815 – Poligonal, Arrendamento e Autorização, Arbitragem. São Paulo: Marcial Pons, 2015. p. 319.

[84] Conquanto haja previsão legal para a concessão dos serviços públicos portuários, o arrendamento tem sido mais utilizado pelo Poder Concedente no país. Como ressal-

na área do porto organizado (bem público[85] de titularidade da União)[86] por um prazo certo.

A área do porto organizado compreendia as instalações portuárias vinculadas a determinada Administração Portuária, a qual dispunha de prerrogativas institucionais para gerir tais instalações. No caso de concessão a uma Autoridade Portuária, poderia ocorrer desta não englobar toda a área do porto organizado, ou mesmo o concessionário não querer explorar determinada área que lhe competia. Assim, abria-se espaço para a exploração por terminais públicos por meio do arrendamento[87].

tam Dinorá Adelaide Musetti Grotti e Cristiana Lima, o marco regulatório portuário estabeleceu disciplina similar para a concessão de exploração de porto organizado e o arrendamento de bem público. GROTTI, Dinorá Adelaide Musetti; LIMA, Cristiana Maria Melhado Araujo. Diferenças entre terminais portuários de uso público e de uso privado *In*: PEREIRA, Cesar; SCHWIND, Rafael Wallbach (Org.). **Direito Portuário Brasileiro**: Lei 12.815 – Poligonal, Arrendamento e Autorização, Arbitragem. 1ª ed. São Paulo: Marcial Pons, 2015. p. 155. A diferença principal entre a concessão e o arrendamento portuário consiste no objeto do contrato. Enquanto na concessão há a delegação da administração de todo o porto organizado, inclusive das atribuições de autoridade portuária, no arrendamento delega-se a exploração de área específica dentro do porto organizado. Por isso, esse trabalho se deterá ao exame dos aspectos da exploração de atividade portuária mediante celebração de contrato de arrendamento ou por meio de autorização.

[85] A revogada Lei nº 8.630/1993 não definia expressamente, em nenhum de seus dispositivos, que o porto organizado seria um bem público, muito embora essa característica fosse percebida da interpretação dos próprios institutos previstos na legislação, tal como o arrendamento – afinal, se não fosse o porto organizado um bem público, não seria dado à União conceder a outorga de uso e exploração de bens de propriedade privada, mediante a celebração de contrato de arrendamento (via de regra, envolvendo uma autoridade portuária e um particular). Com a nova Lei dos Portos, o legislador tratou de positivar, no art. 2º, que o porto organizado é um bem público.

[86] A exploração de instalação portuária depende da celebração de contrato de arrendamento, celebrado com a União no caso de exploração direta, ou com sua concessionária, sempre através de licitação, quando localizada dentro dos limites da área do porto organizado. ARAGÃO, Alexandre Santos de; FIDALGO, Carolina Barros. Regime jurídico da autorização portuária no Brasil: serviços públicos ou atividades privadas regulamentadas *In*: RIBEIRO, Leonardo Coelho; FEIGELSON, Bruno; FREITAS, Rafael Véras de (Coord.). **A nova regulação de infraestrutura e da mineração**: portos, aeroportos, ferroviais e rodovias. Belo Horizonte: Fórum, 2015. p. 157-178.

[87] MAYER, Giovanna. Notas sobre o regime de portos brasileiros *In*: MOREIRA, Egon Bock-

Tal como delineado na introdução deste trabalho, o contrato de arrendamento permitia que um bem público da União fosse explorado por empresas privadas, pelo prazo de 25 anos (prorrogável por igual período), para o desempenho da atividade portuária mediante o pagamento de uma quantia pelo uso desse bem. Além de exercer a operação portuária, caberia ao particular o ônus de prover a superestrutura[88] do porto e a prestação de serviço público. A administração do porto, contudo, caberia à União ou à concessionária da área.

Com efeito, considerando que, na Exposição de Motivos da Lei nº 8.630/1993, constou expressamente que um dos objetivos da novel legislação seria assegurar o aumento da produtividade do setor portuário, mediante a racionalização de atividade econômica e a integração dos diversos agentes envolvidos, por meio da diminuição da intervenção do Estado e do estímulo à livre concorrência, o contrato de arrendamento se tornou importante instrumento para viabilizar esses objetivos[89].

Por se tratar de uma prestação de serviço público, o arrendatário se submeteria a uma série de obrigações, como, por exemplo, a observância do tratamento isonômico entre os usuários, a regularidade, a eficiência, a continuidade, a atualidade, a segurança, a generalidade, a cortesia no oferecimento do serviço e a modicidade tarifária. Além disso, deveriam constar nos contratos de arrendamento cláusulas essenciais; a previsão das metas a serem atingidas (como a movimentação mínima de carga[90]);

mann (Coord.). **Portos e seus regimes jurídicos**: a Lei 12.815/2013 e seus desafios. Belo Horizonte: Fórum, 1ª ed. 2014. p. 105.

[88] A superestrutura portuária consiste em ativos fixos construídos sobre a infraestrutura – tais como galpões, ancoradouros, docas, cais, edificações, vias de circulação interna, guindastes, empilhadeiras, veículos de cargas. Já a infraestrutura engloba acesso marítimo aquaviário, bacia de evolução, áreas de fundeio e quebra-mares. Britto, Paulo Augusto P. de. Promoção da concorrência no setor portuário: uma análise a partir dos modelos mundiais e aplicação ao caso brasileiro. **Revista Adm. Pública**. Rio de Janeiro: 49(1), jan./fev. 2015, p. 49-50.

[89] BRASIL. **Exposição de Motivos da Lei nº 8.630, de 25 de fevereiro de 1993**. Disponível em: http://imagem.camara.gov.br/Imagem/d/pdf/DCD26FEV1991.pdf#page=63. Acesso em: 10 maio 2018.

[90] Em regra, os contratos de arrendamento estabelecem uma cláusula com a Movimentação Mínima de Carga (MMC), que consiste na obrigação de o operador privado do terminal público movimentar uma quantidade mínima anual de cargas, sob pena de pagamento de

a fiscalização de investimentos; a reversão de bens; a contratação de serviços de trabalho portuário via Órgão Gestor de Mão de Obra – OGMO[91]; e o prazo máximo de exploração.

Em razão dessas particularidades, ao firmar contrato de arrendamento com o particular, o Poder Concedente não apenas transferia o uso de um bem público (a infraestrutura portuária), como também delegava a prestação de um serviço público de sua titularidade. Carlos Augusto da Silveira Lobo assevera que:

> Os Terminais de uso público prestam serviços públicos tal como acima definidos, ou seja: (a) o seu objetivo primordial é suplementar os portos organizados na satisfação das necessidades da coletividade, quanto a serviços portuários; (b) qualquer interessado tem o direito de utilizar-se do serviço, em igualdade de condições com os demais usuários; (c) o titular de terminal de uso público tem a obrigação de colocar o serviço à disposição dos interessados de forma regular e contínua, sem discriminar entre os usuários; (d)

multa (ou do pagamento pelo quantitativo mínimo previsto no contrato, independentemente de tal montante ter sido efetivamente movimentado pelo terminal de uso público). No porto de Santos, por exemplo, os editais de licitação dos terminais arrendados estabeleceram o compromisso da MMC por parte da arrendatária (sob pena de penalidade de 2% do valor do aluguel mensal fixado para o arrendamento caso não fosse atingido esse quantitativo mínimo). Araujo JR, José Tavares de. **A economia política da reforma comercial**: o papel dos portos – CINDES, Abril de 2017. p. 12-13. Disponível em: http://iepecdg.com.br/wp-content/uploads/2017/02/Papel_dos_portos_na_politica_comercial-Final.pdf. Acesso em: 01 jun. 2018.

[91] O OGMO, previsto no art. 18 da revogada Lei nº 8.630/1993 e no art. 32 da Lei nº 12.815/2013, possui a função de manter cadastros dos trabalhadores portuários, treiná-los, habilitá-los, selecioná-los, para, a partir deste gerenciamento, fornecer mão de obra do trabalhador portuário e do trabalhador portuário avulso aos terminais públicos, sendo esse último aspecto seu traço mais marcante. Suriman Nogueira de Souza Junior explica que "a principal característica dos Órgãos Gestores de Mão-de-Obra do Trabalho Portuário Avulso – OGMO é a exclusividade que dispõem no fornecimento e administração de mão-de-obra do trabalho portuário, salvo disposição em contrário pactuada em contrato, acordo ou convenção coletivo de trabalho, cabendo aos operadores portuários a iniciativa da instituição desses órgãos, um em cada porto organizado, sendo que, enquanto não constituídos, suas competências devem ser exercidas pela respectiva Administração do Porto". Souza Junior, Suriman Nogueira de. **Regulação portuária**: a regulação jurídica dos serviços públicos de infra-estrutura portuária no Brasil. São Paulo: Saraiva, 2008. p. 166.

seus serviços devem ser remunerados mediante uma tarifa estabelecida pelo poder público, de aplicação geral; (e) seus serviços estão sujeitos à fiscalização pelo poder concedente[92].

Não se trataria de uma mera concessão de uso ou simples arrendamento assemelhado a uma locação[93]. De fato, o contrato de arrendamento funcionaria como instrumento de outorga de serviço público, sendo chamado, por parcela significativa da doutrina, de uma "subconcessão imprópria"[94].

O caráter de "subconcessão" de serviço públicos em relação ao contrato de arrendamento portuário pode ser reforçado pelo conceito de concessão defendido por Rafael Roque Garofano. Segundo o autor, as concessões de serviços públicos incluem as modalidades de concessão "que tenham por finalidade a delegação de atividades materiais de inte-

[92] LOBO, Carlos Augusto da Silveira. Os terminais portuários previstos na Lei nº 8.630/93. **Revista de Direito Administrativo**. Rio de Janeiro: n. 220, abr./jun. 2000, p. 28-29.

[93] Nesse sentido, Floriano Azevedo Marques Neto e Fábio Barbalho Leite: "longe de ser simples escolha do particular, o exercício da atividade portuária é uma exigência contratual imposta pelo Poder Concedente, sendo, assim, impossível cingir o âmbito do arrendamento à mera concessão de uso ou ao arrendamento ditado pelo Código Civil (que se assemelha à locação)". MARQUES NETO, Floriano de Azevedo; LEITE, Fábio Barbalho. Peculiaridades do contrato de arrendamento portuário *In*: **Revista de Direito Administrativo – RDA**. Rio de Janeiro: v. 231, jan./mar. 2003. p. 280.

[94] Citem-se alguns dos autores que comungam desse entendimento: JUSTEN FILHO, Marçal. **Teoria geral das concessões de serviços públicos**. São Paulo: Dialética, 2003. p. 524; FIGUEIROA, Caio Cesar; CARVALHO, André Castro. A nova lei de portos e a valorização da concorrência nos serviços públicos *In*: PEREIRA, Cesar; SCHWIND, Rafael Wallbach (Org.). **Direito Portuário Brasileiro**. São Paulo: Marcial Pons, 2015. p. 256; OLIVEIRA, Rafael Carvalho Rezende. Parcerias Público-Privadas no setor portuário *In*: RIBEIRO, Leonardo Coelho; FEIGELSON, Bruno; FREITAS, Rafael Véras de (Coord.). **A nova regulação de infraestrutura e da mineração**: portos, aeroportos, ferroviais e rodovias. Belo Horizonte: Fórum, 2015. p. 230; GARCIA, Flávio Amaral; FREITAS, Rafael Véras de. Portos brasileiros e anova assimetria regulatória – Os títulos habilitantes para a exploração da infraestrutura portuária *In*: **Revista de Direito Público de Economia – RDPE**. Belo Horizonte: n. 47, jul./set. 2014. p. 112; e ARAGÃO, Alexandre Santos de. **Direito dos Serviços Públicos**. 3ª ed. Forense: Rio de Janeiro, 2013. p. 698; SCHIRATO, Vitor Rhein. A experiência e as perspectivas da regulação do setor portuário *In*: **Revista de Direito Público da Economia Administrativo – RDPE**. v. 6, n. 23, jul./set. 2008, p. 181.

resse coletivo a um particular por longo prazo, envolvendo a realização de grandes investimentos e a necessidade de amortização de tais investimentos ao longo do tempo"[95].

Esse modelo de exploração público-privado de uma instalação portuária, com a presença de uma autoridade do porto, denomina-se "*landlord port*" e é utilizado mundialmente em grande escala (entre 85-90% dos portos utilizam esse modelo de gestão)[96]. Maurício Araquam de Sousa explica que há uma divisão quanto aos investimentos, sendo de responsabilidade do Estado a administração do porto, o planejamento com foco na otimização das áreas cedidas e o investimento em infraestrutura portuária, ficando a cargo da iniciativa privada as atividades de operação e investimentos nos equipamentos utilizados nas operações de movimentação de carga[97].

[95] Garofano, Rafael Roque. **Contratualidade administrativa**: abrangência e complexidade do fenômeno contratual da administração pública. Rio de Janeiro: Lumen Juris, 2015. p. 129.

[96] Segundo dados divulgados no relatório anual da Conferência das Nações Unidas sobre Comércio e Desenvolvimento – UNCTAD (Capítulo 4 do *Review of Maritime Transport, United Nations Conference on Trade and Development:* http://unctad.org/en/PublicationsLibrary/rmt2017_en.pdf. Acesso em 15 maio 2018). Alguns exemplos de portos com esse modelo são: Los Angeles, Nova Iorque-Nova Jérsei e Buenos Aires. No continente europeu, o panorama é o mesmo, conforme indicam Pedro Costa Gonçalves, Licínio Lopes Martins e Bernardo Azevedo: "com excepção dos portos 'totalmente' privados difundidos na Grã-Bretanha, os portos europeus parecem em geral orientados para a adopção do modelo *landlord port*, caracterizado por um ente de gestão que envolve competências de desenvolvimento e programação do território, deixando às empresas privadas a gestão do tráfego" Gonçalves, Pedro Costa; Martins, Licínio Lopes; Azevedo, Bernardo. Regime de organização e gestão dos portos marítimos no direito português e europeu *In*: Moreira, Egon Bockmann (Coord.). Portos e seus regimes jurídicos: a Lei 12.815/2013 e seus desafios. 1ª ed. Belo Horizonte: Fórum, 2014. p. 144.

[97] Sousa, Maurício Araquam de. **Administração empreendedora**: novo modelo de arrendamento portuário. Rio de Janeiro: Synergia Editora, 2015. p. 27. No Brasil, esse formato de gestão foi adotado pelos terminais públicos localizados nos portos organizados a partir da Lei nº 8.630/1993, com papel de destaque para as Companhias de Docas (sociedades de economia mista, cujo maior acionista é a União), com competência para explorar e administrar os portos, bem como promover investimentos em infraestrutura. A Lei nº 12.815/2013, ressalvadas mudanças nas funções institucionais dos atores envolvidos na

Já para os terminais privativos, a Lei nº 8.630/1993 definiu como instrumento de outorga a autorização[98], uma manifestação de consentimento voltada à exploração de uma atividade econômica de relevante interesse público[99]. Tratar-se-ia de uma autorização operativa ou por

regulação do setor portuário, o que será objeto de análise mais adiante nesta obra, manteve o modelo *landlord port*

[98] Adota-se, neste trabalho, o conceito tal com exposto no corpo do texto. Porém é importante ressaltar que existe na doutrina divergências quanto às autorizações portuárias e seu significado no ordenamento jurídico. Egon Bockmann Moreira, por exemplo, sustenta que a autorização aos operadores de terminais privados não seria uma licença administrativa decorrente do antigo poder de polícia, uma liberação administrativa como condição ao exercício de determinadas atividades próprias, de titularidade das pessoas privadas. De acordo com o autor, quando se fala de autorização no setor portuário, alude-se a "autorizações constitutivas, não declaratórias, com forte carga mandamental. São autorizações que obrigam, que instruem como deve ser desenvolvida a atividade e estabelecem metas (não apenas autorizam o seu desenvolvimento). Tanto isso é verdade que, na dicção legal do art. 8º, §1º da Lei nº 12.815/2013, tais autorizações – no setor portuário – são instrumentalizadas em 'contratos de adesão'. MOREIRA, Egon Bockmann. Portos brasileiros e seus regimentos jurídicos *In*: **Portos e seus regimes jurídicos**: a Lei 12.815/2013 e seus desafios. Belo Horizonte: Editora Fórum, 2014. p. 62. Já Maria Sylvia Zanella Di Pietro, em uma visão mais tradicional do instituto, afirma ser a autorização uma manifestação do poder de polícia, com as características de ser um ato unilateral, precário, discricionário e sem tempo determinado. Sustenta que a autorização é dada no interesse exclusivo do particular que a obtém, e não ao interesse de terceiros. DI PIETRO, Maria Sylvia Zanella. **Parcerias na Administração Pública**. 11ª ed. Rio de Janeiro: Forense, 2017. p. 172-174. Não se pretende aprofundar a discussão doutrinária sobre a natureza jurídica da autorização portuária, mas afasta-se da posição adotada por Maria Sylvia Zanella Di Pietro, pois a autorização concedida ao terminal privado não pode ser precária na acepção clássica do instituto. O particular terá um custo inicial elevado para construir um terminal privado, dotando-o de toda infraestrutura e superestrutura, e um ato precário para justificar essa monta de investimento não traz segurança à iniciativa privada. Para maior detalhamento do tema, veja-se: ARAGÃO, Alexandre Santos de; FIDALGO, Carolina Barros. Regime jurídico da autorização portuária no Brasil: serviços públicos ou atividades privadas regulamentadas *In*: RIBEIRO, Leonardo Coelho; FEIGELSON, Bruno; FREITAS, Rafael Véras de (Coord.). **A nova regulação de infraestrutura e da mineração**: portos, aeroportos, ferroviais e rodovias. Belo Horizonte: Fórum, 2015. p. 157-178; JUSTEN FILHO, Marçal. O regime jurídico dos operadores de terminais portuários no direito brasileiro *In*: **Revista de Direito Público da Economia – RDPE**. Belo Horizonte: Fórum, v. 4, n. 16, out./dez. 2006, p. 77-124.

[99] OLIVEIRA, Rafael Carvalho Rezende. Parcerias Público-Privadas no setor portuário *In*: RIBEIRO, Leonardo Coelho; FEIGELSON, Bruno; FREITAS, Rafael Véras de (Coord.). **A nova**

funcionamento, que constituiria o principal instrumento de regulação das atividades privadas de interesse público[100].

Caso fosse autorizado, o terminal privativo exerceria atividade econômica no limite de sua área, formalizando a sua relação mediante um contrato de adesão com o Poder Público. Essa área seria um imóvel próprio, que estivesse no domínio útil do particular, onde caberia a ele promover as obras de infraestrutura e superestrutura – ou seja, todos os investimentos para a construção de acessos aquaviário e terrestre, vias de circulação, galpões, cais, berços, edifícios, maquinário e demais bens necessários à exploração da atividade portuária. Diferentemente do que ocorria em relação ao terminal público, o operador portuário de um terminal privativo era responsável por administrar e gerir toda a sua área, sem interferência de uma administração portuária. Exerciam sua atividade com autonomia, em regime de livre iniciativa[101].

Por conta dessas características – competir ao particular a administração, a operação portuária e os investimentos em toda estrutura em área de sua propriedade –, esse modelo de exploração dos portos é conhecido como "*fully privatized port*" ou "*private port*", sendo também utilizado na Inglaterra e na Nova Zelândia[102].

regulação de infraestrutura e da mineração: portos, aeroportos, ferroviais e rodovias. Belo Horizonte: Fórum, 2015. p. 230.

[100] Aragão, Alexandre Santos de. **Direito dos Serviços Públicos**. 3ª ed. Forense: Rio de Janeiro, 2013. p. 203 e Garcia, Flávio Amaral; Freitas, Rafael Véras de. Portos brasileiros e anova assimetria regulatória – Os títulos habilitantes para a exploração da infraestrutura portuária *In*: **Revista de Direito Público de Economia – RDPE**. Belo Horizonte: n. 47, jul./set. 2014. p. 117.

[101] Uma característica dessa liberdade se verifica, por exemplo, na desnecessidade de os titulares de terminais de uso privativo contratarem mão de obra por meio da intermediação do Órgão Gestor de Mão de Obra – OGMO.

[102] Sousa, Maurício Araquam de. **Administração empreendedora**: novo modelo de arrendamento portuário. Rio de Janeiro: Synergia Editora, 2015. p. 27. Para maior aprofundamento das privatizações portuárias no mundo, inclusive sobre a expediência inglesa empreendida em 1983 e os motivos que a impulsionaram, veja-se: Haarmeyer, David; Yorke, Peter. *Port Privatization:* An *International Perspective In:* **Policy Study**. *n. 156, abr./1993. Disponível em: https://reason.org/wp-content/uploads/files/6a983123788632131171e022e6466a7a.pdf. Acesso em: 15 maio 2018*

Para distinguir esses regimes jurídicos a que estariam submetidos os terminais (de uso público e uso privativo misto) o critério utilizado, a partir do Decreto nº 6.620/2008, foi a titularidade da carga movimentada – o que representava uma barreira à entrada[103] de novos *players* no mercado portuário e dificultava a competição no setor[104]. Por essa razão, com a edição da Medida Provisória nº 595/2012[105], posteriormente convertida na Lei nº 12.815/2013[106], o critério para definição do regime jurídico apli-

[103] Conceito tratado adiante no item 2.1.2.4.

[104] Ao julgar ato de concentração no Conselho de Administrativo de Defesa da Concorrência – CADE, o Conselheiro César Matos afirmou que a distinção entre cargas seria uma ineficiência do modelo regulatório dos portos e sua revisão seria desejável para atrair investimentos ao setor, inclusive porque "restrições à liberdade dos agentes também acarretam ineficiências desnecessárias, visto que os preços relativos dos produtos/serviços variam com o tempo, não havendo racionalidade econômica em obrigar um determinado terminal transportar um tipo de carga havendo outro tipo que se torne mais rentável. Isso significa uma utilização sub-ótima dos recursos escassos de infraestrutura do país" (Proc. nº 08012.007452/2009-31, fls. 1.315, julgado em 19.05.2010. BRASIL. Conselho Administrativo de Defesa Econômica. **Processo nº 08012.007452/2009-31**. Relator Conselheiro César Matos. Disponível em: https://sei.cade.gov.br/sei/modulos/pesquisa/md_pesq_documento_consulta_externa.php?xgSJHD3TI7Rh0CrGYtJb0A1Onc6JnUmZgGFW0zP7uM9buwPlY4eCQGiHeNR2gH1GILeO4J1sgECro_FAafCkhgQV6xBcichDS--YjlBWSmJ8IYramfdLa3Brp9S0tFIZK. Acesso em: 16 maio 2018.

[105] Parte da doutrina expressa crítica ao fato de o novo marco regulatório dos portos ter sido instituído por meio da edição de medida provisória, visto que tal instrumento legislativo, criado para que o Presidente da República discipline situações de urgência e relevância, excluiu do Poder Legislativo a possibilidade de discutir uma série de temas relevantes à refundação do regime regulatório dos portos. Cf. Pereira, Cesar; Schwind, Rafael. O Novo Marco Regulatório do Setor Portuário Brasileiro *In*: Pereira, Cesar; Schwind, Rafael Wallbach (Org.). **Direito Portuário Brasileiro**: Lei 12.815 – Poligonal, Arrendamento e Autorização, Arbitragem. São Paulo: Marcial Pons, 2015. p. 49-50; Moreira, Lilian Drummond Diniz Malaco. Lei nº 12.815/2013: insegurança jurídica para os contratos de adesão vigentes na data de sua publicação *In*: Ribeiro, Leonardo Coelho; FEIGELSON, Bruno; Freitas, Rafael Véras de (Coord.). **A nova regulação de infraestrutura e da mineração**: portos, aeroportos, ferroviais e rodovias. Belo Horizonte: Fórum, 2015. p. 157-178; e Justen Filho, Marçal. O regime jurídico dos operadores de terminais portuários no direito brasileiro *In*: **Revista de Direito Público da Economia – RDPE**. Belo Horizonte: Fórum, v. 4, n. 16, out./dez. 2006, p. 213-214.

[106] A Ministra do Tribunal de Contas da União – TCU, Ana Arraes, destacou que "a nova Lei dos Portos, portanto, buscou harmonizar o arcabouço normativo para que os operadores de terminais privativos atuem no mesmo campo comercial dos terminais públicos

cável aos operadores portuários passou a ser geográfico[107]: a poligonal (e não mais a titularidade da carga movimentada).

A poligonal, definida por decreto presidencial segundo parâmetros disciplinados no art. 15 da Lei nº 12.815/2013[108], demarca a área do porto organizado: a atividade exercida dentro do porto organizado (delimitado pela poligonal), submetida ao regime de serviço público, será explorada após habilitação por concessão ou arrendamento; e aquela praticada fora da área do poligonal, estará sujeita ao regime de exploração privada, habilitando-se o particular para operação portuária por meio de autorização[109]. Explica Floriano Azevedo Marques:

> Vê-se bem, então, que o legislador simplificou sobremaneira os critérios que definem o regime (público ou privado) incidente sobre a exploração da atividade portuária. De fato, basta a essa verificação considerar se a exploração ocorre dentro ou fora da área do porto organizado, sendo público o regime incidente na exploração que ocorre nessa área, e privado o regime a que sujeita a exploração feita em local diverso[110].

dos portos organizados, com vistas a atrair mais investimentos privados e estimular a concorrência.". TC nº 024.882/2014-3. BRASIL. Tribunal de Contas da União. Relatora Ministra Ana Araes. **Processo nº 024.882/2014-3**. Disponível em: https://contas.tcu.gov.br/sagas/SvlVisualizarRelVotoAcRtf?codFiltro=SAGAS-SESSAO-ENCERRADA&seOcultaPagina=S&item0=533976. Acesso em: 20 maio 2018.

[107] Ribeiro, Leonardo Coelho. O novo marco regulatório dos portos: entre grandes objetivos e inadequadas exigências *In*: Moreira, Egon Bockmann (Coord.). **Portos e seus regimes jurídicos**: a Lei 12.815/2013 e seus desafios. 1ª ed., Belo Horizonte: Fórum, 2014. p. 120.

[108] A citada norma define como critérios a serem considerados na definição da área do porto organizado a adequação dos acessos marítimos e terrestres; os ganhos de eficiência e competitividade decorrente da escala das operações; e as instalações portuárias já existentes.

[109] Cf. parágrafos 1º e 2º do art. 1º da Lei nº 12.815/2013.

[110] Marques Neto, Floriano de Azevedo. Delimitação da poligonal dos portos organizados e o regime jurídico dos bens públicos *In*: Pereira, Cesar; Schwind, Rafael Wallbach (Org.). **Direito Portuário Brasileiro**: Lei 12.815 – Poligonal, Arrendamento e Autorização, Arbitragem. São Paulo: Marcial Pons, 2015. p. 346.

As demais características relacionadas à exploração das instalações portuárias e os respectivos títulos habilitantes de seus operadores, em linhas gerais, mantiveram, na Lei nº 12.815/2013, os contornos desenhados na Lei nº 8.630/1993[111].

O atual marco regulatório, portanto, manteve configuração de um sistema jurídico complexo, resultante da mescla de dois regimes: de direito público e de direito privado[112], o que, conforme detalhado no item precedente, configura a prestação no setor portuário com assimetria regulatória – agentes econômicos sujeitos a uma regulação díspar, mas que competem na exploração da atividade de movimentação de cargas: terminais públicos configuram uma delegação de serviço público e os terminais privados exercem atividade econômica[113].

[111] Ou seja, para o terminal público a formalização de contrato administrativo para uso de bem da União, com cláusulas exorbitantes em favor do Poder Concedente, exigindo-se do operador a prestação de serviço público adequado; o controle do valor da tarifa, a submissão ao planejamento estatal; a movimentação mínima de carga (MMC); e a obrigação de selecionar mão de obra por meio do OGMO; a possibilidade de encampação, desapropriação e a reversão de bens da superestrutura em favor do Estado. Já o terminal de uso privado seguiu sendo explorado, fora da área do porto organizado, mediante autorização expedida pela ANTAQ, precedida de chamada ou anúncio público (e, quando for o caso, processo seletivo público – uma novidade da Lei dos Portos), formalizada por meio de contrato de adesão. Floriano Azevedo Marques Neto defende que o ingresso de agentes privados no mercado do serviço público depende de autorizações expedidas pelo Poder Público enquanto agente regulador do setor econômico a ser explorado, circunstância, portanto, observada pelo atual marco regulatório do setor portuário. MARQUES NETO, Floriano de Azevedo; KLEIN, Aline Lícia. **Tratado de direito administrativo**: funções administrativas do Estado. v. 4, DI PIETRO, Maria Sylvia Zanella (Coord.). São Paulo: Revista dos Tribunais, 2014. p. 133.

[112] GROTTI, Dinorá Adelaide Musetti; LIMA, Cristiana Maria Melhado Araujo. Diferenças entre terminais portuários de uso público e de uso privado *In*: PEREIRA, Cesar; SCHWIND, Rafael Wallbach (Org.). **Direito Portuário Brasileiro**: Lei 12.815 – Poligonal, Arrendamento e Autorização, Arbitragem. 1ª ed. São Paulo: Marcial Pons, 2015. p. 158.

[113] Para Giovanna Mayer, todas as atividades descritas no art. 21, inciso XI, alínea "f", da Constituição seriam "serviços públicos", apenas o que mudaria seria o regime jurídico a que elas estariam sujeitas, sendo as autorizações formas alternativas de o Estado prestar indiretamente determinada atividade, denominada de serviço público. MAYER, Giovanna. Notas sobre o regime de portos brasileiros *In*: MOREIRA, Egon Bockmann (Coord.). **Portos e seus regimes jurídicos**: a Lei 12.815/2013 e seus desafios. Belo Horizonte: Fórum, 1ª ed. 2014. p. 96. Discorda-se dessa opinião. A Constituição não teria distinguido as

Com as transformações na noção do conceito de "serviço público"[114], há a efetiva possibilidade de concorrência na prestação dessas atividades econômicas em sentido amplo[115]. A consequência prática desse postulado é admitir que os usuários podem optar em receber a atividade do Estado (ou de seu delegatário atuante em regime público), ou de outro particular que também a ofereça.

Essa possibilidade de competição com assimetria de regimes (serviço público e atividade econômica em sentido estrito) predica a necessidade de o arcabouço regulatório ser concebido de forma a evitar distinções ilimitadas entre atores e atividades equivalentes, sob pena de se afrontar a isonomia e causar distorções à concorrência[116]. Afinal, as atividades reco-

formas pelas quais a exploração das atividades descritas no art. 21 poderia ser realizada: diretamente ou mediante autorização, concessão e permissão. Fossem todas as atividades "serviços públicos", seria despicienda a referência à autorização. Em célebre obra sobre hermenêutica jurídica, Carlos Maximiliano assinalou que a lei não contém palavras inúteis, pois "presume-se que o legislador se esmerou em escolher expressões claras e precisas, com a preocupação meditada e firme de ser bem compreendido e finalmente obedecido". MAXIMILIANO, Carlos. **Hermenêutica e aplicação do Direito**. 19ª ed. Rio de Janeiro: Forense, 2010. p. 91.

[114] Tradicionalmente, os serviços públicos foram concebidos como atividades exógenas à livre iniciativa e, consequentemente, à concorrência, pressupondo via de regra apenas um prestador, fosse ele o próprio Estado, alguma de suas entidades da administração indireta, ou delegatário seu, em virtude da concepção de que tais atividades não poderiam ser submetidas à lógica do lucro e do mercado, pois estariam intimamente ligadas aos direitos fundamentais e solidariedade social. ARAGÃO, Alexandre Santos de. Serviços Públicos e Concorrência *In*: **Revista de Direito Administrativo – RDA**. Rio de Janeiro: v. 233, jul./set. 2003. p. 312. Hoje, a doutrina entende que o serviço público é uma atividade dotada de valor econômico, revestida de especial relevância social, passível, entretanto, de ser explorada economicamente, inclusive gerando lucros, mesmo quando explorada diretamente pelo Estado. MARQUES NETO, Floriano de Azevedo. A Nova Regulação dos Serviços Públicos. *In*: **Revista de Direito Administrativo – RDA**. Rio de Janeiro: v. 228, abr./jun. 2002. p. 18-19.

[115] GRAU, Eros. **A ordem econômica na Constituição de 1988**. 17ª ed. São Paulo: Editora Malheiros, 2015. p. 100.

[116] MARQUES NETO, Floriano de Azevedo. ZAGO, Marina Fontão. Limites das assimetrias regulatórias e contratuais: o caso dos aeroportos *In*: **Revista de Direito Administrativo – RDA**. Rio de Janeiro: v. 277, n. 1, jan./abr. 2018, 2002. p. 177.

nhecidas como serviços públicos[117] se submetem a regime mais restrito (e regulação mais intensa) do que as atividades econômicas em sentido estrito (ou de interesse social relevante[118]).

Para Carlos Ari Sundfeld e André Rosilho, essa distinção de regimes, com uma regulação mais branda ao particular que opera um terminal de

[117] Segundo Marçal Justen Filho: "a prestação do serviço público se realiza sob regime de Direito Público, mesmo quando haja delegação à iniciativa privada. Ou seja, a relação entre o usuário do serviço público e o prestador sempre será regulada pelo Direito Público. É usual indicar alguns princípios fundamentais ao serviço público, retratando uma construção de Rolland. Diz-se que o serviço público é norteado pelos princípios da continuidade, da igualdade e da mutabilidade." JUSTEN FILHO, Marçal. **O direito das agências reguladoras independentes**. São Paulo: Dialética, 2002. p. 311. Nos portos, as obrigações impostas ao particular (terminal público) que presta um serviço público são: submissão a um processo licitatório; deveres de universalidade, regularidade e continuidade; limitação temporal do contrato administrativo; reversão dos investimentos; restrição de preço (em razão do dever legal de manutenção de modicidade da tarifa); obrigação de movimentação mínima de uma quantidade de cargas; submissão aos encargos e planejamento do Estado.

[118] Alguns autores classificam determinas atividades econômicas como "atividades privadas de interesse público, de relevância pública, ou simplesmente atividades privadas regulamentadas". Independentemente da nomenclatura, são consideradas atividades da iniciativa privada para as quais a lei, face à sua relação com o bem-estar da coletividade, exige autorização prévia para que possam ser exercidas, impondo-se ainda a sua continua sujeição à regulação estatal. O particular exerce a atividade por direito próprio, mas o Estado a sujeita a um controle constante e pode, em alguns aspectos, se imiscuir em elementos contratuais da prestação da atividade, para que ela não agrida ao interesse público. ARAGÃO, Alexandre Santos de. Atividades privadas regulamentadas: autorização administrativa, poder de polícia e regulação *In*: **Revista de Direito Público da Economia – RDPE**. Belo Horizonte: a. 3, n. 10, abr./jun. p. 12-13 e GARCIA, Flávio Amaral; FREITAS, Rafael Véras de. Portos brasileiros e anova assimetria regulatória – Os títulos habilitantes para a exploração da infraestrutura portuária *In*: **Revista de Direito Público de Economia – RDPE**. Belo Horizonte: n. 47, jul./set. 2014. p. 116. Na linha do pensamento de Gordillo, ainda que as "atividades econômicas de interesse social relevante" se aproximem de serviços públicos (sejam atividades de interesse público), não poderiam ser consideradas "serviços públicos virtuais": "*Sin embargo, pareciera que no puede admitirse la noción virtual, funcional o existencial del servicio público, con el alcance de que no pueda haber actividades que sean un servicio público por su propia naturaleza, independientemente de un acto expreso de reconocimiento por parte del Estado, pues en esa hipótesis ya la noción ha perdido límites concretos y su ámbito de aplicación prácticamente puede abarcar a cualquier actividad humana, haya o no voluntad estatal de considerarla servicio público*". GORDILLO, Agustín. **Tratado de derecho administrativo y obras selectas**. t. 2, La defensa del usuario y del administrado. 9ª ed. Buenos Aires: F.D.A., 2009. p. 291.

uso privado, mostra-se coerente com o modelo de exploração dos portos, na medida em que o terminal público conta com garantias do Poder Público[119]:

> Essas características mostram que, coerentemente com fato de a infraestrutura envolvida não ser estatal, o regime legal da autorização é mais flexível do que o previsto para a concessão e arrendamento. O particular autorizado tem mais liberdade e está sujeito a ônus menores. Mas também tem vantagens menores. A contraface da maior flexibilidade é o menor apoio direto do estado na construção desse tipo de empreendimento – o poder público não mobiliza energia e recursos para erigir instalações portuárias não estatais em si mesmas, tampouco para provê-las de infraestrutura pública acessória exclusiva (acessos marítimos públicos exclusivos, ferroviais públicas exclusivas, etc.)[120].

José Vicente Santos de Mendonça afasta a tese de que o regime dos arrendatários seria mais rigoroso: "maior vinculação legal pode se traduzir em menor espaço de manipulação pública, e, assim, maior garantia ao arrendatário. A desigualdade não existe, ou, se existe, pesa contra os autorizatários"[121].

[119] Uma garantia importante ao particular é a possibilidade de preservação do equilíbrio econômico-financeiro do contrato, hipótese que não se aplica ao terminal privado, que assume integralmente todos os ônus e bônus do exercício da atividade portuária.

[120] SUNDFELD, Carlos Ari; ROSILHO, André. A redefinição da poligonal do porto organizado como mecanismo de desenvolvimento do setor portuário *In*: PEREIRA, Cesar; SCHWIND, Rafael Wallbach (Org.). **Direito Portuário Brasileiro**: Lei 12.815 – Poligonal, Arrendamento e Autorização, Arbitragem. São Paulo: Marcial Pons, 2015. p. 322.

[121] MENDONÇA, José Vicente Santos de. Esboço de guia jurídico para a revisão das poligonais de portos organizados *In*: PEREIRA, Cesar; SCHWIND, Rafael Wallbach (Org.). **Direito Portuário Brasileiro**: Lei 12.815 – Poligonal, Arrendamento e Autorização, Arbitragem. São Paulo: Marcial Pons, 2015. p. 127-128. Caio Cesar Figueiroa e André Castro Carvalho advogam que a assimetria regulatória no atual marco setorial dos portos não cria um abismo entre os terminais públicos e privados. Para afirmar esse ponto, os autores tratam das características dos TUPs (*vis a vis* os terminais públicos) para negar uma afronta à isonomia e distorção concorrencial. FIGUEIROA, Caio Cesar; CARVALHO, André Castro. A nova lei de portos e a valorização da concorrência nos serviços públicos *In*: PEREIRA, Cesar;

Independentemente da discussão doutrinária sobre a maior ou menor rigidez de um ou outro regime jurídico a que se submetem os operadores portuários, fato é que a função reguladora intervém (indiretamente) no domínio econômico para buscar o equilíbrio de interesses aos sistemas regulados e à satisfação de finalidades públicas, condicionada aos limites e aos parâmetros determinados pelo ordenamento jurídico[122].

No caso dos portos, a finalidade pública foi a atração do capital privado (sobretudo dos operadores de terminais de uso privado – TUPs), com a adoção de um regime legal mais flexível, com maior liberdade ao particular, menores ônus e incentivo à concorrência. Essa foi a opção legislativa da Lei nº 12.815/2013.

Todavia, o aludido equilíbrio de interesses aos sistemas regulados e à satisfação da política pública exige cautela para que as medidas pretendidas para acirrar a competição nos portos não impliquem em prejuízo ao objetivo instituído na Constituição Federal: a prestação do serviço público portuário[123]. Aline Lícia Klein destaca que "a questão é que a atuação de

SCHWIND, Rafael Wallbach (Org.). **Direito Portuário Brasileiro**: Lei 12.815 – Poligonal, Arrendamento e Autorização, Arbitragem. São Paulo: Marcial Pons, 2015. p. 250-258.

122 Esse é o conceito de regulação desenvolvido por Sérgio Guerra, segundo o qual "estamos diante de uma nova categoria das escolhas administrativas: a escolha regulatória. Na regulação de atividades econômicas pelo Estado, a estrutura estatal necessária para equilibrar subsistemas regulados, ajustando as falhas do mercado, ponderando-se diversos interesses ambivalentes, tudo com vistas à dignidade da pessoa humana, não se enquadra no modelo positivista clássico e moderno, haja vista sua patente singularidade". GUERRA, Sérgio. Regulação Estatal sob a ótica da organização administrativa brasileira *In*: GUERRA, Sérgio (Org.). *Regulação no Brasil*: uma visão multidisciplinar. Rio de Janeiro: Editora FGV, 2014. p. 377. No mesmo sentido: KLEIN, Aline Lícia; MARQUES NETO, Floriano de Azevedo. Funções administrativas do Estado *In*: DI PIETRO, Maria Sylvia Zanella. (Coord.). **Tratado de Direito Administrativo**. v. 4, São Paulo: Editora Revista dos Tribunais, 2014. p. 512.

123 Até mesmo porque a iniciativa privada não aplicaria seus recursos para universalizar serviços, salvo se verificar uma possibilidade de auferir lucros. Como pondera Diogo Rosenthal Coutinho, "empresas privadas não investem em universalização a não ser quando esta apresenta perspectivas excepcionais de rentabilidade futura que justifique inversões ou quando são obrigadas a isso pelas regras de regulação que tenham, dentre seus escopos, objetivos redistributivos criteriosamente.". COUTINHO, Diogo Rosenthal. A universalização do serviço público para o desenvolvimento como uma tarefa da regulação *In*: SALOMÃO FILHO, Calixto (Coord.). **Regulação e Desenvolvimento**. São Paulo: Malheiros, 2002. p. 76.

operadores em regime privado não pode comprometer os objetivos visados com a prestação da atividade também em regime de serviço público. (...) A concorrência entre agentes não pode colocar em risco a prestação em regime público nem comprometer a universalização do serviço"[124]. A ponderação desses valores é extremamente relevante, na medida em que a competição não pode constituir um valor em si mesmo[125].

No capítulo 3 desta obra, serão verificados os efeitos advindos do atual marco regulatório dos portos no terminal público situado em Itajaí e no terminal privado instalado em Navegantes, considerando as premissas acima delineadas de equilíbrio, isonomia e satisfação do interesse coletivo. Se a Lei nº 12.815/2013 optou pela adoção de regimes jurídicos (serviço público e atividade econômica) com benefícios e ônus distintos aos delegatários (terminais privados) e autorizatários (TUPs)[126], resta investigar o resultado dessa opção legislativa na prática da atividade portuária.

[124] KLEIN, Aline Lícia. O porto organizado como bem público e a delimitação de sua área *In*: PEREIRA, Cesar; SCHWIND, Rafael Wallbach (Org.). **Direito Portuário Brasileiro**: Lei 12.815 – Poligonal, Arrendamento e Autorização, Arbitragem. São Paulo: Marcial Pons, 2015. p. 400-401.

[125] A esse respeito, cite-se Floriano Azevedo Marques Neto e Rafael Véras de Freitas "(...) a concorrência também não deve ser absoluta. Ela não é um fim em si, mas um instrumento para o atendimento de outros valores constitucionais, entre os quais se inclui a prestação de adequados serviços à população. (...). Se, por um lado, não pode haver interdição da concorrência (inclusive no que toca aos novos entrantes para além dos concessionários ou permissionários estatais), por outro, deve haver restrição à atuação de agentes se e quando esta colocar em risco a continuidade ou a universalidade da oferta dos serviços à população. Caberá, pois, à regulação como uma metodologia de equilíbrio de subsistemas jurídicos-econômicos, modulas 'as doses' de concorrência que incidirão na prestação de serviços de utilidade pública (...).". MARQUES NETO, Floriano de Azevedo; FREITAS, Rafael Véras de. Uber, Whatsapp, Netflix: os novos quadrantes da publicatio e da assimetria regulatória *In*: FREITAS, Rafael Véras de; RIBEIRO, Leonardo Coelho; FEIGELSON, Bruno (Coord.). **Regulação e novas tecnologias**. Belo Horizonte: Fórum, 2017. p. 43.

[126] CARVALHO, Juliane Erthal de. A natureza jurídica da autorização para exploração da infraestrutura portuária *In*: PEREIRA, Cesar; SCHWIND, Rafael Wallbach (Org.). **Direito Portuário Brasileiro**: Lei 12.815 – Poligonal, Arrendamento e Autorização, Arbitragem. São Paulo: Marcial Pons, 2015. p. 527.

1.2.3. Assimetria regulatória em outros setores de infraestrutura

A assimetria regulatória verificada na forma de exploração dos portos, que gerou uma série de disputas e debates (inclusive sobre a sua constitucionalidade) durante a vigência da Lei nº 8.630/1993, e que permanece como uma característica marcante do atual marco regulatório setorial (a Lei nº 12.815/2013), ocorre há tempos em outros setores[127]. Nesta seção, serão retratadas, de forma sucinta (até mesmo para não fugir ao escopo da presente obra), as características da regulação díspar nas telecomunicações e nos transportes interestadual/internacional de passageiros, com a finalidade de mostrar que a modelagem de assimetria regulatória já vem sendo utilizada na legislação brasileira para promoção de políticas setoriais e fomento à concorrência, não sendo uma novidade concebida apenas para os portos.

Na hipótese específica do setor de telecomunicações, o longo período de regime de monopólio, com alta concentração de poder em poucas empresas, notadamente àquelas que detinham a infraestrutura das redes, dificultava e inibia a entrada de novos prestadores de serviços no mercado.

Assim, a Lei nº 9.472/1997 – que dispõe "sobre a organização dos serviços de telecomunicações, a criação e funcionamento de um órgão regulador e outros aspectos institucionais" –, definiu a possibilidade da exploração de atividades de telecomunicações no modelo de regime de direito público ao lado do modelo de direito privado[128].

Com efeito, em vez de considerar todas as atividades do setor como titularizadas exclusivamente pela União e só exploráveis em regime público (diretamente ou por meio de concessão e permissão), permite-se

[127] Oliveira, Rafael Carvalho Rezende. Parcerias Público-Privadas no setor portuário *In*: Ribeiro, Leonardo Coelho; Feigelson, Bruno; Freitas, Rafael Véras de (Coord.). **A nova regulação de infraestrutura e da mineração**: portos, aeroportos, ferroviais e rodovias. Belo Horizonte: Fórum, 2015. p. 230.

[128] Os arts. 63 e 131 da Lei Geral de Telecomunicações preveem que os serviços de telecomunicações estão sujeitos a dois regimes distintos e que coexistem: o regime público e o regime privado. No caso do público, o serviço é prestado mediante concessão ou permissão, "com atribuição a sua prestadora de universalização e de continuidade", enquanto no regime privado a exploração depende de prévia autorização da agência setorial (a Agência Nacional de Telecomunicações – ANATEL).

que convivam atividades sujeitas ao regime de intensa regulação e outras submetidas apenas à regulação necessária[129].

As atividades prestadas em regime público, outorgadas por meio de concessão, se dariam por prazo certo e limitado, além de envolverem a obrigação de universalização e continuidade. Nessa hipótese, admitir-se-ia, ainda, a desapropriação, o controle tarifário, a reversão dos bens utilizados na concessão, assim como a encampação e a intervenção pelo Poder Público. Em contrapartida, nas atividades prestadas em regime privado, a habilitação para atividade do particular se daria por meio de autorização, sem prazo máximo de vigência, com garantia de mínima interferência estatal, inclusive no preço. Não seria admitida a encampação ou a intervenção, instrumentos típicos do regime público, podendo o prestador renunciar a sua autorização sem que seja penalizado por isso[130].

O serviço de telefonia fixa é um bom exemplo para ilustrar a questão, pois a mesma atividade admite prestação em regime público e privado[131].

[129] Marques Neto, Floriano de Azevedo; Klein, Aline Lícia. **Tratado de direito administrativo**: funções administrativas do Estado. v. 4, Di Pietro, Maria Sylvia Zanella (Coord.). São Paulo: Revista dos Tribunais, 2014. p. 197.

[130] Dinorá Musetti Grotti, ao tratar dos regimes jurídicos da prestação das atividades de telecomunicações e suas diferenças, segundo as disposições da lei geral do setor, assevera que "o serviço de telecomunicações em regime público é o prestado mediante concessão ou permissão, com atribuição à sua prestadora de obrigações de universalização e de continuidade. A exploração do serviço de telecomunicações no regime privado é a prestada mediante prévia autorização da ANATEL (art. 131) e será baseada nos princípios constitucionais da atividade econômica (art. 126). (...) O que muda substancialmente nos serviços públicos em regime público e privado é a relação da prestadora com o Poder Público, principalmente nos seguintes aspectos: a) não há contrato com o poder público, mas sim o estabelecimento de uma relação jurídica não contratual, advinda de uma autorização; b) não há dever de continuidade na prestação dos serviços; c) não há dever de universalização de serviços; d) não há direito à manutenção do equilíbrio econômico-financeiro; e) o direito de exploração dos serviços é por prazo indeterminado; f) os preços são livres, inexistindo, portanto, controle estatal a respeito.". Grotti, Dinorá Musetti. Regime jurídico das telecomunicações – autorização, permissão e concessão *In*: **Revista de Direito Administrativo – RDA**. n. 224, abr./jun. 2001. p. 187.

[131] O Decreto nº 6.654/2008 (que aprova o Plano Geral de Outorgas do setor de telecomunicações) prevê que o serviço telefônico fixo comutado, destinado ao uso do público em geral, será prestado nos regimes público e privado. O modelo de assimetria regulatória nas telecomunicações foi questionado no Supremo Tribunal Federal, mas sua validade acabou

De modo semelhante, no transporte coletivo interestadual de passageiros também foi estabelecido um modelo de assimetria regulatória, no qual convivem serviços públicos concedidos com a exploração de atividades econômicas em regime de autorização.

Segundo a norma do art. 3º da Lei nº 12.996/2014[132] (que alterou as formas de delegação do serviço de transporte coletivo previstas nos arts. 13 e 14 da Lei nº 10.233/2001), nos casos de serviços de transporte terrestre coletivo regular interestadual e internacional de passageiros desvinculados da exploração de infraestrutura, as outorgas seriam realizadas por meio de autorização, independentemente de licitação. Antes da aludida lei, a delegação destes serviços ocorria mediante permissão, exigindo concorrência pública prévia.

A medida teve por objetivo gerar concorrência no transporte de passageiros interestadual e internacional, pois, durante o período em que a regulação se vinculava ao Decreto nº 2.521/1998[133], havia uma concentração das atividades em poucos operadores. A Lei nº 12.996/2014 procurou endereçar esse problema, possibilitando a outorga de autorizações para o transporte rodoviário coletivo regular interestadual e internacional de passageiros, mediante regulamentação específica determinada pela agência setorial de transportes (a Agência Nacional de Transportes Ter-

sendo reconhecida pela Corte no julgamento de ação direta da inconstitucionalidade, cujos requerentes foram os partidos Comunista do Brasil, Trabalhadores, Democrático Trabalhista e Socialista Brasileiro. ADI nº 1.668 Rel. Min. Marco Aurélio, Tribunal Pleno, julgado em 20.08.1998.

[132] O regime assimétrico gerou controvérsias no setor de transporte, tendo chegado ao Supremo Tribunal Federal ação direta de inconstitucionalidade, ajuizada pelo Procurador Geral da República, questionando se o art. 3º da Lei nº 12.996/2014 estaria respeitando o texto constitucional, mormente o que dispõem os arts. 37, *caput* e inciso XXI, e 175, *caput*, da Constituição Federal. ADI nº 5549, da relatoria do Ministro Luiz Fux, cujos últimos andamentos relevantes foram as admissões dos *amici curiae* Associação Brasileira das Empresas de Transporte Terrestre de Passageiros – ABRATI e Associação Paulista de Direito Administrativo – APDA, pois ambas as associações ostentariam, em suas atribuições institucionais, pertinência com a questão de fundo debatida na ação.

[133] O decreto dispõe sobre a exploração, mediante permissão e autorização, de serviços de transporte rodoviário interestadual e internacional de passageiros e dá outras providências.

restres – ANTT, que editou norma não limitando as autorizações, salvo em caso de inviabilidade operacional[134]).

Ao examinar especificamente a assimetria regulatória no setor de transporte coletivo de passageiros, Gustavo Binenbojm conclui que "o modelo mais eficiente é aquele que envolve concorrência e assimetria regulatória. A concorrência é apta, por si só, a criar estímulos aos agentes no que diz respeito a fatores de preço e qualidade, por exemplo"[135].

Poder-se-ia seguir com exemplos: no setor de energia elétrica, no qual a Lei nº 9.074/1995 fracionou a geração, transmissão, distribuição e comercialização, de modo a admitir regimes distintos de acordo com a particularidade de cada etapa da cadeia de produção de energia elétrica; ou mesmo no setor de saúde, em que o serviço público é prestado pelo Estado e a atividade econômica em sentido estrito prestada por particulares fora do âmbito do serviço público[136]. Porém, conforme indicado no início deste item, o objetivo desta seção era apenas apontar que a assimetria regulatória não é uma modelagem inédita adotada pelo atual marco regulatório dos portos.

1.3. Centralização de competências: as autoridades envolvidas na regulação portuária

O cenário de assimetria regulatória nos portos exige uma atuação coordenada e eficiente das autoridades, para que possam assegurar o equilíbrio entre a competitividade na exploração dos terminais pelos operadores portuários e a prestação contínua e universal de serviços à coletividade. De fato, o desenvolvimento deste relevante setor da economia passa pela edição de normas claras, estáveis e previsíveis, bem como por um ambiente com instâncias neutras, técnicas, objetivas e independentes.

Embora tardiamente, quase 10 anos após a entrada em vigor da Lei nº 8.630/1993, no ano de 2001, foi criada Agência Nacional de Transportes

[134] Cf. art. 4º da Resolução ANTT nº 4.770/2015.

[135] BINENBOJM, Gustavo. Assimetria regulatória no setor de transporte coletivo de passageiros: a constitucionalidade do art. 3º da lei nº 12.996/2014 *In*: **Revista de Direito da Cidade**. v. 09, n. 3, 2017. p. 1.285.

[136] MARQUES NETO, Floriano de Azevedo. Público e privado no setor de saúde *In*: **Revista de Direito Público da Economia – RDPE**. Belo Horizonte: a. 3, n. 9, jan./mar. 2005. p. 3.

Aquaviários – ANTAQ (Lei nº 10.233/2001), uma autarquia federal, que se submete ao autárquico regime especial, com independência administrativa, autonomia financeira e funcional, além de seus dirigentes gozarem de mandatos fixos.

A criação tardia da agência implicou que a condução da transição de modelos nos portos fosse conduzida, à época, pelo Ministério dos Transportes, que não dispunha, segundo Eduardo Augusto Guimarães, dos atributos técnicos necessários (capacidade de planejamento e de formulação e política) conduzir esse processo e pensar o setor[137]. Carlos Ari Sundfeld, na mesma linha, sustenta que o Ministério dos Transportes, titular em tese das competências de comando para o setor, era uma autoridade de baixo impacto (em parte, pela falta de estrutura, experiência e apetite para atividade regulatória)[138]. De todo modo, a criação de entidade reguladora independente enviou uma mensagem importante à iniciativa privada, no sentido de que, no setor portuário, se perquiria uma organização administrativa moderna, técnica e eficiente[139].

A ANTAQ tem por finalidade estabilizar o setor, promover concorrência, fomentar o seu desenvolvimento, elaborar e editar normas, supervisionar e fiscalizar, dentre outras atribuições definidas por lei[140]. O ato de se transferir para entidades técnicas, descentralizadas e independentes a regulação dos aspectos da atividade portuária favorece opções sistemicamente voltadas às preocupações de longo prazo. Para Jacques Chevallier:

> A autonomização é também demandada pela natureza intrínseca da atividade de regulação: a capacidade de arbitragem entre interesses contraditórios demanda uma competência técnica, uma independência, de espírito,

[137] Guimarães, Eduardo Augusto. Regulação dos portos no Brasil: evolução e perspectivas *In*: Pinheiro, Armando Castelar; Frischtak, Cláudio Roberto. **Gargalos e soluções na infraestrutura de transportes**. Rio de Janeiro: FGV, 2014. p. 297-298.

[138] Sundfeld, Carlos Ari. O caminho do desenvolvimento na Lei dos Portos – centralizar para privatizar? *In*: Moreira, Egon Bockmann (Coord.). **Portos e seus regimes jurídicos**: a Lei 12.815/2013 e seus desafios. 1ª ed., Belo Horizonte: Fórum, 2014. p. 28.

[139] Guerra, Sérgio. Regulação Estatal sob a ótica da organização administrativa brasileira *In*: Guerra, Sérgio (Org.). **Regulação no Brasil: uma visão multidisciplinar**. Rio de Janeiro: Editora FGV, 2014. p. 383

[140] As competências da ANTAQ estão disciplinadas no art. 27 da Lei nº 10.233/2001.

> mesmo uma autoridade moral, que transforme o "especialista" em sábio", dispondo enquanto tal da necessária elevação de enfoque; mas a regulação supõe também um conhecimento íntimo do setor a regular, contatos estreitos com os seus representantes, que impõem um processo de reaproximação com o meio e o enfraquecimento correlativo dos vínculos resultantes da participação na máquina burocrática. (...) O estatuto da independência é inerente à ideia mesma da regulação: com efeito, a regulação não pode ser eficaz senão quando as instâncias dela encarregadas dispuserem de uma capacidade de ação autônoma. (...) necessário que a regulação incumba a instâncias neutras e objetivas não apenas desvinculadas de qualquer liame de fidelidade em relação aos governantes mas também desconectadas do resto do aparelho, e por essa razão capazes de definir as condições de um 'justo equilíbrio' entre os interesses sociais de toda a natureza, incluindo-se os interesses públicos[141].

Ao criar a ANTAQ, buscou-se concentrar competências em uma entidade descentralizada, voltada à análise do sistema como um todo, eliminando os vieses políticos. Contudo, a realidade do setor portuário também envolvia outras autoridades na regulação, uma peculiaridade do modelo de administração dos portos no Brasil[142]. Além da ANTAQ,

[141] CHEVALLIER, Jacques. **O Estado Pós-moderno**. Tradução Marçal Justen Filho. Belo Horizonte: Fórum, 2009. p. 100-101.

[142] Giovanna Mayer explica que "o modelo brasileiro é diferente dos outros modelos experimentados em outros regimes jurídicos. Para a maioria dos países, quem administra o porto é a autoridade portuária. Essas atribuições de gerenciamento podem ter uma acepção mais estreita ou mais ampla. Para o direito francês, a acepção ampla de autoridade portuária é 'a instituição, dotada ou não de personalidade jurídica, encarregada de exercer as competências públicas, de poder de polícia, de exploração e outras dentro de um espaço geográfica e juridicamente definidos'. No entanto, mesmo no direito francês, essa expressão assume uma feição mais restrita, como a competência de coordenar o espaço portuário. Não se pode esquecer, ademais, que a expressão autoridade portuária em inglês clássico significa a concessionária de portos. Já na contemporaneidade norte-americana, a autoridade portuária assume as feições de uma agente de controle da concorrência, velando para que uma empresa não atue contra os interesses do porto como um todo". MAYER, Giovanna. **Regulação portuária brasileira**: uma reflexão sob a luz da análise econômica do direito. 2009. Dissertação (Mestrado em Direito). Universidade Federal do Paraná, 2009. p. 104-105.

durante a vigência da Lei nº 8.630/1993, o Conselho de Autoridade Portuária – CAP e a Administração do Porto – AP tinham papel de destaque na função regulatória.

O CAP era órgão deliberativo, constituído em cada porto pelas entidades diretamente envolvidas na atividade portuária[143]. Ao Conselho competia regulamentar a exploração do porto, homologar valor de tarifas, zelar pela defesa da concorrência, aprovar o plano de desenvolvimento e zoneamento e editar normas de pré-qualificação dos operadores portuários[144]. Suas atribuições, portanto, se confundiam com competências típicas de uma agência reguladora[145].

A Administração Portuária, que constituía a Autoridade Portuária[146], por sua vez, era exercida diretamente pela União ou por concessioná-

[143] Entende Wesley Collyer que o CAP foi uma adaptação do Conselho de Usuários ou Conselho Especial de Usuários (CEU), pois o CEU também era um órgão colegiado que funcionava junta à administração dos portos, cujos membros representavam a classe empresarial, os usuários e a administração do porto. O objetivo do CEU era sugerir medidas destinadas ao aprimoramento das operações portuárias e ao melhor atendimento dos usuários. Collyer, Wesley O. **Lei de portos**: o Conselho de Autoridade Portuária e a busca da eficiência. São Paulo: Lex Editora, 2008. p. 77-78. No Conselho, havia representantes dos Poder Público (três representantes), dos operadores portuários (quatro representantes), da classe dos trabalhadores portuários (quatro representantes) e dos usuários dos serviços portuários e afins (quatro representantes). Em suas deliberações, cada bloco tinha direito a um voto, cabendo o voto de qualidade ao presidente do CAP, representante indicado pela ANTAQ.

[144] Nestas atribuições do CAP, incluíam-se, dentre outras, competência para (i) baixar o regulamento de exploração; (ii) opinar sobre a proposta de orçamento do porto; (iii) zelar pelo cumprimento das normas de defesa da concorrência; (iv) homologar os valores das tarifas portuárias; (v) manifestar-se sobre melhoramentos da estrutura; (vi) aprovar o plano de desenvolvimento e zoneamento do porto.

[145] "As atribuições do CAP, em boa medida, se sobrepõem à da Administração do Porto e incluem funções típicas de uma agência reguladora". Guimarães, Eduardo Augusto; Araújo Jr., José Tavares de. Regulação e desempenho dos portos brasileiros. *In*: **Revista Brasileira de Comércio Exterior – RBCE**, n. 107, abr./jun. 2011, p. 50. Disponível em: http://www.funcex.org.br/publicacoes/rbce/material/rbce/107_EAGJTA.pdf. Acesso em: 05 maio 2018.

[146] No Brasil, a função de Autoridade Portuária é exercida, majoritariamente, por sociedades de economia mista, vinculadas à União, concessionárias dos portos organizados. Essas sociedades, conhecidas como "Companhia Docas" administram 19 dos 37 portos, segundo dados divulgados pela Secretaria de Portos. Disponível em: http://www.portos-

ria[147]. A AP era responsável pela gestão e exploração do porto organizado, inclusive de sua infraestrutura, dispondo também de competência para pré-qualificar operadores, realizar licitações, celebrar contratos de exploração de terminais e exercer poder de polícia. As funções das Autoridades Portuárias eram limitadas ao porto organizado[148].

Em 2007, incluiu-se na governança do setor, juntamente com ANTAQ, CAP e AP, um novo ator: a Secretaria Especial de Portos, vinculada à Presidência da República, criada por meio da Lei nº 11.518/2007.

A Secretaria de Portos concentrava competências relativas às atividades portuárias, antes distribuídas entre o Ministério dos Transportes e o Departamento Nacional de Infraestrutura de Transportes – DNIT. Cabia à Secretaria a formulação de políticas e diretrizes para o desenvolvimento dos portos e terminais portuários, bem como a aprovação dos planos de outorgas dessas instalações. A Secretaria de Portos[149], então, formulava

dobrasil.gov.br/assuntos-1/sistema-portuario-nacional. Acesso em: 01 jun. 2018. A atuação das Companhias de Docas é caracterizada, na visão de Eduardo Augusto Guimarães, por problemas de gestão empresarial e politização da administração, bem como por volume insuficiente de investimentos para atender a expansão do comércio exterior do país. Guimarães, Eduardo Augusto. Regulação dos portos no Brasil: evolução e perspectivas *In*: Pinheiro, Armando Castelar; Frischtak, Cláudio Roberto. **Gargalos e soluções na infraestrutura de transportes**. Rio de Janeiro: FGV, 2014. p. 299.

[147] Cf. art. 33 da Lei nº 8.630/1993. O referido dispositivo ainda disciplinava as competências da AP, tais como: (i) fixação e arrecadação tarifa portuária; (ii) fiscalização ou execução de obras nas instalações portuárias; (iii) fiscalização das operações portuárias; e (iii) ordenamento do horário do porto e entrada/saída de embarcações.

[148] Assim, os operadores dos terminais públicos localizados no porto organizado eram regulados diretamente pela Autoridade Portuária – enquanto os terminais privados eram regulados, de forma direta, pela ANTAQ, que, indiretamente, também atuava sobre os arrendatários de terminais públicos, na medida em que a AP atua sob regulação da ANTAQ. Explica Carlos Ari Sundfeld: "de outro lado, a agência teria poderes de regulação sobre os agentes privados. No caso dos arrendatários dentro dos portos públicos, poderes em parte indiretos, pois a relação imediata deles continuava a ser com a empresa estatal arrendante. No caso dos portos privados, os poderes de regulação da ANTAQ seriam diretos, pois passou a ser dela, e não mais do Ministério, a competência para expedir autorizações". Sundfeld, Carlos Ari. O caminho do desenvolvimento na Lei dos Portos – centralizar para privatizar? *In*: Moreira, Egon Bockmann (Coord.). **Portos e seus regimes jurídicos**: a Lei 12.815/2013 e seus desafios. 1ª ed., Belo Horizonte: Fórum, 2014. p. 28-29.

[149] Cf. Lei nº 13.341/2016.

as políticas e as bases da regulação, e a ANTAQ ficava vinculada a esta Secretaria, com função auxiliar.

A divisão de atribuições entre as autoridades regulatórias no setor portuário, tal como concebida durante a vigência da Lei nº 8.630/1993, era bastante criticada. As diversas esferas de regulação, a baixa qualidade de integração dos sistemas, a pluralidade de agentes envolvidos e a falta de coordenação entre eles provocavam normas erráticas, duplicidade de processos, falta de previsibilidade, fatores que afastavam investidores e dificultavam o aparecimento de melhorias.

De acordo com dados apurados pela Confederação Nacional da Indústria – CNI, a sobreposição de competências e o excesso de burocracia no setor portuário custam entre de R$ 2,9 a R$ 4,3 bilhões por ano ao Brasil:

> O setor portuário nacional enfrenta uma quantidade excessiva de burocracia, causando demora na liberação da carga, excesso de tempo gasto com a documentação requerida e atraso nas obras de infraestrutura. As estimativas do presente estudo mostram que os custos com a burocracia nas operações portuárias totalizam entre R$ 2,9 e 4,3 bilhões por ano. Além disso, os atrasos tipicamente encontrados em obras de implantação de infraestrutura portuária podem causar redução de mais de R$ 6,3 bilhões em geração de caixa aos investidores[150].

Com a entrada em vigor da Lei nº 12.815/2013, foram promovidas mudanças para enfrentar o problema da divisão de competências entre os atores da regulação dos portos, com vistas a permitir a retomada da capacidade de planejamento no setor e atrair o capital privado. Tais alterações passaram pela centralização de atribuições na Secretaria de Portos[151] e, em menor medida, na ANTAQ.

[150] CNI – Confederação Nacional da Indústria. **Pesquisa sobre barreiras no setor portuário.** Disponível em: http://www.portaldaindustria.com.br/publicacoes/2016/9/barreiras-da-burocracia-setor-portuario/. Acesso em: 03 maio 2018.

[151] Eduardo Augusto Guimarães critica a atuação da Secretaria de Portos desde o seu nascedouro: "A criação da SEP, cuja motivação política era explicita, não suscitou oposição, dado o histórico de atuação do Ministério dos Transportes no setor. Sua atuação não correspondeu, no entanto, às expectativas. Antes de mais nada, porque a SEP, ela mesma fruto de um acordo político partidário, convive com a politização das Cias. Docas,

Houve uma centralização normativa em favor da Administração Pública Federal, com a retirada de competências anteriormente afetas às instâncias locais (Administração do Porto e CAP)[152]. Essa alteração foi importante com vistas à segurança jurídica e previsibilidade no setor – e também para afastar os problemas relacionados à ineficiência na gestão do CAP e Administração Portuária –, pois, como explica Eduardo Augusto Guimarães, "a atuação dos CAPs foi bastante diferenciada ao longo do tempo e entre diversos portos, variando da inoperância e irrelevância a um forte ativismo que os envolveu, em alguns casos, em prolongados conflitos com a as administrações dos portos"[153].

Outras mudanças operadas a partir da Lei nº 12.815/2013 – que endereçaram a preocupação com o planejamento do setor e suas questões técnicas – se relacionam com a pré-qualificação dos operadores portuários, que passou a ser feita com base em normas estabelecidas pelo poder concedente (Secretaria de Portos)[154]; e as condições para novas licitações

com corolário de administrações dos portos organizados ineficientes. Além disso, a SEP partilha da política portuária com a Antaq, cuja direção também vem sendo preenchida segundo critérios políticos" GUIMARÃES, Eduardo Augusto. Regulação dos portos no Brasil: evolução e perspectivas *In*: PINHEIRO, Armando Castelar; FRISCHTAK, Cláudio Roberto. **Gargalos e soluções na infraestrutura de transportes**. Rio de Janeiro: FGV, 2014. p. 300.

[152] Para Cesar Pereira e Rafael Schwind, "o processo de centralização de competências já era observado na Lei 10.233, que criou a Antaq, mas foi mais incisivo com a edição da Lei 12.815, que esvaziou boa parte das competências até então exercidas pelas autoridades portuárias locais.". PEREIRA, Cesar; SCHWIND, Rafael. O Novo Marco Regulatório do Setor Portuário Brasileiro *In*: PEREIRA, Cesar; SCHWIND, Rafael Wallbach (Org.). **Direito Portuário Brasileiro**: Lei 12.815 – Poligonal, Arrendamento e Autorização, Arbitragem. São Paulo: Marcial Pons, 2015. p. 62.

[153] GUIMARÃES, Eduardo Augusto. Regulação dos portos no Brasil: evolução e perspectivas *In*: PINHEIRO, Armando Castelar; FRISCHTAK, Cláudio Roberto. **Gargalos e soluções na infraestrutura de transportes**. Rio de Janeiro: FGV, 2014. p. 297.

[154] Para Ana Claudia Farranha, Conrado Frezza e Fabiana Oliveira, as atribuições para elaborar o planejamento setorial (em conformidade com as diretrizes de logística integrada), bem como definir as regras para a realização dos procedimentos licitatórios, seria de responsabilidade da Secretaria de Portos: "Trata-se da prerrogativa de implementar políticas públicas, sendo possível afirmar, nesse sentido, que a SEP é responsável, basicamente, pelo plano estratégico do setor portuário.". FARRANHA, Ana Claudia; FREZZA, Conrado da Silveira; BARBOSA, Fabiana de Oliveira. Nova Lei dos Portos: Desafios Jurídicos e Perspectivas de Investimentos *In*: **Revista Direito GV**. n. 11, p. 99, jan./jun. 2015. p. 99.

concessões e arrendamentos, de competência da Secretaria de Portos, conduzidas pela ANTAQ, a quem cabe elaborar os editais[155]. Com isso, afasta-se a possibilidade de licitações serem conduzidas e os contratos celebrados pelas Autoridades Portuárias[156].

Em linhas gerais, portanto, quanto à governança do porto organizado, o atual marco regulatório dos portos (i) remove a superposição de funções entre a Administração do Porto, o Conselho Portuário e a ANTAQ, suprimindo da Administração Portuária competências típicas do agente regulador e transformando o CAP em órgão consultivo; (ii) padroniza os critérios para as novas licitações e seus respectivos julgamentos; e (iii) redefine atribuições institucionais da Secretaria de Portos e da ANTAQ.

Conquanto o marco regulatório intensifique a integração de competências dos agentes dos portos[157], a realidade da governança no setor demonstra que, até o momento, a legislação parece não ter alcançado plenamente seus objetivos. É o que se conclui a partir da Auditoria de Conformidade realizada pelo Tribunal de Contas da União – TCU, com o objetivo de avaliar os atos e procedimentos adotados pela Secretaria de Portos, pela ANTAQ e pelas Autoridades Portuárias para a prorrogação antecipada dos contratos de arrendamentos portuários e a fiscalização de seu cumprimento:

[155] Cf. art. 6º da Lei nº 12.815/2013.

[156] Salvo se o poder concedente determinar a transferência da competência, na forma do art. 6º, §5º da Lei nº 12.815/2013.

[157] Paulo Augusto de Britto critica a própria modelagem institucional com concentração de competências na esfera federal. Afirma que, ao reduzir a autonomia das Administrações Portuárias locais e aumentar a centralização nos órgãos do Governo Federal, reduz-se a atratividade de terminais localizados em portos organizados, inibe-se investimentos e, pior, deslocam-se para gabinetes as decisões acerca de aspectos relevantes da regulação dos portos. Britto, Paulo Augusto P. de. Promoção da concorrência no setor portuário: uma análise a partir dos modelos mundiais e aplicação ao caso brasileiro. **Revista Adm. Pública**. Rio de Janeiro: 49(1), jan./fev. 2015, p. 65. Apesar da posição do autor, a alteração promovida pelo atual marco regulatório dos portos foi uma tentativa válida (mas ainda insuficiente) para tentar enfrentar os problemas de sobreposição de competências entre as autoridades que atuam nos portos, sobretudo pelos prejuízos advindos desse problema, inclusive de ordem econômica, tal como diagnosticado em estudo promovido pela Confederação Nacional da Indústria – CNI (como já visto).

A sobreposição de competências existente em matéria de fiscalização de obras realizadas dentro dos organizados, associado ao baixíssimo nível de coordenação institucional verificado entre a Antaq e as Autoridades Portuárias, prejudica a efetividade da atuação do Poder Público. A sobreposição é de simples verificação e se extrai da leitura da Lei 10.233/2001 (art. 27, incisos XVI e XXVI) e da Lei 12.815/2013 (art. 16, inciso III; art., 17, §1º, incisos I e V)[158].

De fato, as amplas atribuições da Secretaria de Portos – que não se limita a traçar as políticas públicas do setor portuário, tendo um amplo leque de competências – acabam por esvaziar a importância técnica da ANTAQ. A agência, sem autonomia no desempenho de suas funções regulatórias e técnicas, mostra-se incapaz de fazer escolhas voltadas a uma regulação de qualidade e de longo prazo para os portos[159]. Conforme afirma o Ministro Luís Roberto Barroso:

É desnecessário, com efeito, enfatizar que as agências reguladoras somente terão condições de desempenhar adequadamente seu papel se ficarem pre-

[158] BRASIL. Tribunal de Contas da União. Relator Ministro Walton Alencar Rodrigues, **Acórdão nº 989/2017**. Disponível em: https://contas.tcu.gov.br/pesquisaJurisprudencia/#/detalhamento/11/%252a/NUMACORDAO%253A989%2520ANOACORDAO%253A2017/DTRELEVANCIA%2520desc%252C%2520NUMACORDAOINT%2520desc/false/1/false. Acesso em: 31 maio 2018.

[159] Giandomenico Majone trata da importância da flexibilidade e independência na atuação das agências: "Entre as consequências estruturais mais óbvias da mudança para um modo regulador de governança, figura a ascensão de uma nova classe de agências especializadas e de comissões que operam autonomamente em relação ao governo central. A redistribuição de renda e a gestão macroeconômica exigem um alto nível de centralização na formulação de políticas e na administração. Daí um serviço público unificado, grandes empresas nacionalizadas e burocracias do bem-estar social expandidas serem instituições características do Estado positivo. As demandas administrativas do exercício da normatividade, todavia, são bastante diferentes. Essas demandas são mais bem atendidas por organizações flexíveis e altamente especializadas que gozem de autonomia considerável no processo de tomada de decisões: as agências reguladoras independentes.". MAJONE, Giandomenico. Do estado positivo ao estado regulador *In*: **Regulação Econômica e Democracia**: o debate europeu. Paulo Todescan Lessa Mattos (Coord.). São Paulo: Singular, 2006. p. 9.

servadas de ingerências externas inadequadas, especialmente por parte do Poder Público, tanto no que diz respeito a suas decisões político-administrativas quanto a sua capacidade financeira. Constatada a evidência, o ordenamento jurídico cuidou de estruturá-las como autarquias especiais, dotadas de autonomia político-administrativa e autonomia econômico-financeira[160].

Nos moldes atuais, a ANTAQ assessora e operacionaliza medidas da Secretaria de Portos, cumprindo uma função fiscalizatória e executória de políticas do Poder Executivo, e não funções próprias de agência reguladora. Com essa formatação, Carlos Ari Sundfeld afirma que a ANTAQ acaba sendo "mais um agente de fiscalização e de execução do Executivo do que uma agência de regulação propriamente dita" [161].

Outro fator que dificulta a eficiência e o planejamento de longo prazo no setor portuário é a instabilidade na governança da Secretaria de Portos. A Secretaria já trocou de ministros em diversas oportunidades – desde a sua criação, em 2007, até o ano de 2016 (quando ocorreu a incorporação ao Ministério do Ministro dos Transportes, Portos e Aviação Civil) passaram sete ministros diferentes.

A vacância nas Diretorias da ANTAQ também contribui para a falta de planejamento e tomada de decisões regulatórias no setor portuário. A Diretoria da Agência é composta por três membros, havendo quóruns mínimos necessários para deliberação de determinadas matérias. Logo, existindo vagas de direção não preenchidas, decisões regulatórias são adiadas por falta de quórum. Segundo pesquisa elaborada Fundação Getúlio Vargas, um cargo fica, em média, à disposição um ano em cada nova nomeação[162].

[160] Barroso, Luís Roberto. Apontamentos sobre as agências reguladoras *In*: **Agências reguladoras.** Moraes, Alexandre de Moraes de (Org.). São Paulo: Atlas, 2002. p. 121.

[161] Sundfeld, Carlos Ari. O caminho do desenvolvimento na Lei dos Portos – centralizar para privatizar? *In*: Moreira, Egon Bockmann (Coord.). **Portos e seus regimes jurídicos**: a Lei 12.815/2013 e seus desafios. 1ª ed., Belo Horizonte: Fórum, 2014. p. 29.

[162] Cf. pesquisa desenvolvida pelo Grupo das Relações entre Estado e Empresa Privada – GRP acerca do desenvolvimento das fases de nomeação de dirigentes de Agências Reguladoras. FGV. Fundação Getúlio Vargas. **Pesquisa sobre o desenvolvimento das fases de nomeação de dirigentes em agências reguladoras.** Disponível em: https://direitosp.fgv.br/sites/direitosp.fgv.br/files/arquivos/GRP_arquivos/grp_-_relatorio_de_

Na prática, quanto maior o tempo de vacância nos cargos da ANTAQ, menor é a sua capacidade de implementar políticas regulatórias. A paralisia decisória pode inviabilizar a regulação[163]. Mesmo após o atual marco regulatório, a ANTAQ teve um período de paralisia de dois meses e dezoito dias (entre 18/02/2014 a 06/05/2014), segundo conclusão do citado estudo promovido pela Fundação Getúlio Vargas – FGV.

Um ambiente com múltiplos atores e sobreposição de competências torna ainda mais desafiador endereçar a concorrência estabelecida pelo marco regulatório com assimetria de regimes entre os operadores privados de terminais públicos e TUPs. A concorrência no setor portuário será tema de estudo no próximo capítulo.

pesquisa_-_nomeacao_de_dirigentes_nas_agencias_reguladoras_sponsor.pdf. Acesso em: 01 maio 2018.

163 A paralisia decisória se verifica nos casos em que a ANTAQ, cujo colegiado é composto por três dirigentes, sendo um deles o Presidente, possui dois cargos vagos de Diretor.

2.
A Concorrência no Setor Portuário

2.1. Regulação econômica e concorrência

Vital Moreira ensina que o termo "regulação" é ambivalente: tanto pode designar um estado de equilíbrio e de regularidade no funcionamento de um sistema ou mecanismo; quanto pode apontar para o estabelecimento de regras (regulamentos) a serem observadas num determinado comportamento ou situação, tendo precisamente como objetivo garantir ou repor o equilíbrio e/ou a regularidade do seu funcionamento[164].

Durante o período em que prevaleceu uma visão liberal da economia, o conceito de regulação para corrigir o mau funcionamento do mercado não seria pensado. Prevalecia a ideia de que o mercado podia se reequilibrar e se regular, sem a necessidade de participação do Estado, um postulado que remonta às ideias de liberalismo defendidas por Adam Smith[165].

Contudo, no final do século XIX[166], o mercado mostrou-se incapaz de prevenir comportamentos nocivos à concorrência (práticas monopolis-

[164] MOREIRA, Vital. **Auto-regulação profissional e administração pública**. Coimbra: Almedina, 1997. p. 21.

[165] Ao examinar o pensamento da Adam Smith, Fernando Araújo explica o seguinte: "o principal emprego do tópico do automatismo refere-se, contudo, à ideia de formação mecânica de um equilíbrio de mercado, profusamente ilustrada ao longo de todo a obra smithiana, mas naturalmente centrada na *Riqueza das Nações*: a ideia, crucial para o liberalismo, de que a afectação de recursos e a distribuição de produtos através do mercado é optimizada por um mecanismo auto-regulado e auto-regenerador, que não só dispensa intervenções correctivas como verdadeiramente só pode ser entravado e pervertido por estas.". ARAÚJO, Fernando. **Adam Smith – o conceito mecanicista de liberdade**. Coleção Teses de Doutoramento. Coimbra: Almedina, 2001. p. 750-751.

[166] Sabino Cassese pontuou que o século XIX impulsionou o Estado a aumentar o tamanho da gestão pública direta e a intervenção na economia privada: *"lo Stato ad aumentare la*

tas) nos Estados Unidos – precisamente o país em que o liberalismo parecia invencível[167]. O Estado viu-se, então, com a incumbência de atuar, por meio da instituição de normas, para coibir as distorções oriundas da liberdade do mercado. Sobre esse período, Patrícia Regina Pinheiro Sampaio leciona que:

> Essa possibilidade transformadora do direito começa a ser observada no final do século XIX, nos Estados Unidos, com o surgimento de instituições e leis com pretensões de intervir sobre a atividade econômica. Em 1887, surge a *Interstate Commerce Commission*, considerada a primeira agência reguladora e, em 1890, o *Sherman Act* vem coibir práticas empresariais que pudessem ser consideradas restritivas do comércio interestadual nos EUA. São, assim, os momentos iniciais da história de intervenção do Estado sobre a economia e sobre a liberdade empresarial dos indivíduos, que o século XX virá a se transformar na regra geral, uma realidade inexorável[168].

A partir do momento em que são identificadas ineficiências e injustiças, legitima-se a intervenção estatal, para, como explica Fernando Araújo, "emendar as falhas do mercado, designação que abarca todo tipo de perdas de eficiência resultantes do funcionamento espontâneo do mercado". Para isso, prossegue o autor, bastará ao Estado "entrar no próprio jogo livre do mercado munido do seu peso económico e dos seus meios complexos de actuação para, com a sua presença, contrabalançar as forças causadoras das falhas de mercado."[169].

Veja-se: não se trata daquela ideia de uma atuação estatal para prover, diretamente, nas áreas econômica e social, bens e serviços (o chamado Estado-Providência). Luis de Moncada pontua claramente as diferen-

dimensione delle gestione pubbliche dirette ed a intervenire con programmi e controlli, nell'economia privata. Tutti questi eventi hanno causato un aumento del ruolo dello Stato". Cassese, Sabino. **La nuova costituzione económica**. Roma: Laterza, 2005. p. 287.

[167] Moncada, Luís Cabral de Oliveira. **Direito económico**. 7ª ed. Almeida: Coimbra, 2018. p. 08.

[168] Sampaio, Patrícia Regina Pinheiro. **Regulação e concorrência**: a atuação do CADE nos setores de infraestrutura. São Paulo: Saraiva, 2013. p. 37.

[169] Araújo, Fernando. **Introdução à economia**. v. I, 2ª ed. Almedina: Coimbra, 2004. p. 80.

ças entre a intervenção estatal para garantia de bens e serviços e para a regulação:

> A regulação distingue-se claramente do intervencionismo estatal próprio do Estado-Providência. Neste, o Estado é parte da economia e dirigi-a a partir de dentro. Ora, a regulação pressupõe a distinção entre a economia e o Estado muito embora se aceite certo nível de intervenção do segundo de modo a promover a concorrência e garantir certos serviços públicos. Com efeito, a regulação é o mecanismo adequado à preservação da concorrência e de um quadro de interesses públicos num mundo em que o mercado e o direito privado ganharam foros de modelo global de decisão económica[170].

Assim, quando a atuação do Estado passa a buscar a alteração do comportamento de agentes econômicos (produtores, distribuidores, consumidores), corrigindo falhas no mercado, prevenindo crises e assegurando a eficiência da economia (o que não ocorreria em relação a esses atores caso não houvesse regulação), tem-se a regulação econômica[171].

A regulação econômica visa assegurar e satisfazer interesses públicos, tal como a proteção dos consumidores, a competitividade, o meio ambiente, a saúde e os demais valores protegidos constitucionalmente pelo ordenamento jurídico – e, quanto ao objeto deste trabalho, as atividades portuárias[172] (art. 21, inciso XII, alínea 'e', da Constituição Federal), garantindo a livre circulação de mercadorias entre diferentes nações (via portos, transportadas em contêineres).

Não se pretende, com a regulação, restringir a livre iniciativa ou a livre concorrência dos agentes econômicos (ao contrário, a intervenção do Estado é para garantir esses princípios). A competição é sadia e útil ao desenvolvimento do mercado, inclusive porque ela permite a descen-

[170] Moncada, Luís Cabral de Oliveira. **Direito económico**. 7ª ed. Almeida: Coimbra, 2018. p. 46.

[171] Moreira, Vital. **Auto-regulação profissional e administração pública**. Coimbra: Almedina, 1997. p. 36.

[172] Aqui, leia-se atividades portuárias em sentido amplo, tanto para abarcar os serviços públicos prestados por operadores situados em portos públicos, quanto também para as atividades empresariais portuárias, que são exercidas por operadores de terminais de uso privado.

tralização dos centros de tomada de decisões, privilegiando o direito de escolha dos indivíduos (favorecendo, assim, em última análise, o interesse da sociedade)[173].

Todavia, tal como já se antecipou neste trabalho, a concorrência não pode ser vista com um fim em si mesmo – até mesmo porque, em algumas circunstâncias, a competição irrestrita, sem limites, não funciona adequadamente[174]. Carlos Baptista Lobo afirma, inclusive, que a liberdade de atuação do agente econômico "é um elemento meramente funcional relativamente a um objetivo superior: a elevação dos padrões de bem-estar social"[175].

Por isso, a regulação estipula regras, fiscaliza a ação dos agentes e disciplina o mercado, de modo a corrigir as falhas que, na doutrina[176], são classificadas, da seguinte forma: (i) monopólio e poder de mercado; (ii) externalidades; (iii) bens públicos; e (iv) assimetria de informação entre os agentes econômicos.

Existem outros fatores específicos que devem ser considerados em uma análise concorrencial, como, por exemplo, as barreiras à entrada, a possível formação de carteis, a eventual posição dominante de um agente econômico num determinado mercado relevante e as concentrações (horizontais e verticais).

Nos itens subsequentes serão expostas as falhas e outros aspectos concorrenciais que impactam diretamente no setor portuário. Adverte-se, desde logo, que não se fará uma digressão teórica de todos os aspectos

[173] SAMPAIO, Patrícia Regina Pinheiro. **Regulação e concorrência**: a atuação do CADE nos setores de infraestrutura. São Paulo: Saraiva, 2013. p. 27.

[174] A esse respeito, cite-se: VISCUSI et al.: "*there is a basis for government intervention in that under conditions, unrestrained competition does not work very well*". VISCUSI, W. Kip; HARRINGTON JR., Joseph E.; VERNON, John M. **Economics of regulation and antitrust**. 4ª ed. Cambridge: The Mit Press, 2005. p. 376.

[175] LOBO, Carlos Baptista. **Sectores em Rede**: Regulação para a Concorrência – Enquadramento Jurídico-Económico das Redes Físicas (Telecomunicações, Energia e Transportes) e das Redes Virtuais. 2009. Coleção Teses Doutorado. Coimbra: Almedina, 2009. p. 152.

[176] Aqui, recorre-se a classificação apresentada por Robert Cooter e Thomas Ulen. COOTER, Robert; ULEN, Thomas. **Law & economics**. 6th edition. Barkeley Law Books, Book 2, 2016. p. 38. Disponível em: http://scholarship.law.berkeley.edu/books/2. Acesso em: 10 nov. 2018.

matéria concorrencial. A finalidade será apenas delinear os conceitos e elementos que podem gerar impactos na competição entre os operadores de terminais portuários de contêineres, e que poderão auxiliar no estudo de caso dos terminais público e privado situados no Complexo Portuário de Itajaí.

2.1.1. Competências das autoridades da regulação e da concorrência – a relação do Conselho Administrativo de Defesa da Concorrência – CADE e a Agência Nacional de Transportes Aquaviários – ANTAQ: limite de competências

No âmbito dos portos, a intervenção regulatória do Estado se verifica em duas dimensões distintas: a regulação setorial, exercida pela ANTAQ, e a regulação geral da concorrência exercida pelo CADE. Examinar a relação entre essas duas autarquias, inclusive delimitando o limite das competências (na defesa da concorrência) de cada uma delas, afigura-se importante para o bom funcionamento da indústria portuária (o que, em última análise, implica no atendimento dos interesses da coletividade).

O CADE é a autoridade responsável pelo cumprimento da legislação antitruste, detendo jurisdição ampla sobre a matéria no território nacional, nos termos da Lei nº 12.529/2011. Contudo, a legislação também incumbiu a ANTAQ a função de zelar pelo regime de livre concorrência no setor portuário – coibindo a competição imperfeita e outras infrações à ordem econômica –, de modo a garantir a competitividade entre os respectivos agentes, na busca pelo funcionamento ótimo do mercado[177]. A agência setorial tem a prerrogativa de elaborar normas para assegurar a realização do princípio constitucional da livre concorrência à atividade econômica dos portos e estimular a concorrência[178].

[177] É o que se extrai da leitura do art. 20 da Lei nº 10.233/2001, que trata dos objetivos da ANTAQ.

[178] Refira-se, a esse respeito, à lição de Osvaldo Agripino de Castro Júnior: "A livre concorrência, de um lado, obriga todo órgão estatal, especialmente as agências reguladoras setoriais de mercados que operam em indústria de rede, como o portuário e o de transporte marítimo, ambos sob regulação da Antaq, a editar e fiscalizar normas de defesa da concorrência e buscar sua efetividade. Assim, é dever da Antaq, e não mera faculdade, zelar pela defesa da concorrência, responsabilidade que aumenta quando há maior dificuldade de implementar a concorrência em ambiente de indústria de rede. Agir de forma contrá-

Embora as autoridades reguladora e concorrencial procurem, em última análise, assegurar eficiência econômica e a satisfação dos interesses públicos, essa aproximação, no âmbito do direito antitruste, entre a ANTAQ (cuja competência é técnica-econômica) e o CADE (que possui competência concorrencial), pode suscitar algumas dúvidas, sobretudo acerca da prevalência das decisões de um ou de outro agente no aspecto concorrencial. A verificação da competência para aplicar o direito antitruste, portanto, é útil para se identificar quando haverá atuação da ANTAQ ou do CADE.

Em tese, a dúvida poderia ser dirimida com o exame dos meios empregados por cada uma das autoridades, os quais são bastantes distintos. Enquanto as autoridades da regulação econômica costumam agir por meio de um controle direto de preços, quantidades, acesso ao mercado (condições de entrada e saída) e qualidade dos serviços prestados, os órgãos de defesa da concorrência buscam promover tais finalidades indiretamente, por meio da preservação de um processo que tende a efetivá-los[179].

Apesar da distinção entre os meios empregados pelas autoridades da regulação e da concorrência, a realidade demonstra que as decisões a respeito da competência de ambos não são binárias (ANTAQ ou CADE). Parar piorar, não há dispositivo legal que ateste a prevalência na aplicação das leis antitruste, a exclusão da competência de uma ou outra autoridade, tampouco a coordenação entre elas.

Todavia, a interpretação sistemática de algumas normas auxilia no entendimento se há (i) um possível conflito de competência (na aplicação da matéria concorrencial) entre a ANTAQ e o CADE; (ii) a exclusão da competência concorrencial, substituída pela competência regulatória (imunidade antitruste); e (iii) complementariedade nas competên-

ria, por omissão ou comissão ineficaz, é violar a Constituição Federal". Castro Junior, Osvaldo Agripino de. Breves notas sobre a defesa da concorrência na Nova Lei dos Portos *In*: **Direito Portuário Brasileiro**: lei 12.815, porto organizado, poligonal, arrendamento e autorização, arbitragem. Pereira, Cesar; Schwind, Rafael Wallbach (Org.). 1ª ed. São Paulo: Marcial Pons, 2015. p. 221.

179 Sampaio, Patrícia Regina Pinheiro. **Regulação e concorrência** – A atuação do CADE em setores de infraestrutura. São Paulo: Saraiva, 2013. p. 84.

cias de ANTAQ e CADE na aplicação do direito concorrencial no setor portuário.

O art. 31 da Lei nº 10.233/2001 dispõe que a agência setorial deverá comunicar ao CADE a ocorrência de fato que possa configurar infração da ordem econômica. Idêntica providência é determinada no art. 45 da mesma lei, caso se vislumbre abuso do poder econômico na fixação de preços pelos concessionários. Já o Decreto nº 8.033/2013, que regulamentou a Lei nº 12.815/2013, dispõe no seu art. 3º das atribuições da ANTAQ, incluindo a de apurar, de ofício ou mediante provocação, práticas abusivas ou tratamentos discriminatórios no âmbito concorrencial.

Esses dispositivos revelam que o setor portuário não é infenso à jurisdição do CADE para determinar a ocorrência de infrações à ordem econômica. As normas setoriais da ANTAQ não têm prevalência sobre as normas de defesa da concorrência. A competência do CADE não é excepcionada em quaisquer dos setores econômicos (regulados ou não[180]), inclusive nos portos[181]. Não se fala, portanto, em isenção antitruste.

Esse quadro conduz à conclusão de que, conquanto a ANTAQ deva nortear sua atuação para zelar a livre concorrência, a competência para a aplicação da legislação antitruste, mesmo no âmbito do setor portuário, permanece reservada ao CADE[182]:

[180] É o que se extrai, inclusive, da leitura do art. 31 da Lei nº 12.529/2011: "Esta Lei aplica-se às pessoas físicas ou jurídicas de direito público ou privado, bem como a quaisquer associações de entidades ou pessoas, constituídas de fato ou de direito, ainda que temporariamente, com ou sem personalidade jurídica, mesmo que exerçam atividade sob regime de monopólio legal".

[181] Castro Júnior, Osvaldo Agripino de. **Direito portuário e a nova regulação**. São Paulo: Aduaneiras, 2015. p. 207.

[182] No mesmo sentido, vale citar a análise de André Marques Gilberto e Álvaro Adelino Marques Bayeux, afastando a hipótese de que o setor portuário desfrutaria de imunidade frente à competência do Cade: "A atuação dos diversos sujeitos de direito que atuam nesse mercado está sujeita ao crivo do Cade em questões que digam respeito à material concorrencial, o que faz com que mesmo um ato eventualmente válido pelo prisma regulatório pode ainda violar as normas que integram o direito da concorrência. Essa conclusão é reforçada pela própria Lei nº 10.233/2001, que criou a Antaq e estabelece em seu art. 31 a necessidade de a agência comunicar às autoridades concorrenciais fatos que possam configurar infração à ordem econômica. Isso sinaliza que o legislador optou por não reduzir a esfera de competência do Cade no setor. Trata-se de atividade econômica plenamente

> Destarte, parece claro que a competência outorgada à ANTAQ pelo art. 27 da Lei nº 10.233/01 não envolve a aplicação da Lei Antitruste. Envolve, sim, a necessidade de ponderação das variáveis concorrenciais quando da execução de suas funções normativa e regulamentadora. Vale dizer, a agência deve adotar o cuidado para não emitir atos que acabem conduzindo a desvio na ordem econômica. Contudo, de maneira alguma, se poderá falar em competência para aplicação da legislação antitruste[183].

Ou seja, as atribuições concorrenciais do CADE e da ANTAQ possuem caráter de complementariedade[184]. Assim, na linha dos ensinamentos de Gesner Oliveira, enquanto à agência setorial cabe o encargo de elaborar a regulação técnica e a regulação econômica – levando em conta os reflexos concorrenciais da aludida atuação –, o órgão antitruste se incumbe da aplicação da legislação de defesa da concorrência[185]. Inexiste sobreposição ou exclusão de uma em relação a outra[186].

sujeita às leis de defesa da concorrência". GILBERTO, André Marques; BAYEUX, Álvaro Adelino Marques. **Os aspectos administrativos e concorrenciais do Direito Portuário**. São Paulo: Quartier Latin, 2013. p. 458-459.

[183] BILIERI, Mário Dittrich. A Taxa de Segregação no Porto de Santos e o Conflito de Competência entre Autoridades Administrativas *In*: MOREIRA, Egon Bockmann; MATTOS, Paulo Todescan Lessa (Coord.). **Direito concorrencial e regulação econômica**. Belo Horizonte: Fórum, 2010. p. 409.

[184] Em interpretação distinta dos mesmos dispositivos legais, concluindo pela competência da ANTAQ, em detrimento do Cade: "O art. 31 da Lei nº 10.233/2001 deve ser analisado de forma integrada ao art. 20, inciso II, letra "b", da Lei nº 10.233/2001. Os fatos que configurem infração à ordem econômica e não tenham relação direta com a exploração dos portos marítimos deverão ser julgados pelo CADE. Por exemplo, quando a ANTAQ tome conhecimento de uma infração à ordem econômica dentre dois terminais privativos mineradores na comercialização de seu produto, deverá comunicar o CADE; caso contrário, se a infração à concorrência estiver ligada à movimentação de mercadorias de terceiros (terminais de uso privativo misto), a ANTAQ possuirá atribuição para tanto. (...) Consideramos o fato de ser a lei da Agência Reguladora especial em relação à Lei Antitruste, por vezes sendo necessário aplicar o critério da especialidade, afastando-se a aparente antinomia". LIMA, Cristiana Maria Melhado Araújo. **Regime jurídico dos portos marítimos**. 2009. Dissertação (Mestrado em Direito) – Pontifícia Universidade Católica de São Paulo, PUC-SP, 2009. p. 177.

[185] Sobre esse modelo, vale ressaltar a avaliação de Gesner Oliveira de que "embora as realidades de cada jurisdição e setor apresentem especificidades que devem ser levadas

Essa organização institucional tem a vantagem de evitar as sobreposições de competências[187] e, na teoria, melhor assegurar a livre concorrência no setor portuário[188]. A competitividade entre portos é fundamental

em consideração, um sistema de concorrências complementares parece conceitualmente adequado e historicamente frequente". OLIVEIRA, Gesner. **Concorrência**: panorama no Brasil e no mundo. São Paulo: Saraiva, 2001. p. 73.

[186] O CADE adota esse mesmo posicionamento, consoante se extrai de voto proferido pelo então Conselheiro Ricardo Villas Bôas: "não há qualquer conflito entre este Cade e a Antaq, a agência reguladora setorial. Não há cogitar, na espécie, de conflitos de competências entre as instituições, nem mesmo de preponderância na aplicação da legislação vigente, seja ela regulamentar ou antitruste. Há, antes, uma inegável relação de *complementariedade*, na qual cada uma das instituições atua exatamente nos limites que suas respectivas legislações lhes impõem.". **Processo nº 08012.007443/99-17**. Disponível em: https://sei.cade.gov.br/sei/modulos/pesquisa/md_pesq_processo_exibir.php?0c62g277GvPsZDAxAO1tMiVcL9FcFMR5UuJ6rLqPEJuTUu08mg6wxLt0JzWxCor9mNcMYP8UAjTVP9dxRfPBcT5kD7elswaslV8jhGPE3S_J-rCKax9D6QFsJB51jxZW. Acesso em: 30 set. 2018.

[187] Um aspecto que o atual marco regulatório dos portos tentou reduzir em relação à regulação técnica setorial, conforme se demonstrou no item 1.3 acima.

[188] Há um caso, porém, no qual a questão da competência de CADE e ANTAQ não restou bem delineada, sem a coordenação entre autoridades da regulação e da concorrência: a aplicação da taxa de movimentação de contêineres (a THC2 – *Terminal Handling Charge 2*). Pela delimitação do escopo deste trabalho, não se pretende discutir os detalhes e o mérito da questão. O importante aqui é o conflito de competência entre CADE e ANTAQ. Com efeito, enquanto o CADE entendeu ter competência para examinar comportamentos competitivos relacionados aos terminais públicos e a cobrança de taxa de movimentação de contêineres aos portos secos (terminas retroalfandegados) – e decidiu pela não incidência da THC2, por limitar a livre concorrência –, a ANTAQ se posicionou em sentido diverso, sustentando a licitude da cobrança, sob o fundamento de que existiriam custos diferenciados aos terminais públicos os quais legitimavam a cobrança da taxa, não sendo vislumbrada infração à ordem econômica. O tema foi, inclusive, judicializado, sem que os julgados chegassem a uma conclusão homogênea acerca da competência de um ou outro agente – o que reforça a complexidade de tratar concorrência e regulação econômica no setor portuário. Portanto, embora o modelo institucional tenha sido elaborado para que o CADE aplicasse a Lei Antitruste (prevalecendo em relação à ANTAQ), o caso da THC2 demonstra que a prática nem sempre acompanha o que está previsto nas normas. Para maior aprofundamento sobre a controvérsia em torno da THC2, veja-se: BILIERI, Mário Dittrich. A Taxa de Segregação no Porto de Santos e o Conflito de Competência entre Autoridades Administrativas *In*: MOREIRA, Egon Bockmann; MATTOS, Paulo Todescan Lessa (Coord.). **Direito concorrencial e regulação econômica**. Belo Horizonte: Fórum, 2010. p. 387-415.

para países com volumes significativos de comércio marítimo. Quaisquer condutas anticompetitivas no setor podem acarretar prejuízos a outros segmentos da economia, inclusive para o consumidor final[189].

Com o marco atual regulatório (instituído pela Lei nº 12.815/2013), notadamente pela assimetria de regimes entre os operadores portuários, a atuação complementar do CADE com a ANTAQ mostra-se de extrema relevância para o sucesso da política institucional do setor. Eduardo Ferreira Jordão alerta, porém, que não "se podem ignorar os valores sociais que fundamentam a regulação setorial, os quais podem não ser completamente conciliáveis à racionalidade concorrencial"[190].

No capítulo 3, quando se examinará os dados da concorrência entre um terminal público e outro privado, será possível verificar se a atuação do CADE e da ANTAQ está sendo suficiente para corrigir falhas, assegurar a livre concorrência e garantir outras finalidades constitucionais.

2.1.2. As falhas de mercado nos portos

A condição essencial, para que se mantenha o equilíbrio geral e o bem-estar, é que todos os mercados sejam perfeitamente competitivos – o que reclama, inclusive, a atuação harmônica do CADE e da ANTAQ. Há, entretanto, condições que podem impedir o atingimento desse equilíbrio em um mercado, o que a doutrina denomina por "falha de mercado". Discute-se, na literatura econômica e jurídica, quais políticas públicas devem ser empregadas para corrigir essas falhas[191].

[189] Conforme destacado no relatório da Organização para Cooperação e Desenvolvimento Econômico – OCDE. Disponível em: http://www.oecd.org/regreform/sectors/48837794.pdf. Acesso em: 02 dez. 2018.

[190] Jordão, Eduardo. **Restrições regulatórias à concorrência**. Belo Horizonte: Fórum, 2009. p. 159-160.

[191] É o que ensinam Robert Cooter e Thomas Ulen: "*General equilibrium is, in welfare terms, such a desirable outcome that it would be helpful to know the conditions under which it will hold. Stripped of detail, the essential condition is that all markets are perfectly competitive. We can characterize the things that can go wrong to prevent this essential condition from being attained in a market. In this section we shall describe the four sources of market failure, as it is called, an describe the public policies that can, in theory, correct those failures.*". Cooter, Robert; Ulen, Thomas. **Law & economics**. 6th edition. Barkeley Law Books, Book 2, 2016. p. 38. Disponível em: http://scholarship.law.berkeley.edu/books/2. Acesso em: 10 nov. 2018.

Nos portos, determinadas falhas merecem um estudo mais cuidadoso e específico, especialmente após a instituição de um novo marco regulatório, a Lei nº 12.815/2013, a fim de que, se for o caso, sejam adotadas políticas desenhadas para o setor portuário. O que se fará na sequência é tratar de algumas dessas falhas, para que se possa, no capítulo 3, verificar se elas impactam a concorrência em regime assimétrico entre terminais públicos e terminais privados.

2.1.2.1. Monopólio natural

As indústrias de rede, onde o setor portuário se inclui constituem a base da economia moderna. Hoje em dia, uma parcela significativa da economia global é composta por essse tipos de setores que visam satisfazer diretamente as necessidades dos cidadãos, por meio do fornecimento direto de um determinado serviço – por exemplo, o fornecimento de energia, telefonia, transportes, entre outros –, mas também se apresentam como infraestruturas essenciais de suporte à prestação de outros serviços ou ao desenvolvimento de outras atividades econômicas[192].

Muitas dessas redes necessitam de elevado investimento inicial de capital para a sua constituição. É esse o caso dos portos. Os terminais portuários se enquadram na ideia de infraestrutura essencial, cujos custos para instalação e duplicação são bastante significativos[193]. Essas características fomentaram o debate se os portos poderiam representar um monopólio natural, uma típica falha de mercado.

E em que consiste o "monopólio natural"? Em linhas gerais, há monopólio natural quando a estrutura do mercado torna mais eficiente a presença de um único produtor, em virtude dos custos fixos elevados para duplicação da infraestrutura (que possibilitaria a entrada de outros produtores e estimularia a concorrência)[194]. Por conta das economias de

[192] Lobo, Carlos Baptista. **Sectores em Rede**: Regulação para a Concorrência – Enquadramento Jurídico-Económico das Redes Físicas (Telecomunicações, Energia e Transportes) e das Redes Virtuais. 2009. Coleção Teses de Doutorado. Coimbra: Almedina, 2009. p. 23.

[193] No capítulo 3, destinado ao estudo do caso dos terminais de Itajaí e Navegantes, se verá, por exemplo, que o TUP investiu mais de R$ 500 milhões nas obras de construção e ampliação de seu terminal portuário privado.

[194] Na doutrina, utiliza-se, muito comumente, o exemplo de uma rede de distribuição de água canalizada para ilustrar uma situação de monopólio natural. Isso porque a presença

escala, é possível que um só produtor consiga fornecer serviços a custos médios inferiores àqueles que seriam conseguidos pelo conjunto de vários produtores[195].

Richard Posner aponta essas características acerca do monopólio natural, destacando, inclusive, que se existir no mercado mais de um produtor em uma situação cujo aumento da competição não se justifique, ou as empresas produtoras irão se unir (em fusões ou aquisições) ou irão produzir a um custo mais elevado, consumindo mais recursos do que o necessário – logo, serão empresas ineficazes:

> *If the entire demand within a relevant market can be satisfied at lowest cost by one firm rather than by two or more, the market is natural monopoly, whatever the actual number of firms in it. If such a market contains more than one firm, either the firms will quickly shake down to one through mergers or failures, or production will continue to consume more resources than necessary*[196].

Viscusi, Harrington e Vernon ilustram que o problema do monopólio natural é a existência de um conflito fundamental entre eficiência produtiva e eficiência alocativa. Se, por um lado, a eficiência requer que apenas uma empresa produza (pois serão utilizados menos recursos para atender a demanda do mercado), por outro, a produção por um único agente econômico pode conduzir à precificação acima dos custos incorridos, com o propósito de maximizar o lucro[197]. Assim, se o monopolista aumentar os preços e produzir em níveis abaixo da quantidade ótima, e não houver agentes econômicos competindo com o preço abaixo do custo marginal,

de dois concorrentes implicaria na construção de duas redes de distribuição de água em paralelo, com custos combinados superiores àqueles verificados na hipótese de um único fornecedor. Araújo, Fernando. **Introdução à economia**. v. I, 2ª ed. Almedina: Coimbra, 2004. p. 587.

[195] Nester, Wagner. **Regulação e concorrência**: compartilhamento de infraestruturas e redes. São Paulo: Dialética, 2006. p. 38.

[196] Posner, Richard A. **Natural monopoly and its regulation**. Massachusetts: Cato Institute, 1999. p. 1.

[197] Viscusi, W. Kip; Harrington Jr., Joseph E.; Vernon, John M. **Economics of regulation and antitrust**. 4ª ed. Cambridge: The Mit Press, 2005. p. 376.

há argumento favorável para a intervenção regulatória no mercado em que se caracteriza um monopólio natural.

Na doutrina, conforme explica Herbert Hovenkamp, a solução tradicional para o problema do monopólio natural é o controle de preços[198] (outra solução, como se verá no item 2.2.4, é o compartilhamento de infraestruturas). O agente econômico é autorizado a ocupar sozinho o mercado e fica salvaguardado da entrada de outro competidor. No entanto, os preços praticados por esse produtor são fixados pelo órgão regulador (e o sucesso dessa regulação, em relação ao interesse público, dependerá do preço estipulado pela agência reguladora)[199].

Especificamente quanto aos portos apesar dos custos iniciais elevados, da dificuldade em se duplicar um terminal (inclusive em razão das limitações físicas de um local onde se pretenda instalar um porto) e do longo tempo de maturação do investimento – traços de uma estrutura de monopólio natural –, inexistem motivos para que se interdite a competição entre diversos operadores portuários.

Como demonstrado no capítulo 1, uma das razões que impulsionaram a instituição de um novo marco regulatório para os portos (a Lei nº 12.815/2013) foi a necessidade de se incrementar a concorrência no mercado de movimentação de cargas, atraindo capital privado para o setor. Esse objetivo afasta uma regulação econômica com base na existência de monopólio natural.

Além disso, em alguns terminais públicos arrendados havia uma tendência de abuso de poder de mercado: o agente econômico não praticava preços competitivos e não investia em inovação e incremento da

[198] A regulação de preços deve ser utilizada nos casos em que se verifica uma imperfeição no mercado. Havendo concorrência, privilegia-se a liberdade tarifária. Nesse sentido, cite-se, inclusive, a posição exposta pela Coordenação Geral de Modelagem e Outorgas, do Ministério dos Transportes, Portos e Aviação Civil, que, na Nota Informativa nº 08/2018, defendeu o estabelecimento do nível de preços a ser definido livremente pelo vencedor da licitação no Terminal Petroquímico de Miramar (BEL02A, BEL02B, BEL04, BEL08 e BEL09) e arrendamento no Porto de Vila do Conde. Disponível em: http://web.antaq.gov.br/Sistemas/WebServiceLeilao/DocumentoUpload/Audiencia%2016/Ato%20Justificat%C3%B3rio%20%20-%20Terminais%20de%20Miramar%20e%20Vila%20do%20Conde.pdf. Acesso em: 10 nov. 2018

[199] Hovenkamp, Herbert. **Federal antitrust policy**. St. Paul: The West Group, 1999. p. 33.

eficiência, o que decorria da situação de monopolista – especificamente no mercado de movimentação de contêineres, a edição do Decreto nº 6.620/2008 permitiu a posição de dominância por parte de alguns terminais.

Portanto, o aumento de preços e o desestímulo ao desenvolvimento de melhores serviços portuários também foram razões para se afastar a possibilidade de constituição de monopólio natural nos portos.

No capítulo seguinte, quando serão examinados os números da movimentação de carga do terminal público operado em Itajaí e o TUP da Navegantes, será possível verificar se o terminal público, antes da entrada de um novo competidor, se preocupava com a eficiência, inovação e preços – o que será medido pelos movimentos de carga conteinerizada –, ou se o arrendatário do porto público se comportava como um monopolista.

2.1.2.2. Externalidades

Para Philip Areeda *et al.*, concorrência produz a alocação adequada de recursos apenas se os custos de uma conduta e os reais benefícios conferidos por ela são totalmente refletidos nos custos e receitas do agente econômico: não pode existir "externalidades"[200]. A externalidade é outra das falhas de mercado que justificam a intervenção estatal para corrigi-las[201], de modo a satisfazer os interesses coletivos e garantir o eficiente funcionamento da economia (regulação econômica).

[200] Nas palavras dos autores: "*Competition produces an appropriate allocation of resources only if the real costs of an act and the real benefits it confers are fully reflect in the private costs and revenues of the actor: there must be no externalities*". Areeda, Philip E.; Solow, John L.; Hovenkamp, Herbert. **Antitrust Law**. An analysis of antitrust principles and their application. New York: Aspen Law and Business. v. IIA, Second Edition, 2007. p. 55.

[201] Conforme se extrai da leitura de Ronald Coase, há um traço bilateral nas externalidades. Assim, em tese, a alteração do comportamento de quaisquer das partes, e não apenas do agente econômico causador da externalidade, pode ser uma alternativa para lidar com a falha de mercado, o que pode inclusive ocorrer, em algumas hipóteses, sem a intervenção estatal. Coase, Ronald. The problem of social cost. **The Journal of Law & Economics**. v. 3, 1960. p. 1-44. Disponível em: www.jstor.org/stable/724810. Acesso em: 10 nov. 2018. Porém, caso haja a intervenção para alterar um comportamento, a forma mais eficiente de lidar com a externalidade será modificar o comportamento da parte que implica em menor custo (que, inclusive, pode não ser o causador da externalidade – muito embora, na maioria das hipóteses, o causador é quem deva alterar o seu comportamento.

De acordo com Fernando Araújo, existe a possibilidade de que uma atuação econômica faça projetar irremediavelmente efeitos, benéficos ou maléficos, sobre alguém que não o próprio agente, interferindo no nível de bem-estar desse alguém, sem que lhe seja paga qualquer indenização (no caso de diminuição do seu bem-estar) ou sem ter que pagar qualquer compensação (no caso de aumento desse bem-estar). Essa circunstância impede que a produção de bens seja livremente incentivada ou sinaliza equivocadamente ao mercado a sobreprodução de bens, o que implica em efeitos negativos à coletividade[202]. Essas são as características da externalidade (que podem ser positivas ou negativas).

Quando se verifica esse descasamento entre os interesses privados (do agente econômico) e os interesses da coletividade – ou seja, os custos ou benefícios que as atividades de um agente econômico impõem a terceiro não pela via de preços –, Vasco Rodrigues explica que o direito deve ser utilizado para corrigir essa falha no mercado:

> De um ponto de vista económico, a função fundamental do direito é evitar que a existência de externalidades impeça a obtenção de resultados socialmente eficientes. Ou, dito de outra forma, a de desincentivar atividades que geram custos que, para o conjunto da sociedade, excedem os respectivos benefícios e incentivar aquelas em que se passa o oposto[203].

A atuação do Estado, portanto, será direcionada para conter o nível de atividade daquele que continua a lucrar quando os danos causados a terceiro já atingiram um grau intolerável (ou, no limite, proibir essa atividade ou mesmo prestá-la diretamente). Isso porque o agente econômico que provoca uma externalidade negativa aufere todos os benefícios da sua atividade, impondo, contudo, parte dos respectivos custos à coletividade.

Cf. Rodrigues, Vasco. **Análise Económica do Direito** – uma introdução. 2ª ed. Coimbra: Almedina, 2016. p. 44.

202 Araújo, Fernando. **Introdução à economia**. v. I, 2ª ed. Almedina: Coimbra, 2004. p. 84-85.

203 Rodrigues, Vasco. **Análise Económica do Direito** – uma introdução. 2ª ed. Coimbra: Almedina, 2016. p. 40.

Caso se verifique a situação oposta (a atuação do agente implica em externalidades positivas), a intervenção estatal deve ter como norte o incentivo daquela atividade (ou, do mesmo modo, quando não for possível incentivar suficientemente a iniciativa privada, o Estado pode pensar em produzir esses benefícios diretamente)[204].

Assim, se o agente econômico produz (e obtém lucro) e a coletividade não é prejudicada, não foram causadas externalidades, as decisões da empresa sobre custos e benefícios foram eficientes, sendo despicienda a intervenção estatal naquela atividade.

No caso da portos, o atual marco regulatório alterou o papel dos terminais de uso privado, os quais foram autorizados a movimentar, sem qualquer limitação, cargas próprias e de terceiros. Com isso, os números tratados na introdução deste estudo indicam que os TUPs impulsionaram a concorrência, a evolução técnica e a eficiência do setor, diminuindo, por consequência, os custos de produção e melhorando o nível das atividades prestadas (um incremento para economia do país). Essas podem ser vistas como externalidades positivas, decorrentes do comportamento dos terminais privados.

Por outro lado, pode-se argumentar que a competição direta e irrestrita pela movimentação de cargas entre terminais públicos e privados retirou daqueles a possibilidade de recuperar os investimentos realizados para arrendar um porto público, uma externalidade negativa também fruto da atuação dos terminais privados.

Durante a licitação, os interessados em arrendar um porto público fizeram projeções de despesas, de investimentos e de receitas tendo como premissa o planejamento para explorar o bem público por um longo período (25 anos ou mais), em um mercado com outro desenho concorrencial, o qual permitiria ao arrendatário amortizar os seus elevados custos iniciais ao longo dos anos, bem como arcar com as tarifas e metas de movimentação de cargas ajustadas com a Administração. Caso esse cenário não seja factível, o equilíbrio econômico-financeiro do contrato firmado entre o arrendatário e o Poder Público será afetado, o que

204 ARAÚJO, Fernando. **Introdução à economia**. v. I, 2ª ed. Almedina: Coimbra, 2004. p. 85.

imporá custos não previstos inicialmente[205] – seja para reequilibrar a relação contratual, seja em decorrência da eventual impossibilidade da prestação de um serviço público, o qual retornará ao Estado, o que, em qualquer caso, implicará em despesas à União).

No capítulo destinado ao estudo do caso concreto dos terminais público operado pela arrendatária de Itajaí e o terminal de uso privado de Navegantes, tentar-se-á verificar se existem externalidades a esses *players* do mercado de movimentação de carga conteinerizada no Complexo Portuário de Itajaí (e, na hipótese de existir falha de mercado, se ela, de alguma forma, foi endereçada para busca de uma solução por parte do Estado).

2.1.2.3. Poder de mercado

Poder de mercado de um agente econômico é a capacidade de aumentar o preço, restringindo a produção, sem que isso implique numa perda total de vendas[206].

Essa falha de mercado permite a uma empresa explorar o mecanismo de preços em proveito próprio, com preços sistematicamente acima do nível competitivo. Segundo Miguel Sousa e Silva, "o principal instrumento de exercício de poder de mercado é a maximização dos lucros, fazendo com que o preço suba ao nível de monopólio"[207].

Assim, o poder de mercado substancial que preocupa ao direito antitruste é aquele em que o agente econômico consegue manejar os preços lucrativamente, de modo constante, acima de seus custos e, ainda, dispõe de proteção contra a entrada de empresas rivais no mercado (barreiras à

[205] Sobre os custos das escolhas públicas, veja-se: OLIVEIRA, Carolina Zaja Almada Campanate de. **Contratos administrativos de longo prazo em tempos de crise econômica**: a prorrogação antecipada e a relicitação na teoria dos contratos públicos. 2018. Dissertação (Mestrado em Direito) – Escola de Direito da Fundação Getúlio Vargas do Rio de Janeiro, FGV Direito. Rio de Janeiro, 2018. No prelo.

[206] AREEDA, Philip E.; SOLOW, John L.; HOVENKAMP, Herbert. **Antitrust Law**. An analysis of antitrust principles and their application. New York: Aspen Law and Business. v. IIA, Second Edition, 2007. p. 89.

[207] MOURA E SILVA, Miguel. **O abuso de posição dominante na nova economia**. Coimbra: Almedina, 2010. Coleção Teses de Doutorado, 2010. p. 400.

entrada) – o que poderia impedir o lucro com preços supracompetitivos. Nesse sentido, Philip Areeda *et. al*:

> Thus, the substantial market power that concerns antitrust law arises when defendant (1) can profitably set prices well above its costs and (2) enjoys some protection against rival's entry or expansion that would erode such supracompetitive prices and profits. These two perquisites for durable market power express short and long-run elements. The ability to raise price above cost in the short run indicates the defendant's immediate steam monopoly profits. High entry barriers or other impediments to rival's entry or expansion bear on the long-run duration of that steam. Of course, the two come together[208].

Por outro lado, em um ambiente no qual as empresas não disponham de poder de mercado, não será possível a um agente econômico fixar seu preço em um nível superior ao do mercado. Se o assim o fizer, irremediavelmente os consumidores irão procurar outras empresas para lhe fornecer o produto/serviço que desejam ao preço competitivo de mercado. Como, então, o CADE pode definir se um agente econômico dispõe de poder de mercado? Essa é uma tarefa complexa, conforme se extrai do conceito e dos elementos que compõem o "poder de mercado".

Com efeito, para essa caracterização, a autoridade de defesa da concorrência examinará uma série de fatores, como, por exemplo, a existência de posição dominante[209] da empresa, a imposição de barreiras à entrada

[208] Areeda, Philip E.; Solow, John L.; Hovenkamp, Herbert. **Antitrust Law**. An analysis of antitrust principles and their application. New York: Aspen Law and Business. v. IIA, Second Edition, 2007. p. 90.

[209] Quando uma empresa ou grupo de empresas controla parcela substancial de mercado relevante como fornecedor, intermediário, adquirente ou financiador de um produto, serviço ou tecnologia a ele relativa, de modo capaz de, deliberada e unilateralmente, alterar as condições de mercado. O parágrafo 2º do art. 36 da Lei nº 12.259/2011 estabelece que a presunção de posição dominante "sempre que uma empresa ou grupo de empresas for capaz de alterar unilateral ou coordenadamente as condições de mercado ou quando controlar 20% (vinte por cento) ou mais do mercado relevante, podendo este percentual ser alterado pelo Cade para setores específicos da economia". Note-se, a título ilustrativo, que a Lei da Concorrência não oferece parâmetro semelhante ou definição sobre o que

naquele determinado mercado e a ausência de contestabilidade[210] pela concorrência (efetiva ou potencial) no caso de elevação de preços.

No setor portuário, o CADE tem estimado as participações de mercado em termos de capacidade instalada dos terminais portuários ou em termos da utilização efetiva da capacidade desses terminais, não sendo possível afirmar a predominância de algum desses critérios, conforme se extrai da leitura dos números divulgados pela autoridade de concorrência em seu caderno de estudos relativo ao "mercado de serviços portuários".

Isso porque, embora se verifique um número elevado de atos de concentração nos portos, poucos apresentaram complexidade que exigisse estimativas mais acuradas de poder de mercado pela autoridade concorrencial. Assim, é pequeno o número de atos de concentração em que se verificou participação de mercado resultante da operação igual ou superior a 20%, ou seja, em que se verificou a existência de poder de mercado por parte da empresa resultante da operação[211].

Para o exame do caso concreto, a definição do conceito de poder de mercado[212] afigura-se um passo importante para, a partir do escrutínio

seria "posição dominante". Isso é obtido por meio do estudo da jurisprudência, da qual extrai-que a "posição dominante" de uma empresa está intimamente ligada ao seu poder de mercado (estável no tempo), seu grau de pressão concorrencial e, ainda, a um mercado delimitado. Para maior aprofundamento do assunto, ver: Ferro, Miguel Sousa. **A definição de mercados relevantes no direito europeu e português da concorrência**: teoria e prática. Coleção Teses de Doutoramento, Coimbra: Almedina, 2015. p. 316-323.

[210] Em mercados contestáveis, a concorrência é forte o suficiente para manter os preços praticados pelos agentes econômicos atuantes naquele mercado específico em valores próximos ao custo marginal de produção.

[211] CADE. Disponível em: http://www.cade.gov.br/acesso-a-informacao/publicacoes-institucionais/publicacoes dee/Cadernos%20do%20Cade. Acesso em: 13 nov. 2018.

[212] O controle das concentrações nos portos, inclusive aquelas envolvendo armadores e operadores portuários (tema objeto do item 2.2.3), é relevante para que os agentes econômicos não possam abusar de seu poder econômico, prejudicando a livre concorrência, por meio de condutas anticompetitivas. Sobre os efeitos de uma concentração com poder de mercado de seus agentes, refira-se a Viscusi *et al.*: "*it is worth exploring in some detail how a merger may rise price by enhancing each firm's market power. A merger can also alter the character of competition by inducing tacit collusion or, worse yet, leading to the formation of a price-fixing cartel.*". Viscusi, W. Kip; Harrington Jr., Joseph E.; Vernon, John M. **Economics of regulation and antitrust**. 4ª ed. Cambridge: The Mit Press, 2005. p. 215.

dos números no capítulo 3, verificar se algum dos terminais pode exercer esse poder, aumentando seus preços para movimentação de contêineres, sem que isso implique na perda de clientes e de *market share*.

2.1.2.4. Barreiras à entrada

A barreira de entrada[213] pode ser definida como qualquer fator que permita as empresas já existentes no mercado auferir retornos acima do nível competitivo (preços monopolistas) e dificulte a entrada de um novo ofertante capaz de suprir a demanda naquele mesmo mercado por um período de tempo socialmente inaceitável[214]. Constitui-se, assim, em um custo que uma empresa com pretensão de entrar em um mercado tem que incorrer, o qual as empresas já no mercado não tiveram de suportar quando da sua entrada[215].

Em um modelo de concorrência perfeita[216], esse comportamento dos agentes econômicos já estabelecidos no mercado não se concretizaria. Isso porque a prática de preços supracompetitivos atrairia empresas entrantes, que recolocariam o mercado em seu nível de produção e, consequentemente, os preços retornariam a níveis padrão, próximos ao custo marginal, estabelecendo um desempenho competitivo. Essa é a lição que se extrai de Phlilip Areeda, John Solow e Heberth Hovenkamp:

[213] Registre-se que Richard Posner evita utilizar o termo "barreira à entrada". Para o juiz norte-americano, se existe um obstáculo que um novo concorrente precise superar para ganhar posição no mercado, as firmas já estabelecidas nesse mesmo mercado que também deverão superar obstáculos (como, por exemplo, incorrer em despesas) para lá permanecerem. HOVENKAMP, Herbert. **Federal antitrust policy**. St. Paul: The West Group, 1999. p. 73.

[214] HOVENKAMP, Herbert. **Federal antitrust policy**. St. Paul: The West Group, 1999. p. 523.

[215] Essa é a definição proposta por George Stigler: "*a barrier to entry may be defined as a cost of producing (at some or every rate of output) which must be borne by firms which seek to enter an industry but is not borne by firms already in the industry.*". STIGLER, George J. **The organization of industry**. Chicago: University of Chicago Press, 1983. p. 67.

[216] No modelo econômico da concorrência perfeita, o equilíbrio entre a oferta e a procura faz-se no ponto em que o preço corresponde ao custo marginal de produção. Nenhum agente econômico dispõe de poder para incluenciar o equilíbrio do mercado por si só. Verifica-se a eficiência alocativa e a eficiência na afetação dos recursos – ou seja, na obtenção de produtos e serviços a baixos custos. MOURA E SILVA, Miguel. **Direito da concorrência, uma introdução jurisprudencial**. Coimbra: Almedina, 2008. p. 16-18.

> An 'entry barrier' is any factor that permits firms already in the market to earn returns above the competitive level while deterring outsiders from entering. In the perfectly competitive model, prices above the competitive level attract entry until the newcomers restore total market output to the competitive level, thus bringing about competitive performance[217].

Diversos fatores podem constituir barreiras à entrada em um mercado, como, por exemplo, as economias de escala; os requerimentos mínimos de capital para investimento inicial; as vantagens de custo dos agentes econômicos já existentes; o *know-how* e a curva de aprendizagem para produção de bens (ou fornecimento de serviços); ou as restrições regulatórias ou governamentais[218].

Especificamente no setor portuário, e considerando a edição da Lei nº 12.815/2013, pode-se dizer que o atual marco regulatório dos portos retirou uma das maiores barreiras à entrada no mercado de movimentação de cargas: a obrigação de que terminais privados movimentassem preponderante carga própria e, apenas em caráter subsidiário e eventual, de carregamento de terceiros.

O fim da distinção entre os conceitos de carga própria e carga de terceiros impulsionou que novos entrantes passassem a figurar no mercado de movimentação de cargas. Segundo informações divulgadas pela Secretaria de Portos, como se antecipou na introdução deste trabalho, desde a promulgação da Lei nº 12.815/2013, já autorizou haviam sido autoriza-

[217] AREEDA, Philip E.; SOLOW, John L.; HOVENKAMP, Herbert. **Antitrust Law**. An analysis of antitrust principles and their application. New York: Aspen Law and Business. v. IIA, Second Edition, 2007. p. 57-58.

[218] Aponte-se, nesse sentido, a descrição das barreiras à entrada em VISCUSI *et al.*: *"these [barriers to entry] include scale economies, the capital cost requirements of entry, government restrictions like tariffs and patents, and absolute cost advantages of existing firms. Sources of latter include a better technology (protected through patents or trade secrets), control of low-cost raw material supplies, and the learning curve."*. VISCUSI, W. Kip; HARRINGTON JR., Joseph E.; VERNON, John M. **Economics of regulation and antitrust**. 4ª ed. Cambridge: The Mit Press, 2005. p. 168. Richard Posner pondera que algumas dessas condições não criariam barreiras à entrada (tais quais, exemplificativamente, os altos investimentos ou as economias de escala), apenas aumentariam o tempo necessário para uma nova empresa entrar no mercado e produzir de forma eficiente. POSNER, Richard A. **Antitrust law**. Second Edition. The University of Chicago Press, 2001. p. 74.

das 67 instalações privadas (incluindo novas autorizações e ampliações de terminais já existentes), totalizando um de investimento de R$ 16,2 bilhões.

Apesar da retirada do obstáculo relacionado aos movimentos de cargas, a análise setorial dos portos permite identificar – considerando os critérios definidos pela doutrina – outras barreiras à entrada de novos agentes econômicos. Enumerem-se algumas delas:

> (i) a concorrência licitatória para os arrendamentos de terminal públicos ou o processo de anúncio/chamada pública para os casos de autorizações[219] emitidas aos TUPs;
> (ii) as normas, os critérios e os procedimentos para a pré-qualificação dos operadores portuários, disciplinados pela Portaria nº 111/2013 da Secretaria de Portos;
> (iii) os elevados custos iniciais afundados (*sunk costs*) de implantação do terminal – seja para os arrendatários (que correspondem ao valor da outorga, às quantias mensais pelo uso da área pública, à garantia de um quantitativo mínimo de movimentação de carga; e aos investimentos em itens de superestrutura), seja para os operadores de TUPs (que aplicam seus recursos em projetos *greenfield*, resultando-lhes em despesas para construir toda a infra e superestrutura de seu terminal, em um terreno próprio, fora da área do porto organizado); e
> (iv) as economias de escala, pois os agentes constituídos no mercado já possuem custos unitários menores e diluídos, enquanto as empresas entrantes precisarão movimentar grandes volumes de cargas para ingressar (competitivamente) no segmento.

As barreiras nem sempre terão um aspecto negativo[220]. Promover processos licitatórios e chamamentos públicos, com normas e procedi-

[219] O Centro de Estudos em Regulação de Mercado da UnB qualifica o trâmite à autorização de um TUP uma barreira à entrada tempestiva no mercado. Cf. p. 119 do estudo sobre concorrência nos portos. Disponível em: http://web.antaq.gov.br/Portal/pdf/Estudos/2015/AvaliacaoConcorrenciaPrestacaoServicosPortuarios/RelatorioFinal.pdf. Acesso em: 12 nov. 2018.

[220] Viscusi et. al. ilustram exemplos de barreiras "positivas" e outras "negativas": "*These barriers are quite diverse and certainly entail a very different welfare implications. A government*

mentos específicos, inclusive no tocante à qualificação dos operadores portuário, atenua a assimetria informacional e a seleção adversa que dela decorre. Afinal, antes de celebrar um contrato de arrendamento de um terminal público ou autorizar a instalação de um terminal privado, a Administração não dispõe de meios para conhecer, antecipadamente, todas as condições do particular[221].

2.2. Concorrência no setor portuário na vigência da Lei nº 12.815/2013[222]: elementos que contribuem para o exame do caso dos terminais situados no Estado de Santa Catarina

Previamente ao exame dos dados da movimentação de cargas conteinerizada do terminal público operado em Itajaí e do TUP de Navegantes, ambos no Complexo Portuário de Itajaí, o que ocorrerá no capítulo 3,

restriction like tariff is typically welfare-reducing. It is then a 'bad' barrier to entry. In contrast, superior efficiency of existing firms due to a better technology is a 'good' barrier to entry. No reasonable economist believes that society is better off if existing firms are made less efficient.". VISCUSI, W. Kip; HARRINGTON JR., Joseph E.; VERNON, John M. **Economics of regulation and antitrust.** 4ª ed. Cambridge: The Mit Press, 2005. p. 168.

[221] Por essa razão, o particular muitas vezes é compelido a prestar garantias financeiras para minimizar os impactos negativos que podem surgir de sua contratação/autorização, caso venha se identificar que se tratou de uma seleção adversa. Embora as garantias nem sempre sejam capazes de recompor eventual prejuízo, elas são instrumentos essenciais nessa relação público-privado. ARAÚJO, Fernando. **Teoria económica do contrato**. Coimbra: Almedina, 2007. p. 286.

[222] Um aspecto com implicação concorrencial não endereçado pela Lei nº 12.815/2013, tampouco por seu decreto regulamentar (Decreto nº 8.033/2013), diz respeito aos terminais privados localizados dentro do porto organizado – casos em que o autorizatário era titular do domínio útil de terreno situado dentro do porto organizado (art. 4º, II, da Lei nº 8.630/1993). Esse aspecto foge ao exame que será feito nas seções subsequentes deste capítulo. Porém, alerta-se sobre esse assunto, pois é uma causa insegurança ao setor: operadores portuários dentro do porto organizado, submetidos a regimes jurídicos distintos, um contrassenso com o critério geográfico adotado pelo marco setorial para distinção dos *players* da indústria. Rafael Véras de Freitas pondera que "ponto importante que não foi objeto de regulamentação foi o regime de transição dos terminais privativos localizados dentro do porto organizado, além do modo pelo qual os termos de autorização em vigor deverão ser adaptados ao disposto no novo marco regulatório. São lacunas normativas que, por certo, impedirão a realização de investimentos neste setor.". FREITAS, Rafael Véras. Portos: mudanças com o Decreto 8.033 *In*: **Revista Portos e Navios**. a. 55, ed. 632. p. 55.

devem ser estabelecidas bases para o entendimento do ambiente competitivo no atual marco regulatório dos portos, bem como examinados aspectos específicos do setor. Isso é o que se fará nos itens abaixo.

2.2.1. Mercado relevante – concorrência intraporto e interporto

O primeiro passo para identificar os terminais que concorrem entre si, verificando se são alternativos ou substitutos, consiste em delimitar o mercado relevante desses atores[223].

No Brasil, o conceito de "mercado relevante" pode ser extraído da Portaria Conjunta SEAE/SDE nº 50/2001: o menor grupo de produtos e/ou serviços e a menor área geográfica necessários para que um suposto monopolista esteja em condições de impor um pequeno, porém significativo e não transitório, aumento de preços[224].

Veja-se que, além do pressuposto "lucratividade", a demarcação do mercado relevante considera duas dimensões (a do produto e a geográfica)[225]. Patrícia Regina Pinheiro Sampaio explica que, em direito concorrencial, o mercado relevante apresenta conteúdo específico: tanto uma dimensão relacionada aos produtos ou serviços considerados subs-

[223] A delimitação do mercado relevante é uma das etapas essenciais em defesa da concorrência, configurando ponto de partida para a avaliação de diversos casos envolvendo aspectos antitruste. Esse típico instituto do direito concorrência, é apontado por Carlos Ragazzo como uma "uma criação argumentativa de extrema importância para a análise de um ato de concentração pela autoridade de defesa da concorrência.". RAGAZZO, Carlos Emmanuel Joppert. A regulação da concorrência *In*: **Regulação no Brasil** – uma visão multidisciplinar. 1ª ed. Rio de Janeiro: FGV, 2014. p. 173.

[224] A citada Portaria expede o "Guia para Análise Econômica de Atos de Concentração Horizontal". Os itens 28 e 29 trazem os aspectos para definição do mercado relevante. Disponível em: http://www.cade.gov.br/assuntos/normas-e-legislacao/portarias/2001portariaconjunta50-1_guia_para_analise_economica_de_atos_de_concentracao.pdf/view. Acesso em: 02 nov. 2018.

[225] Na doutrina portuguesa, Miguel Sousa Ferro aponta que o mercado relevante deve ser definido com base na conjugação de três perspectivas distintas: a dimensão do produto; a dimensão geográfica e a dimensão temporal – o autor ressalta, contudo, que a dimensão temporal não está ainda afirmada de modo sedimentado na jurisprudência europeia. FERRO, Miguel Sousa. **A definição de mercados relevantes no direito europeu e português da concorrência**: teoria e prática. 2015. Coleção Teses de Doutorado. Coimbra: Almedina, 2015. p. 363.

titutos entre si, quanto uma dimensão geográfica, por meio da qual se inquire até onde o consumidor está disposto a se deslocar na busca por esses produtos ou serviços[226].

A ideia em utilizar esses pressupostos é definir um espaço em que não seja possível a substituição do produto e/ou serviço por outro (seja porque não são substituíveis, seja porque não é possível obtê-los). A empresa consegue reduzir a produção e aumentar substancialmente os preços acima dos custos marginais[227].

Em outras palavras, o mercado relevante é definido como sendo um produto e/ou serviço e uma área geográfica em que tal produto e/ou serviço é produzido ou vendido, de forma que uma empresa monopolista poderia impor um aumento (lucrativo) de preços, sem que com isso os consumidores migrassem para o consumo de outro produto e/ou serviço ou o adquirissem em outra região[228].

No setor portuário, o CADE considera, para a definição do mercado relevante, as dimensões do produto/serviço e a geográfica.

Em relação à dimensão do produto/serviço, a autoridade da concorrência define o mercado a partir do tipo de carga armazenada e movimentada em cada terminal: granéis sólidos, granéis líquidos, carga geral não conteinerizada, carga conteinerizada[229], conforme se extrai da análise de seus julgados[230].

[226] Sampaio, Patrícia Regina Pinheiro. **Regulação e concorrência**: a atuação do CADE nos setores de infraestrutura. São Paulo: Saraiva, 2013. p. 53.

[227] A esse respeito, Herbert Hovenkamp: *"a relevant market is the smallest sales grouping for which the elasticity of demand and supply are sufficiently low that a firm with 100% of that grouping could reduce output and increase price substantially above marginal costs"*. Hovenkamp, Herbert. **Federal antitrust policy**. St. Paul: The West Group, 1999. p. 82.

[228] Esse é o chamado "teste do monopolista hipotético" (conceito de origem norte-americana), sendo o mercado relevante definido como sendo o menor mercado possível em que tal critério é satisfeito.

[229] Em algumas hipóteses, ainda que considere um tipo específico de terminal, o CADE admite que possa haver necessidade de refinar a classificação, em razão das especificidades dos produtos a serem armazenados e movimentados, tal qual acontece nos terminais de granéis líquidos (exemplo: graneis líquidos de "combustíveis" e graneis líquidos de "suco cítrico").

[230] Para a pesquisa jurisprudencial, utilizou-se o "Sistema SEI" disponibilizado pelo CADE. CADE. Disponível em: https://sei.cade.gov.br/sei/modulos/pesquisa/md_pesq_processo_

O posicionamento do CADE é no sentido de que não há uma substitutibilidade em relação à armazenagem e movimentação de diferentes tipos de cargas. Os equipamentos e máquinas utilizados nesse tipo de atividade tendem a ser especializados para cada tipo de carga[231]. Assim, o mercado deveria ser segmentado de acordo com o tipo de carga a ser movimentada no terminal portuário, nomeadamente: (i) carga líquida; (ii) grãos de origem vegetal; (iii) outros tipos de cargas sólida; (iv) cargas em geral e (v) contêineres[232].

pesquisar.php?acao_externa=protocolo_pesquisar&acao_origem_externa=protocolo_pesquisar&id_orgao_acesso_externo=0. Acesso em: 10 set. 2018. Considerou-se o período entre 2013 e setembro de 2018 (recorte temporal tendo por base a vigência do atual marco dos portos); e os termos de busca, no campo "pesquisa livre", foram "porto", "portuário" e "mercado relevante". Para a interpretação do mercado relevante dos portos), foram também consultados o Caderno do CADE relativo ao "mercado de serviços portuários". CADE. Disponível em: http://www.cade.gov.br/acesso-a-informacao/publicacoes-institucionais/publicacoes dee/Cadernos%20do%20Cade. Acesso em: 10 set. 2018. O estudo "Identificação de mercados geográficos e construção de indicadores de concorrência no setor portuário brasileiro", publicado pelo IPEA em 2015. IPEA. Disponível em: http://www.ipea.gov.br/portal/index.php?option=com_content&view=article&id=25234. Acesso em: 10 set. 2018. E o trabalho "Portos 2021 – A Avaliação de Demanda e Capacidade do Segmento Portuário de Contêineres no Brasil", produzido pelo ILOS, a pedido da ABRATEC. Para um exame da jurisprudência do CADE em período anterior à vigência do atual marco setorial dos portos (Lei nº 12.815/2013), com destaque para a discussão sobre a abrangência e limites de intervenção da autoridade de defesa da concorrência em setores regulados de infraestrutura, veja-se a excelente obra de Patrícia Regina Pinheiro Sampaio. Sampaio, Patrícia Regina Pinheiro. **Regulação e concorrência** – A atuação do CADE em setores de infraestrutura. São Paulo: Saraiva, 2013.

[231] Os fatores que dificultam ou impossibilitam a substituição de serviços portuários entre terminais de um mesmo porto devem ser considerados no desenho do mercado relevante, segundo decidiu o Conselheiro Fernando de Magalhães Furlan: "i. dificuldade de compatibilização no carregamento de produtos diferentes; ii. normas específicas de transporte, manuseio e condicionamento dos produtos; iii. regras de zoneamento portuário limitam o tipo de produto que pode ser movimentado em cada terminal; iv. contratos de arrendamento podem prever o tipo específico a ser movimentado no terminal". cf. AC nº 08012.003911/2008-27. Requerentes: Rezende Barbosa S.A. Administração e Participações; Cosan S.A. Indústria e Comércio.

[232] Cf. parecer da Superintendência Geral nº 68/2017/CGAA5/SGA1/SG, de 17.03.2017 (Ato de Concentração Sumário nº 08700.001277/2017-21. Aprovação sem restrições. Requerentes: Zen-Noh Grain Brasil Holdings Ltda., Louis Dreyfus Company Brasil S.A.

Na concorrência entre terminais de contêineres, o CADE entendeu, em alguns casos, que a movimentação de contêineres poderia compreender um mercado relevante distinto daquele relacionado à armazenagem desse tipo de carregamento[233]. A "movimentação de cargas" corresponderia ao manuseio da carga para sua retirada ou colocação no interior do navio (serviço prestado exclusivamente por operadores portuários, agentes que têm acesso aos berços de atracação e que exploram terminais portuários), enquanto a "armazenagem" configuraria a guarda de carga em área alfandegada até liberação para exportação ou internação[234].

Todavia, considerando que a análise dos dados dos terminais portuários público (Itajaí) e privado (Navegantes) será direcionada, sobretudo, à movimentação de contêineres de cada uma desses operadores, bastará a definição do mercado relevante (na dimensão do produto) a partir da carga conteinerizada (não distinguindo, para fins de exame de números, movimentação e armazenagem de contêineres).

e Amaggi Exportação e Importação Ltda.). No mesmo sentido: Atos de Concentração nº 08700.008413/2013-80 e 08700.009172/2015-58.

233 No Ato de Concentração nº 08700.005868/2017-77, em que figuravam como requerentes a Multi-Rio Operações Portuárias S.A. e a Terminal Investment Limited Sàrl, a Autoridade da Concorrência se posicionou no sentido de que as atividades de movimentação e de armazenagem de contêineres são consideradas como mercados distintos: "os serviços de movimentação de carga e de armazenagem alfandegada exigem análises apartadas, pois são atividades que apresentam grande assimetria nos principais atores do mercado. Em suma, ao fornecer o serviço de movimentação de cargas, os clientes diretos do Operador são os Armadores ou empresas de navegação e sua concorrência se restringe a outros Operadores de terminais portuários. Em contrapartida, o serviço de armazenagem alfandegada tem como clientes os importadores e exportadores das cargas armazenadas e, nesta atividade, a concorrência dos Operadores abrange também agentes não-portuários, com recintos alfandegados independentes. Isto posto, prossegue-se à definição dos segmentos deste mercado relevante.".

234 No estudo divulgado pelo IPEA, reconhece-se que, na dimensão produto, um terminal especializado em um determinado tipo de carga pode se adaptar rapidamente para movimentar cargas diversas na mesma categoria, mas demoraria algum tempo para conseguir movimentar, de modo eficiente cargas, de outras categorias. Portanto, faz sentido segmentar a análise por categoria de carga.

Por outro lado, quanto à dimensão geográfica, a definição do mercado relevante a partir desse critério se afigura uma tarefa mais complexa[235]. Isso se deve, principalmente, pelo maior impacto dessa dimensão à defesa da concorrência, conforme ensina Calixto Salomão Filho: "a dimensão geográfica é a mais importante na definição do mercado. É ela que permite, no mais das vezes, ampliar o mercado a ponto de descaracterizar a existência de poder, mesmo em presença de altos níveis de concentração no mercado originário"[236].

Para fins de delimitação da dimensão geográfica do mercado no setor dos portos, a concorrência pode ser estabelecida (i) intraporto, caracterizada pela competição entre operadores portuários situados dentro da área de um mesmo e único porto (ou situados nas áreas adjacentes aos portos, o "retroporto")[237]; ou (ii) interporto, hipótese em que a concorrência ocorre entre agentes de mercado localizados em portos distintos e tidos como alternativas viáveis para a prestação do serviço.

A análise do mercado geográfico no setor portuário também considera as áreas de influência dos portos (as chamadas hinterlândias[238]) – em

[235] Na Resolução nº 15/1998 (Anexo V), o CADE conceitua mercado relevante geográfico: "Um mercado relevante geográfico compreende a área em que as empresas ofertam e procuram produtos/serviços em condições de concorrência suficientemente homogêneas em termos de preços, preferências dos consumidores, características dos produtos/serviços. A definição de um mercado relevante geográfico exige também a identificação dos obstáculos à entrada de produtos ofertados por firmas situadas fora dessa área. As firmas capazes de iniciar a oferta de produtos/serviços na área considerada após uma pequena, mas substancial, elevação dos preços praticados fazem parte do mercado relevante geográfico. Nesse mesmo sentido, fazem parte de um mercado relevante geográfico, de um modo geral, todas as firmas levadas em conta por ofertantes e demandantes nas negociações para a fixação dos preços e demais condições comerciais na área considerada."

[236] Salomão Filho, Calixto. **Direito Concorrencial**: as estruturas. 2ª ed. São Paulo: Malheiros, 2002. p. 110.

[237] Ato de Concentração nº 08012.000777/2011-16; Ato de Concentração nº 08700.000419/2015-71; Ato de Concentração nº 08700.000164/2017-16.

[238] De modo geral, o conceito de hinterlândia, na literatura, converge no sentido de a caracterizar como a zona de influência de um porto; a área de mercado do porto em terra da qual ou para a qual o porto envia e recebe cargas; ou, ainda, um grupo de localidades conectadas com o porto pelo relativo fluxo de materiais. Pizzolato, Nélio Domingues; Scavarda, Luiz Felipe; PAIVA, Rodrigo. **Zonas de influência portuárias – *hinterlands*:**

geral, a área da hinterlândia demarca onde terminais portuários atuam[239], o que faz todo sentido, especialmente porque alguns terminais, devido às suas peculiaridades, se comportam como um único sistema (*cluster*[240]).

Essa é a hipótese do Complexo Portuário de Itajaí, onde se localizam os terminais estudados, que pertencem a mesma hinterlândia e ao mesmo *cluster* (no mercado de carga conteinerizada). Ambos atendem à demanda de movimentação de contêineres e, juntamente com os terminais de Itapoá e Imbituba, formam o *cluster* Sul.

A distância entre esses portos (seja por rodovias ou por via marítima), que soma menos de 200 km, reforça a ideia de que há concorrência entre esses terminais pela movimentação de contêineres na região Sul.

Apesar dessas características, por não serem os portos estruturas autônomas, integrando uma cadeia logística global; e por terem características diferentes – tais como: condições do acesso aquaviário (canal de acesso, berço de atracação, bacia de evolução, dimensão do cais, área total e de armazenamento, etc.); fatores de produção (mão de obra e equipamentos); acessos terrestres; e administração portuária –, o CADE, na maioria de seus julgadores, considera apenas a concorrência intraporto (e não a competição interportos).

conceituação e metodologias para sua delimitação *In*: Gest. Prod., São Carlos, v. 17, n. 3, 2010. p. 555.

239 Nos primeiros atos de concentração relativos ao setor examinados pelo CADE, adotou-se o critério das zonas de influências dos portos: (i) AC nº 08012.007362/1998-35 – a abrangência do mercado incluía os estados do Rio de Janeiro, Espírito Santo e São Paulo; e (ii) AC nº 08012.007405/1998-47 – o mercado incluía os estados do Rio de Janeiro e Espírito Santo.

240 O cluster portuário pode ser definido, como alude Maurício Araquam de Sousa, como um conjunto de empresas independentes engajadas em atividades portuárias, localizado dentro de uma mesma região (ou em regiões que se sobrepõem e possuem atributos semelhantes) e possivelmente com estratégias similares voltadas à vantagem competitiva e caracterizadas por uma posição de união competitiva vis a vis o ambiente externo ao cluster. Para o autor, as seguintes atividades podem ser identificadas em um cluster portuário: movimentação de cargas, transporte (modais), logística, atividades industriais e de comércio. SOUSA, Maurício Araquam de. **Administração empreendedora**: novo modelo de arrendamento portuário. Rio de Janeiro: Synergia Editora, 2015. p. 78-79.

Efetivamente, a escolha do armador[241] se pauta em uma série de fatores (como a eficiência do terminal, as taxas cobradas, o desembaraço alfandegário, as condições de conexão com outros modais, etc.), além das características físicas do terminal.

Antes do novo marco setorial dos portos (Lei nº 12.815/2013), tendo em vista que os terminais de uso público eram os únicos autorizados a movimentar, sem restrições, carga de terceiros, e, ainda, por apresentarem problemas semelhantes de infraestrutura (provida pelo Poder Público), seria difícil imaginar uma concorrência interportos – pois, nos fim das contas, o armador estaria submetido a praticamente as mesmas dificuldades de estrutura em um terminal cujas decisões de investimentos e melhorias dependem da União. Ou seja, aquele somatório de características que orienta a decisão do empresário não teria muita variação entre um ou outro terminal de uso público (o acesso aquaviário seria insuficiente em quaisquer dos terminais; a Administração Portuária seria ineficiente; ou a interligação com a cadeia logística seria inadequada).

No entanto, com a edição da Lei nº 12.815/2013, e a possibilidade de concorrência direta entre TUPs e terminais públicos, mostra-se factível cogitar da concorrência interportos[242], especialmente porque a estrutura do terminal (fator importante para a atração de clientela), pode ser suprida pelos TUPs com maior eficiente e agilidade, por meio da realização de investimentos mediante uso de recursos próprios.

Assim, a cautela do CADE em admitir a possibilidade de concorrência interportos não parece refletir as mudanças do atual marco regulatório

[241] O armador é toda “pessoa física ou jurídica que, em seu nome e sob sua responsabilidade, apresta a embarcação com fins comerciais, pondo-a ou não a navegar por sua conta”, nos termos do art. 2º, inciso III, da Lei nº 9.537/1997.

[242] Em alguns julgados o CADE adotou alargou a dimensão geográfica do mercado relevante, considerando a competição interportos. cf. AC nº 08012.008685/2007-90 – Requerentes: Itajaí Investimentos Ltda. e Teconvi S.A. Terminal de Contêineres do Vale do Itajaí; AC nº 08012.014090/2007-73 – Requerentes: Logística Brasil – Fundo de Investimento em Participações, Porto Novo Participações S.A. e Carlos Alberto de Oliveira Junior; AC nº 08012.000777/2011-16 – Requerentes: Terminal Portuário Movimentação e Armazenagem Participações S.A., Portos e Serviços Logísticos Adjacentes Participações S.A., Paranaguá Movimentação de Contêineres Participações S.A., Terminal de Contêineres de Paranaguá S.A.

dos portos. Há casos em que essa competição entre portos é possível, em especial quando se localizem em uma mesma região geográfica e sejam servidos pelo mesmo tipo de integração com outros modais[243]. Essa é a exata hipótese dos terminais estudados: o terminal público situa-se no porto organizado de Itajaí e o terminal privado fica em Navegantes (fora, portanto, da área do porto organizado – não está inserida na poligonal), ambos localizados na mesma região geográfica, o Complexo Portuário de Itajaí (compartilhando, por consequência, a mesma infraestrutura de acesso aquaviário).

2.2.2. A contratação da mão de obra como fator determinante

Um dos temas que mais geram debates na indústria portuária em relação a eventual vantagem competitiva dos terminais privados, a qual decorre diretamente do modelo de regulação assimétrica adotado pela Lei nº 12.815/2013, diz respeito aos custos da contratação da mão de obra.

A revogada Lei nº 8.630/1993 previu a obrigatoriedade de ser constituído, em cada porto organizado, um órgão de gestão de mão-de-obra do trabalho portuário (o OGMO), que possuía, em linhas gerais, a função de cadastrar os trabalhadores portuários, capacitá-los às funções exigidas pelo mercado para, a partir deste gerenciamento, fornecer, com exclusividade, a mão de obra do trabalhador portuário e do trabalhador portuário avulso aos terminais públicos. A Lei nº 12.815/2013 manteve essa previsão de contratação de mão de obra via OGMO.

O traço marcante do OGMO, portanto, é a exclusividade de cadastrar, habilitar, capacitar e fornecer mão de obra de trabalho portuário avulso (salvo disposição em sentido diverso em acordo ou convenção coletiva do trabalho) aos arrendatários de áreas situadas em portos organizados, onde serão explorados os serviços portuários em terminais públicos. A dualidade de regimes jurídicos (regime público ao arrendatário e privado ao TUP) implica em diferenças na contratação da mão de obra (contratação livre ao TUP e por meio do OGMO ao terminal público).

[243] É o que defende Vitor Schirato. SCHIRATO, Vitor Rhein. Instalações portuárias e serviço público: requisitos e efeitos da definição de poligonais dos portos organizados *In*: PEREIRA, Cesar; SCHWIND, Rafael Wallbach (Org.). **Direito Portuário Brasileiro**: Lei 12.815 – Poligonal, Arrendamento e Autorização, Arbitragem. São Paulo: Marcial Pons, 2015. p. 436.

Essa característica, segundo apontam especialistas do setor, implica em um custo de aproximadamente 16% com a contratação da mão de obra pelo OGMO para os terminais públicos[244]. Um dos maiores problemas é a falta de liberdade para que o operador e usuário definam, caso a caso, quantos trabalhadores avulsos irão precisar[245]. Isso acarreta, em algumas situações, excesso de mão de obra e, destarte, maior custo das operações envolvendo trabalhadores avulsos (estivadores, conferentes, arrumadores, consertadores, vigias e bloquistas) dos terminais públicos.

O Conselheiro Relator César Costa Alves de Mattos, inclusive, quando do julgamento do Ato de Concentração nº 08012.007452/2009-31 no âmbito do CADE, reconheceu que "não há dúvida de que há uma grande injustiça em obrigar os terminais de uso público a arcarem com esta ineficiência [do OGMO]"[246].

Em recente estudo desenvolvido para diagnosticar os avanços, os problemas e a agenda para o sistema portuário, a Confederação Nacional da Indústria – CNI apontou a contratação por meio do OGMO um entrave ao desenvolvimento do mercado de portos:

[244] Cf. Verax Consultoria – "Portos do Brasil em direção ao futuro – inteligência para o diagnóstico de oportunidades" e Empresa Brasileira de Planejamento de Transportes – GEIPOT: "A Reforma portuária brasileira". GEIPOT. Brasília, 1999. Disponível em: http://observatorioantaq.info/wp-content/uploads/2016/07/1999-A-reforma-portu%C3%A1ria-brasileira.pdf. Acesso em: 05 nov. 2018. No estudo do GEIPOT, há um exemplo importante: um terminal do porto de Santos (COSIPA) ficou de fora da área do porto organizado e assumiu o *status* de terminal privado. Enquanto operava com trabalhadores avulsos, a movimentação custava R$ 3,00 por tonelada. Já quando passou a utilizar trabalhadores próprios, esse valor caiu para R$ 0,30, dez vezes menos, simplesmente porque a empresa deixou de requisitar sua mão de obra via OGMO (cf. p. 37 do aludido estudo do GEIPOT).

[245] Oliveira, Gesner. Defesa da concorrência nos portos. **Revista de Administração de Empresas São Paulo – RAE**. v. 38, n. 3, jul./set. 1998. p. 69. No artigo, o autor menciona o caso concreto do porto de Santos, onde seria necessária uma equipe de apenas 40% daquele prevista para a mão de obra utilizada no trabalho de embarque e desembarque de carga.

[246] Ato de Concentração n.º 08012.007452/2009-31, em que eram requerentes Odebrecht Investimentos em Infra-Estrutura Ltda. e DP World FZE e dizia respeito à aquisição pelos requerentes de parte do capital social da Embraport – Empresa Brasileira de Terminais Portuários S.A., terminal portuário situado no porto de Santos – SP.

> As normas sobre relações de trabalho continuavam a afetar os custos e a eficiência dos terminais arrendados no porto organizado.
>
> (...)
>
> A exigência de que a contratação de profissional da capatazia com vínculo empregatício seja feita exclusivamente entre trabalhadores portuários avulsos, registrados no OGMO – impedindo o acesso do operador portuário ao mercado de trabalho – restringe a oferta e eleva o custo do trabalhador contratado, que tende a ser repassado aos usuários. Esse efeito, de resto, está restrito aos terminais localizados no porto organizado, acentuando o diferencial do custo de mão de obra já existente na vigência da Lei 8.630, que estendia essa exigência às demais categorias de trabalhadores portuários[247].

Por outro lado, no estudo desenvolvido pelo CERME/UnB para a "avaliação da concorrência na prestação de serviços portuários", o Centro de Regulação da Universidade de Brasília concluiu que não seria possível afirmar "com base nos dados financeiros do lucro bruto e vendas líquidas, que o uso obrigatório da mão de obra do OGMO pelos terminais arrendados, na prestação dos seus serviços de carga e descarga em navios, lhes gere desvantagem competitiva em relação aos terminais de uso privativo"[248].

Em reforço à conclusão do CERME/UnB, pode-se ponderar também que a assimetria regulatória, que impacta nos custos para a contratação de mão de obra, já teria sido mitigada pela própria ANTAQ. Isso porque a agência, por meio da Resolução nº 1.660/2010[249], estipulou que, caso seja identificada a precarização da mão de obra ou o conflito no âmbito concorrencial, o terminal privado pode ser obrigado a contratar seus trabalhadores por meio do OGMO[250].

[247] CNI – CONFEDERAÇÃO NACIONAL DA INDÚSTRIA. **Sistema portuário**: avanços, problemas e agenda. Propostas da indústria eleições 2018. v. 21. Brasília, 2018.

[248] Disponível em: http://web.antaq.gov.br/Portal/pdf/Estudos/2015/AvaliacaoConcorrenciaPrestacaoServicosPortuarios/RelatorioFinal.pdf. Acesso em: 15 out. 2018.

[249] Disponível em: http://antaq.gov.br/Portal/pdfSistema/Publicacao/0000007285.pdf. Acesso em: 05 nov. 2018.

[250] "Art. 31. A ANTAQ poderá determinar à Autorizada a contratação compulsória de mão-de-obra junto ao OGMO quando identificar a existência de precarização de mão-de-

Apesar da atuação da ANTAQ, a rigidez e a obrigatoriedade de contratação por meio do OGMO ainda representa como um entrave, soando quase como uma reserva de mercado fruto da pressão das entidades de classe[251].

A flexibilização das relações de trabalho no porto organizado (ou seja, para os terminais públicos), para igualar o modo pelo qual ocorre a contratação dos trabalhadores portuários pelos terminais públicos e privados (contratação pelo regime celetista, observando-se o em convenção ou acordo coletivo de trabalho), pode reduzir o custo de mão de obra e, ainda, contribuir para abrandar um dos aspectos da assimetria regulatória que parecem não fazer sentido ao desenvolvimento da indústria portuária[252].

De fato, o processo de modernização dos portos afeta as relações de trabalho e, com isso, exige-se uma mão de obra melhor qualificada para alcançar maiores índices de produtividade, com a utilização de novas tecnologias e dos novos procedimentos operacionais. Eliminar esse dever legal de contratação via OGMO pode melhorar a eficiência dos terminais públicos (o que, em última análise, interesse a todos: ao Poder Público,

-obra, de conflito de âmbito concorrencial – ou a sua potencialidade –, entre o terminal de uso privativo misto e a zona de influência do Porto Organizado".

[251] Aqueles que defendem a manutenção da contratação por meio do OGMO alegam a existência de prejuízo às condições de trabalho e à remuneração, caso os trabalhadores portuários não sejam contratados por intermédio do Órgão de Gestor de Mão de Obra, cuja missão institucional seria exatamente a de prezar por melhores condições de trabalho.

[252] Não se descuida que, no curto prazo, no ambiente dos portos, no qual os sindicatos demonstram força, essa medida pode implicar insatisfação, greves e protestos, o que teria um efeito contrário à eficiência que se busca para aos terminais públicos. Contudo, talvez esse seja um movimento necessário para modernização desse aspecto. Em processos de reforma das relações de trabalho, o Banco Mundial sugere, por exemplo, o engajamento das entidades sindicais e de representação dos trabalhadores portuários, pois seria uma alternativa para modificar aspectos laborais sem perder a mão de obra qualificada (um grande ativo da atividade portuária): "*Governments, however, have much to gain from involving labor early and effectively in the port reform process. Port labor is one of the most valuable assets of the port community. This pool of trained personnel is a deep source of practical knowledge with vast experience in port operations. This source can be tapped to contribute problem-solving expertise and innovation to add value to the goods and services of customers*". WORLD BANK. **Port Reform Toolkit**. 2nd ed. mod. 7, Labor reform and related social issues, 2012. p. 320.

seu parceiro, que receberá mais tarifas de um terminal que produz mais; e ao consumidor, que receberá melhores serviços a um custo menor)[253].

Discorda-se, portanto, da avaliação do CERME no sentido de que o uso obrigatório da mão de obra do OGMO pelos terminais arrendados não gera desvantagem competitiva em relação aos terminais de uso privativo[254]. A contratação pelo OGMO, além de ser mais cara, retira a autonomia do arrendatário, diminuindo-lhe a possibilidade de melhor treinar, capacitar e habilitar os seus trabalhadores, o que, por consequência, pode implicar em menor eficiência e maiores custos operacionais[255].

[253] David Goldberg já indicava, antes mesmo da instituição do atual marco regulatório dos portos, a necessidade de se rever a pertinência da contratação de mão de obra por intermédio do OGMO por parte dos portos públicos: "neste aspecto, dois questionamentos são pertinentes. O primeiro é da real necessidade do OGMO, seja nos POs atuais, seja nos futuros. Quando os navios de carga geral predominavam, uma escala necessitava de dezenas de estivadores e capatazes, entre outros trabalhadores. Era em geral antieconômico que os operadores mantivessem empregado todo o pessoal necessário, e, portanto, a existência de um contingente de trabalhadores portuários avulsos era essencial. Atualmente, porém, a mecanização dos terminais especializados, aliada ao aumento do número de escalas e melhorias das técnicas de programação reduziu a necessidade de mão de obra avulsa. Uma reavaliação do custo-benefício do gerenciamento da mão de obra por meio dos OGMOs seria pertinente.". GOLDBERG, David Joshua Krepel. **Regulação do setor portuário no Brasil**: análise do novo modelo de concessão dos portos organizados. 2009. Dissertação (Mestrado em Engenharia) – Universidade de São Paulo, USP-SP, 2009. p. 171.

[254] Note-se, por oportuno, que apesar de concluir pela ausência de vantagem competitiva, o CERME, no item de sugestões resultantes do estudo, propõe o aperfeiçoamento das regras do setor portuário por meio de mudanças legislativas, dentre as quais inclui o fim da obrigatoriedade de o terminal arrendado contratar o OGMO. De acordo com o estudo, essa alteração possibilitaria uma redução no custo de mão de obra, tendo em vista que deixaria de existir demanda cativa pelos serviços desse órgão. A contradição no relatório do Centro de Regulação da UnB reforça, assim, a visão de que há, em alguma medida (mesmo que não avaliada em toda a sua extensão pelos estudos existentes na indústria portuária), um benefício concorrencial aos operadores portuários dos TUPs, o qual resulta da adoção de uma modelo de regulação assimétrica dos atores atuantes no mercado.

[255] Na Europa, essa mudança no viés da mão de obra portuária, com maior autonomia dos operadores portuários, não foi vista com bons olhos. A Comissão Europeia tentou implementar, em 2001, 2003 e 2006, alterações nos procedimentos de contratação do trabalho portuário, no sentido de flexibilizar as contratações, o que foi rejeitado pelos *stakeholders* do setor (pois poderia haver um prejuízo na qualidade do serviço): "*Many port stakeholders (port unions, operators, and shipping lines) felt that this type of liberalization*

2.2.3. Integração vertical no marco regulatório dos portos: a relação entre operadores portuários e armadores

Uma das peculiaridades nos portos é a seguinte: o principal cliente do terminal de contêineres é o armador. É o armador que escolhe os terminais portuários onde irá operar; onde irá atracar os seus navios. Apresenta-se, portanto, como um elemento importante no ambiente de concorrência pela movimentação de carga conteinerizada.

Parte da estratégia de negócios do armador envolve a concentração da movimentação de cargas em terminais específicos. Isso porque, nas atividades econômicas que apresentam custos fixos elevados (tal qual a operação portuária ou o transporte marítimo internacional), a medida em que há um aumento na quantidade produzida, dilui-se o custo médio de produção e, por consequência, verifica-se uma economia de escala. Assim, com um maior volume de contêineres transportados, o armador, além de ganhar escala, consegue negociar melhores condições e preços com os terminais portuários[256].

Essa busca por vantagens operacionais e econômicas fez com que os grandes armadores verticalizassem suas atividades, por meio da compra (ou participação societária) em terminais de contêineres. A integração vertical traduz-se no fornecimento por um único agente econômico de toda uma gama de utilidades que, de outra forma, poderiam ser forne-

would not only undermine the position of the regular port workers, but would also open the door for inexperienced, poorly trained, and underpaid port workers on an on call1 basis, giving rise to the emergence of malafide employers who would diminish the quality of port services.". WORLD BANK. **Port Reform Toolkit.** 2nd ed. mod. 7, Labor reform and related social issues, 2012. p. 318.

256 A tendência dos armadores é o uso de embarcações cada vez maiores na busca por eficiência, pois o transporte marítimo de contêineres é caracterizado por altos custos fixos. Assim, com o aumento do tamanho dos navios, concentram-se as rotas, reduzem-se as escalas e, por consequência, gera-se um aumento na economia de escala, devido a redução do custo unitário por contêiner transportado. Até 2003, por exemplo, o maior navio em operação possuía capacidade para transportar pouco mais de 8.000 TEUs. Atualmente, as embarcações já superam 21.000 TEUs de capacidade, um crescimento de 2,6 vezes, conforme apontado no Fórum Internacional de Transporte promovido pela OCDE. OCDE. Disponível em: https://www.itf-oecd.org/sites/default/files/docs/15cspa_mega-ships.pdf. Acesso em: 21 out. 2018.

cidas por outros agentes presentes no mercado[257]. Essa integração entre elos subsequentes da cadeia produtiva é uma característica comum nos mercados de logística (como ocorre, por exemplo, em relação à integração com mercados de ferrovias, mineradoras, exportadores de *commodities*, terminais situados no exterior) e, nos últimos anos, mostrou-se uma realidade do setor portuário[258].

No mercado de carga conteinerizada, as integrações verticais ocorreram entre grandes empresas de transporte de marítimo de cargas nacionais e estrangeiras. Por exemplo, o grupo dinamarquês *Moller-Maersk*, por meio de sua empresa de portuária, a APM Terminals, opera o terminal público de Pecém, no Ceará e o terminal público de Itajaí, em Santa Catarina (que será objeto de estudo no capítulo 3). Além disso, a BTP – Brasil Portuário S.A., um terminal público situado no porto de Santos, em São Paulo, tem o controle dividido[259] entre a *Maersk* e a MSC (*Mediterranean Shipping Company*), outro grupo logístico com atuação mundial, que, inclusive, concorre com a *Maersk*). Em Santos, destaca-se, ainda, a existência do terminal privado Embraport – Empresa Brasileira de Terminais Portuários, cujas atividades pertencem ao grande operador mundial *Dubai Ports World*[260].

[257] LOBO, Carlos Baptista. **Sectores em Rede**: Regulação para a Concorrência – Enquadramento Jurídico-Económico das Redes Físicas (Telecomunicações, Energia e Transportes) e das Redes Virtuais. 2009. Coleção Teses de Doutorado. Coimbra: Almedina, 2009. p. 243.

[258] Registre-se que não se trata de um movimento isolado e restrito ao Brasil. A verticalização de armadores e operadores de logística é uma tendência mundial. Atualmente, algumas dessas alianças globais são: 2M (*Maersk* e MSC), Ocean Aliance (CMA/CGM, COSCO, OOCL e Evergreen) e The Aliance (Hapag Lloyd, NYK, MOL, K Line e Yang Ming). Juntas, essas empresas dominam mais de 50% do mercado mundial de movimentação de contêineres (em TEUs). Disponível em: http://www.porteconomics.eu/2018/01/22/the-relationship-between-port-choice-and-terminal-involvement-of-alliance-members-in-container-shipping/ e https://freighthub.com/en/blog/shipping-alliances-mean/. Acesso em: 06 nov. 2018.

[259] A estrutura societária é composta pelos braços portuárias dos grupos: APM Terminals (*Maersk*) e *Terminal Investment Limited* – TIL (MSC). Disponível em: http://btp.com.br/. Acesso em: 06 nov. 2018.

[260] A DP *World* opera 78 terminais marítimos e terrestres, em mais de 40 países. Disponível em: http://web.dpworld.com/about-dp-world/. Acesso em: 06 nov. 2018.

A MSC, por sua vez, opera o terminal privado Portonave, em Navegantes – SC. O TUP Portonave localiza-se no Complexo Portuário de Itajaí, região onde está igualmente instalado o terminal público arrendado à APM Terminals. Ou seja, *Maersk* e MSC são sócias no porto de Santos, mas concorrem diretamente no mercado de carga conteinerizada em Santa Catarina.

Ainda no Estado de Santa Catarina, há o terminal privado de Itapoá, que tem como acionista a Aliança Navegação e Logística, pertencente ao grupo alemão de transportes marítimos Hamburg Süd[261].

A Lei nº 10.233/2001[262] – que dispõe sobre a cria da ANTAQ e dá outras providências –, permite a transferência da titularidade dos contratos de arrendamento (terminal público) ou das autorizações (terminal privado), bem como as transformações societárias decorrentes de cisão, fusão, incorporação ou formação de consórcios. Essa possibilidade já era prevista, aliás, na própria Lei de Concessão (Lei nº 8.987/1995)[263]. O atual marco regulatório dos portos (a Lei nº 12.815/2013), portanto, não alterou essa possibilidade, que já era observada no ordenamento jurídico nacional. Os movimentos dos armadores estão, portanto, amparados no texto legal.

Porém, a integração entre armadores e terminais merece um exame sob a ótica concorrencial. O CADE já julgou 81 atos de concentração que envolveram mercados relativos à oferta de serviços portuários e não reprovou nenhum deles – 84% foram aprovados sem restrição e outros 16% foram aprovados com alguma restrição. Na grande maioria, autoridade da concorrência examinou o controle de terminais portuários (seja sob a forma de arrendamento de bem público ou de propriedade privada) e as implicações no ambiente concorrencial derivadas da concentração (horizontal ou vertical) entre esses terminais e outros segmentos da cadeia logística[264].

[261] Disponível em: http://www.portoitapoa.com.br/institucional/71. Acesso em: 06 nov. 2018.

[262] Cf. art. 30 da lei.

[263] Cf. art. 27 da lei.

[264] CADE. Disponível em: http://www.cade.gov.br/acesso-a-informacao/publicacoes-institucionais/publicacoes dee/Cadernos%20do%20Cade. Acesso em: 6 nov. 2018.

A integração da função produtiva dos diversos segmentos da rede pode, de fato, revelar um sistema de organização mais próximo do ótimo, o que seria desejável[265]. A concentração de empresas na operação portuária pode permitir o ganho de escala e o aumento da frequência de embarcações; o incremento da eficiência na prestação do serviço; o compartilhamento de ativos e a diluição de riscos de investimento; a diminuição dos custos de operação; e, ainda, estimular os investimentos na melhoria da estrutura e equipamentos dos portos[266] (*v.g.* aquisição de guindastes mais modernos para facilitar a movimentação de contêineres; obras no canal de acesso aquaviário, melhorando o calado e as condições do cais para atracação; aumento da capacidade de armazenagem de carga; novas formas de conexão com outros modais; etc.)[267].

Por outro lado, o controle de terminais nas mãos de poucas empresas pode resultar em um elevado poder de mercado (e, por consequência, as empresas podem abusar de seu poder econômico para prejudicar a livre

[265] Lobo, Carlos Baptista. **Sectores em Rede**: Regulação para a Concorrência – Enquadramento Jurídico-Económico das Redes Físicas (Telecomunicações, Energia e Transportes) e das Redes Virtuais. 2009. Coleção Teses de Doutorado. Coimbra: Almedina, 2009. p. 249.

[266] Nottebooma, Theo E.; Parolae, Francesco; Sattae, Giovanni; Pallis, Athanasios A. The relationship between port choice and terminal involvement of alliance members in container shipping *In*: **Journal of Transport Geography**. n. 64, 2017. p. 161-162. No mesmo sentido, cite-se o trabalho promovido pela da Organização das Nações Unidas. ONU. **Concentration in liner shipping**: its causes and impacts for ports and shipping services in developing regions. Disponível em: https://repositorio.cepal.org/handle/11362/31094. Acesso em: 22 out. 2018.

[267] Apesar de se verificar a possibilidade de fusões/aquisições (e, no Brasil, a lei não impedir esse tipo de operação no âmbito dos portos), estudo promovido pelo OCDE indica que há uma tendência de as empresas se unirem em alianças, sem a formalização em um processo de fusões e aquisições: "*Bigger container ships have gone hand in hand with consolidation of the container shipping sector. A sector dominated by the search for economies of scale needed up-scaling of firm size to be able to afford ever bigger ships and be able to fill them. This has taken the form of mergers and acquisitions and alliances. Although there have been mergers in recent years (e.g. Hapag Lloyd and CSAV in 2014), the major consolidation tendency has been the emergence of alliances. In 2011, there were three alliances and six independent carriers; this landscape has changed drastically in 2015 when the same players had formed four large alliances: 2M, O3, G6 and CKYHE. These container shipping alliances represent four fifth of the total world fleet*". OCDE. Disponível em: https://www.itf-oecd.org/sites/default/files/docs/15cspa_mega-ships.pdf. Acesso em: 22 out. 2018.

concorrência); barreiras à entrada de novos atores; obstáculos ao uso de infraestrutura essencial; aumento de custos aos rivais; saída de empresas menores e independentes do mercado; e constituição de monopólio (ou mesmo oligopólio)[268].

Em 2014, ao efetuar o controle de ato concentração, a China demonstrou essa preocupação e rejeitou a proposta de aliança entre *Maersk*, MSC e CMA/CGM. Em resumo, o Ministério do Comércio chinês argumentou que o grupo dominaria o mercado da linha de navegação conhecida por "*Far-East-Europe*", criaria barreiras de entrada e impactaria nos custos de transação de outros *players*[269].

Já no Brasil, a consultoria Booz & Company, em conjunto com outros parceiros, emitiu relatório consolidado com a avaliação da organização institucional e da eficiência da gestão do setor portuário brasileiro. Nesta análise, indicam-se os benefícios da eventual participação de armadores na operação de terminais, mas ponderam-se os riscos que advém da verticalização:

> Com o início da privatização da operação de terminais, surgiu, então, a possibilidade dos armadores verticalizarem também a sua cadeia de valor, o que lhes traz vantagens operacionais.
> Essa verticalização também traz uma vantagem econômica para a autoridade portuária, pois os armadores dão preferência aos terminais próprios, atraindo volumes de movimentação de cargas ao porto. Por outro lado, o controle dos terminais por parte de armadores pode ocasionar problemas quanto à garantia da universalidade do atendimento e a prática de *dumping*, o que reforça a necessidade de um ambiente competitivo (ou, alternativamente, de regulação eficiente)[270].

[268] HOVENKAMP, Herbert. **Federal antitrust policy**. St. Paul: The West Group, 1999. p. 374-387. Sobre a descrição dos fundamentos contrários à integração vertical, veja-se também: MOURA E SILVA, Miguel. **Direito da concorrência, uma introdução jurisprudencial**. Coimbra: Almedina, 2008. p. 940-944.

[269] Argumentos utilizados pelo Ministério do Comércio chinês para rejeitar a aliança. Disponível em: http://english.mofcom.gov.cn/article/policyrelease/buwei/201407/20140700663862.shtml. Acesso em: 06 nov. 2018.

[270] ANÁLISE e Avaliação da Organização Institucional e da Eficiência da Gestão do Setor Portuário Brasileiro. São Paulo: Booz & Company, v. 1, 2012. p. 156.

O contexto atual – após a mudança na legislação setorial dos portos, que autorizou a concorrência direta entre operadores portuários sujeitos a regimes jurídicos distintos –, exigirá que sejam sopesadas, de forma muito cuidadosa, as vantagens e possíveis prejuízos que podem advir de uma concentração ou aliança de operadores de terminais portuários[271]. Afinal, fusões e aquisições entre armadores e terminais, em um mercado com uma nova modelagem competitiva, podem trazer efeitos na movimentação nacional de contêineres[272].

No capítulo 3, quando se examinará o caso concreto do terminal público arrendado de Itajaí e o TUP de Navegantes, a circunstância de ambos serem operadores por grandes armadores (grupos logísticos) será considerada na análise dos dados da movimentação de carga conteinerizada.

2.2.4. O compartilhamento de infraestruturas

O monopólio natural se caracteriza em uma situação na qual se mostra mais eficiente a presença de uma única empresa para suprir a demanda de um determinado mercado a custos menores[273]. Isso porque os monopólios naturais são infraestruturas que exigem grandes somas de investimento para sua construção, e a sua duplicação (o surgimento de uma nova infraestrutura) tornaria inviável o retorno do investimento realizado na primeira – e, inclusive, poderia resultar em uma situação em que ambas as estruturas deixam de ser viáveis[274].

[271] Nesse sentido, Viscusi *et al.*: "*as is appropriate, the rule of reason must be used to trade off theses benefits and costs in deciding whether a vertical merger should be allowed.*". VISCUSI, W. Kip; Harrington JR., Joseph E.; Vernon, John M. Economics of regulation and antitrust. 4ª ed. Cambridge: The Mit Press, 2005. p. 288.

[272] Em artigo no qual examina os impactos de fusões e aquisições de armadores no Brasil, Robert Grantham aponta para uma redução do número de escalas semanais de navios de longo curso, enquanto as escalas de navios de cabotagem apresentam-se estáveis. Grantham, Robert. Armadores: alianças e fusões – qual o impacto no Brasil? *In*: Disponível em: https://www.portosenavios.com.br/noticias/artigos-de-opiniao/armadores-aliancas-e-fusoes-qual-o-impacto-no-brasil. Acesso em: 27 out. 2018.

[273] Araújo, Fernando. **Introdução à economia**. v. I, 2ª ed. Almedina: Coimbra, 2004. p. 363.

[274] Schirato, Vitor Rhein. **Livre iniciativa nos serviços públicos.** 1ª ed. Belo Horizonte: Fórum, 2012. p. 203. O autor destaca, corretamente, que as razões para tornar inviável a

Uma das formas pelas quais se corrige essa falha de mercado é por meio do compartilhamento de instalações essenciais (cuja sistematização deriva da teoria das *essential facilities*, de origem norte-americana[275]). Como pontua Alexandre Wagner Nester, "se permite que todos os operadores interessados possam ter acesso àquelas infra-estruturas e redes, desde que obedecidos os aspectos técnicos e de segurança e desde que o seu detentor seja adequadamente remunerado"[276].

O compartilhamento de infraestrutura surge, então, como mecanismo para se afastar o entrave à concorrência. A problemática dessa situação é exposta por Alexandre Santos de Aragão:

> Sem a obrigação do titular da gestão da rede permitir o acesso dos terceiros prestadores de serviços (*Third Party Access*), restaria totalmente frustrada a tentativa de implantar a concorrência nestas atividades potencialmente competitivas do setor: teríamos diversas empresas juridicamente aptas a prestar o serviço, mas faticamente impossibilitadas por não terem acesso às infra-estruturas, que constituem pressuposto essencial para a prestação do serviço – "*o acesso à rede é o acesso ao mercado*". A situação seria ainda mais grave quando a gestora da rede permitisse o acesso apenas para a prestação de seus

duplicação de uma infraestrutura pode ser tanto de caráter econômico, quanto por razões de cunho técnico (nas quais estariam inseridas as questões ambientais, urbanísticas e relacionadas ao uso de bens públicos).

275 "A *Essential Facilities Doctrine* foi aplicada pela primeira vez no caso *Terminal Railroad*, julgado em 1912 pela Suprema Corte, mas o julgamento que fixou as bases que até hoje presidem a Teoria foi o MCI v. AT & T, realizado pelo Sétimo Circuito da Justiça dos EUA, em que esta empresa foi obrigada a dar acesso à sua rede de telefonia fixa (a *facility*), da qual tinha o monopólio, para aquela prestar os seus serviços de telefonia interurbana em concorrência com a própria AT&T, que também os prestava". SANTOS, Alexandre Santos de. O contrato de compartilhamento de infra-estrutura: disciplina e natureza jurídica *In*: **Revista Trimestral de Direito Civil**. Rio de Janeiro: v. 6, n. 22, abr./jun., 2005.p. 9. O mecanismo também se desenvolveu no direito comunitário europeu. Para uma análise aprofundada da evolução da teoria no âmbito do direito comunitário europeu, veja-se: LOBO, Carlos Baptista. **Sectores em Rede**: Regulação para a Concorrência – Enquadramento Jurídico-Económico das Redes Físicas (Telecomunicações, Energia e Transportes) e das Redes Virtuais. 2009. Coleção Teses de Doutorado. Coimbra: Almedina, 2009. p. 361-370.

276 NESTER, Wagner. **Regulação e concorrência**: compartilhamento de infraestruturas e redes. São Paulo: Dialética, 2006. p. 247.

próprios serviços ou de empresas integrantes do mesmo grupo econômico e a vedasse ou dificultasse aos demais[277].

Para a aplicação da teoria da *essential facilities*, independentemente do setor da economia que seja tratado (que pode dispor de normas próprias), a doutrina elenca quatro requisitos básicos: o controle do monopolista de uma estrutura essencial; a inviabilidade de duplicação dessa estrutura para uma empresa concorrente; a recusa, por parte do monopolista, de conceder acesso à estrutura essencial; e a viabilidade de ceder acesso à estrutura[278]. Tratando desses pontos, Calixto Salomão Filho resume que:

> A *essential facility* doctrine foi desenvolvida para aquelas situações identificadas pela doutrina econômica como de monopólio natural, em que há um bem (geralmente uma rede) de tal importância que é minimamente impossível competir sem que exista acesso a esse bem. Como originalmente elaborada, contém quatro requisitos de aplicação. Em primeiro lugar, é preciso que exista controle de um bem fundamental para a concorrência. Também deve haver impossibilidade prática e/ou econômica de duplicação do referido bem (e aqui entram as considerações – sobretudo econômicas – relativas aos monopólios naturais). Terceiro requisito óbvio é o da negativa de uso do bem fundamental. Finalmente é preciso que haja possibilidade física e técnica de fornecer a interconexão[279].

O atual marco regulatório dos portos prevê a aplicação da teoria do *essential facilites*[280] (arts. 7º e 13 da Lei nº 12.815/2013), nos termos disci-

[277] Aragão, Alexandre Santos de. Serviços Públicos e Concorrência *In*: **Revista de Direito Administrativo – RDA**. Rio de Janeiro: v. 233, jul./set. 2003, p. 340.

[278] Há autores (*v.g.* Alexandre Santos de Aragão e Federica Parmiggiani) que defendem a inclusão de um quinto requisito à fórmula para aplicar a teoria das *facilities*: o novo operador deve pagar uma compensação adequada ao proprietário da infraestrutura, considerando os custos que este deverá incorrer para aumentar a sua capacidade e para deixá-la acessível. Nester, Wagner. **Regulação e concorrência**: compartilhamento de infraestruturas e redes. São Paulo: Dialética, 2006. p. 167.

[279] Salomão Filho, Calixto. **Regulação da atividade econômica**: princípios e fundamentos jurídicos. 2ª ed. São Paulo: Malheiros, 2008. p. 67.

[280] Essa especificidade, contudo, não é uma exclusividade dos portos. Outros setores de infraestrutura tratam do compartilhamento de estrutura essencial. Citem-se, exemplifi-

plinados pela ANTAQ e mediante justa indenização[281]. Porém, em relação aos terminais público e privado operados, respectivamente, pelo terminal público de Itajaí e TUP de Navegantes, cujo estudo se desenvolverá no capítulo seguinte, tais preceitos teóricos não incidem no caso.

A justificativa para não aplicação da *essential facilities* deve-se ao fato de que, conquanto exista uma impossibilidade (física) de o TUP de Navegantes empreender sua própria estrutura de acesso aquaviário, inexiste um controle essencial do terminal público de Itajaí da infraestrutura aquaviária no Complexo Portuário de Itajaí, o terminal público não é monopolista e não se verifica uma recusa à concessão de acesso ao canal aquaviário.

Contudo, apesar da ausência de compartilhamento da *facility* na essência pela qual o instituto se desenvolveu, a existência desse subitem no trabalho explica-se pela circunstância particular de o acesso aquaviário a ambos os terminais (a infraestrutura), ser exatamente igual: o rio Itajaí-Açu – o que pode trazer impactos na concorrência.

No caso do Complexo Portuário de Itajaí, essa estrutura essencial (compreendendo o canal de acesso aquaviário, a bacia de evolução e os fundeadouros) foi provida com recursos públicos e a sua manutenção compete à Autoridade Portuária.

Com efeito, os custos para que o acesso aquaviário permaneça atual e adequado à frota de embarcações que frequentam a costa brasileira é bastante elevado[282]. Veja-se, por exemplo, que, especificamente no caso

cativamente, dispositivos de lei que tratam do compartilhamento de infraestruturas nos setores de telecomunicações e energia elétrica: arts. 3º, II e 14, ambos da Lei nº 13.116/2015, bem como art. 73 da Lei nº 9.472/1997 (telecomunicações); e art. 11, par. único, da Lei nº 9.074/1995 (energia elétrica).

[281] O preço deverá atentar ao princípio da razoabilidade, de forma a possibilitar a promoção das finalidades do instituto do compartilhamento de infraestruturas, quais sejam (i) remunerar o titular do bem; (ii) proteger o titular do direito de uso contra os preços abusivos; (iii) garantir a concorrência; e (iv) proteger o usuário dos serviços, evitando-se que custos excessivos façam aumentar o ônus financeiro que sobre ele recai DI PIETRO, Maria Sylvia Zanella. Compartilhamento de infra-estrutura por concessionárias de serviços públicos *In*: **Revista Fórum Administrativo**. v. 2, n. 11, jan. 2002. p. 48.

[282] A importância do acesso aquaviário (*facility*) e os alto custo para que este seja provido e mantido ficam evidentes pelos últimos movimentos da Secretaria de Portos. Em 2007, a Secretaria lançou o Programa Nacional de Dragagem (PND), que acabou não tendo

de Itajaí, a Secretaria de Portos aprovou, em 2007, a liberação de mais de R$ 74 milhões para obras de dragagem do canal de acesso ao Complexo Portuário e, em 2017, foram liberados outros R$ 37 milhões[283].

O terminal público, que se submete à Autoridade Portuária de Itajaí, por estar sujeita a uma regulação em regime jurídico de direito público, financia parte dessas despesas (pelo pagamento inicial que fez quando venceu a licitação para explorar o porto público de Itajaí e por meio dos valores repassados mensalmente à Superintendência Portuária).

Em situação oposta encontra-se o TUP: não se sujeita às orientações da Autoridade Portuária, rege-se por regras de regime jurídico privado e, por consequência, não paga taxas à Superintendência Portuária de Itajaí (tampouco precisou pagar um valor inicial para explorar uma área no porto)[284].

Essa peculiaridade gera questionamentos sobre o efeito concorrencial dessa situação. Isso porque, em razão do regime assimétrico de regulação dos portos, o TUP de Navegantes não precisou despender milhares de reais com a construção do canal de acesso aquaviário, dragagem, manutenção de condições adequadas de navegabilidade e capacidade para recebimento de grandes embarcações. O operador do TUP pode aproveitar toda essa estrutura já provida pelo Poder Público e remunerada, ainda que parcialmente, com recursos cobrados dos terminais de uso público da região.

sucesso quando finalizado em 2010 (apesar do investimento na ordem de R$ 1,6 bilhão). Assim, em 2012, foi lançado o PND2, que integrava o Programa de Investimento em Logística – Portos (PIL-Portos), prevendo o aprofundamento e posterior manutenção das profundidades atingidas nos canais de acesso (aumento de calado), com investimento previsto de R$ 3,8 bilhões em dragagem de manutenção em diferentes portos públicos do país, inclusive Itajaí. Disponível em: http://www.portosdobrasil.gov.br/assuntos-1/pnd. Acesso em: 04 dez. 2018.

[283] Disponível em: http://www.transportes.gov.br/images/arquivos-pnd/programa-nacional-de-dragagem-pnd1-pac-1.pdf. Acesso em: 04 dez. 2018; Disponível em: http://www.portoitajai.com.br/novo/noticia/954. Acesso em: 04 dez. 2018.

[284] A afirmação não exclui os elevados custos que o TUP teve para iniciar um projeto *greenfield* de um terminal portuário. O único aspecto que se pretende aludir é a circunstância de uma parcela significativa de recursos foram economizados por não precisar construir o canal de acesso aquaviário (parte relevante da infraestrutura do seu TUP) a partir do zero.

Houve, inclusive, um debate em situação concreta entre operadores portuários de terminais públicos e privados acerca das taxas devidas pelo TUP de Navegantes. Os representantes dos interesses dos terminais públicos defendiam que o TUP deveria pagar as mesmas taxas do terminal público operado em Itajaí (previstas na "Tabela 3", que tratam do uso da infraestrutura), na medida em que terminal privado teria uma pequena parte de seu cais e o espelho d'água dentro da poligonal, bem como utilizaria o mesmo acesso aquaviário[285].

No entanto, a ANTAQ afastou qualquer possibilidade de cobrança do TUP de Navegantes das tarifas previstas na "Tabela 3" (por meio da Resolução nº 4.454/2015). A agência já havia destacado anteriormente em ofício enviado à Autoridade Portuária de Itajaí que o terminal privado de Navegantes não pagaria outras taxas além daquele prevista na "Tabela 1" (a qual estabelece a taxa cobrada dos armadores para cada atracação).

O que se percebe, portanto, é que a regulação com assimetria de regimes entre os operadores de terminais portuários, fruto da Lei nº 12.815/2013, implica na análise de uma série de variáveis para a verificação dos impactos na concorrência no setor. No próximo capítulo, alguns desses aspectos, metodologicamente delimitados neste trabalho, serão testados em relação ao terminal público de Itajaí e ao terminal privado de Navegantes.

[285] Para os defensores desse ponto de vista, a questão do uso do acesso aquaviário, sem nenhum pagamento por parte do terminal de uso privado, pode ser aproximado, por analogia, a situação dos *free riders*, que se apossam indevidamente da vantagem competitiva desenvolvida por outro agente econômico. FORGIONI, Paula A. **Os fundamentos do antitruste**. 3ª ed. São Paulo: Revista dos Tribunais, 2008. p. 427. O TUP se apossaria do acesso aquaviário do Complexo Portuário de Itajaí, pois nada pagaria à Autoridade Portuária local e, com isso, tem a possibilidade de praticar preços menores do que o terminal público (que remunera a Superintendência de Itajaí, inclusive mensalmente pelo uso da infraestrutura essencial).

3.

O Caso dos Terminais de Contêineres de Itajaí e Navegantes no Estado de Santa Catarina

3.1. Os terminais escolhidos para a pesquisa

Atualmente, o Estado de Santa Catarina dispõe de 12 instalações para exploração da atividade portuária[286]. O Complexo de Itajaí (que engloba os municípios de Itajaí e Navegantes), está localizado geograficamente no centro da região Sul, num raio de 600 km das capitais dos estados de Santa Catarina, Rio Grande do Sul, Paraná e São Paulo, estando próximo das rodovias BR-101 e BR-470.

A sua zona de influência – a hinterlândia – está representada por praticamente todo o Estado de Santa Catarina, acrescido de algumas regiões produtoras do Paraná, Mato Grosso do Sul, Goiás, São Paulo e do Rio Grande do Sul[287].

Na forma permitida pela Lei nº 9.277/1996, que autorizou a União a delegar aos Municípios, Estados e Distrito Federal a administração e exploração dos portos por meio de convênio, a Autoridade Portuária do Complexo Portuário de Itajaí foi delegada ao Município de Itajaí, por meio do Convênio de Delegação nº 08/1997[288]. A atribuição de adminis-

[286] Quando se alude às instalações destinadas ao exercício da atividade portuária, faz-se referência aos portos organizados em sentido geral (explorados diretamente pela União ou com áreas cedidas por meio de contratos de concessão ou de arrendamento) e terminais de uso privado.

[287] Disponível em: http://www.portoitajai.com.br/institucional/movimento_mercadorias.php e http://antaq.gov.br/Portal/Anuarios/Portuario2002/InformacoesGeraisPortos/Portos/Itajai.htm. Acesso em: 09 set. 2018.

[288] A cláusula primeira do citado convênio descreve seu o objeto – "delegação da União para o Município de Itajaí, da administração e exploração do Porto de Itajaí –, enquanto o parágrafo único da mesma cláusula prevê que "a partir da vigência deste Convênio de

tração e exploração do porto é exercida, nos dias de hoje, pela Superintendência do Porto de Itajaí, uma autarquia municipal[289].

Entre exportações e importações, o Complexo movimentou 1.107.942 TEU's[290], figurando entre os 120 maiores portos na movimentação de carga de contêiner em escala mundial[291]. No Brasil, apenas os complexos portuários de Santos e de Itajaí figuram neste rol, o que aponta para a importância da região catarinense no desenvolvimento econômico do país. O gráfico seguinte, que ilustra a movimentação nacional de contêineres ao longo dos últimos anos, confirma a relevância do Complexo:

Apesar de o Estado de Santa Catarina possuir mais de uma dezena de instalações portuárias, neste trabalho – que compreenderá os impactos e efeitos advindos da instituição do atual marco regulatório dos portos, fundado em uma regulação assimétrica –, promoveu-se o recorte metodológico para o exame dos dados da movimentação de carga conteinerizada de dois terminais do Complexo Portuário de Itajaí: o terminal público arrendado, localizado no município de Itajaí, e o principal terminal de uso privado, instalado na cidade de Navegantes.

Esses terminais estão instalados nas margens do rio Itajaí-Açu: na margem direita, situa-se um terminal público arrendado e, na margem esquerda, encontra-se um TUP. Portanto, ambos utilizam a mesma

Delegação ficam sem efeitos as responsabilidades e atribuições da Companhia Docas do Estado de São Paulo – CODESP, que lhe foram estabelecidas pelo Convênio de Descentralização nº 001/95 e seus Termos Aditivos". Disponível em: http://www.docs.ndsr.org/ConvenioPortodeItajai1997.pdf. Acesso em: 13 set. 2018.

289 Inicialmente, a administração do porto era exercida pela Companhia Docas do Estado de São Paulo (Codesp). A partir do convênio de delegação, o porto passou a ser administrado pelo município de Itajaí – em um primeiro momento por meio da Administradora Hidroviária Docas Catarinense (ADHOC) e, após a edição da Lei Municipal nº 3.513 de 06/06/2000 (que transformou a ADHOC em autarquia municipal), pela Superintendência do Porto de Itajaí.

290 De acordo com o Anuário Estatístico da ANTAQ de 2017, do total de cargas movimentadas, o município de Itajaí movimentou 224.546 TEUs, enquanto Navegantes respondeu pelo volume total de 883.396 TEUs. Disponível em: http://web.antaq.gov.br/Anuario2017/. Acesso em: 09 set. 2018.

291 Disponível em: http://www.portoitajai.com.br/novo/noticia/1035. Acesso em: 07 set. 2018.

infraestrutura: o acesso aquaviário do rio Itajaí-Açu, a partir do Oceano Atlântico (*v.g.* canal de acesso, bacia de evolução, estrutura de proteção), para exercer sua principal atividade, que consiste na movimentação de contêineres.

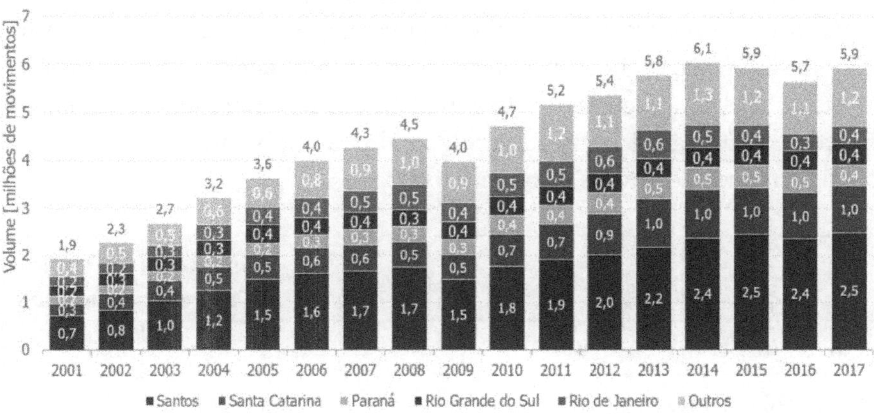

Figura 1 – Volume de contêineres movimentado nacionalmente

Fonte: Elaborada pelo autor

Além de compartilhar o mesmo acesso aquaviário, outros fatores que favorecem a comparação entre os terminais dizem respeito (i) aos produtos movimentados pelos, que são praticamente os mesmos (frangos, carnes, peixes, alimentos em geral, fumo, produtos químicos, plásticos, borrachas, madeiras e derivados, cerâmicas, vidros, têxteis, tecidos, fios e linhas, mecânicos e eletrônicos); e (ii) às principais linhas de navegação que operam nos terminais (serviços *Liner*[292]).

[292] O advento do contêiner viabilizou a composição de navios com cargas fracionadas de diversas mercadorias. Cargas conteinerizadas usualmente possuem alto valor agregado, e pertencem a cadeias de suprimentos operando sob conceitos de *just-in-time*, com estoque reduzido, ou são bens de consumo que perecem ou tornam-se rapidamente obsoletos. O formato viabiliza que cada dono de carga embarque lotes reduzidos em fluxos regulares. Para atender essa demanda, a indústria de transporte marítimo desenvolveu a solução *Liner* de contêineres. Os serviços *Liner* de contêineres são regulares, assemelhando-se a

Portanto, por estarem em margens opostas do mesmo rio e movimentarem praticamente os mesmos produtos em linhas de navegação similares, os terminais podem ser comparados com menos distorções para o fim a que se destina esta obra – verificar se o marco regulatório dos portos, ao estabelecer liberdade na movimentação de cargas e regimes jurídicos assimétricos aos operadores, alterou o mercado de contêineres.

Contudo, embora compartilhem a mesma infraestrutura, os terminais não são idênticos. Há distinções, por exemplo, acerca de seus equipamentos, área total ocupada, capacidade de armazenagem, quantidade de berços e extensão do cais. A tabela analítica abaixo indica as principais características de ambos os terminais[293]:

Item	Terminal Público	Terminal Privado
Calado (m)[294]	13,6	13,6
Extensão total do cais (m)	537	900

"linhas de ônibus": frota de navios semelhantes operando rotas com itinerário fixo, percorrendo de forma cíclica um conjunto pré-definido de portos em carrossel, de modo que, tipicamente, os terminais na determinada rota sejam visitados periodicamente (escalas, datas e horas previamente estabelecidas). Cite-se, por exemplo, o serviço *Liner* liderado pela armadora francesa CMA-CGM. Esse serviço tem um ciclo de 84 dias, durante os quais cada um dos 12 navios escala 17 portos entre Ásia e América do Sul (os portos de Xangai, Ningbo, Yamtian, Hong Kong, Singapura, Itaguaí, Santos, Paranaguá, Navegantes, Rio Grande do Sul, Montevidéu e Buenos Aires). Cada porto é escalado semanalmente (84/12) de forma bastante previsível, respeitando o dia fixo da semana para cada porto (as "janelas de atracação"). Disponível em: https://www.cma-cgm.com/products-services/line-services/flyer/SEAS. Acesso em: 23 out. 2018.

[293] Informações obtidas (e consolidadas pelo autor) no banco de dados da Datamar Consultoria de Comércio Exterior Ltda., no serviço "datamar terminals", e da Superintendência do Porto de Itajaí.

[294] O calado é a designação dada à profundidade a que se encontra o ponto mais baixo da quilha de uma embarcação, em relação à linha d'água. Indica, portanto, a profundidade em que o navio está submerso na água. Oliveira, Luiz Henrique Werneck de; Schirato, Vitor Rhein. Tendências do transporte marítimo mundial e sua contextualização para o planejamento portuário brasileiro *In*: Pereira, Cesar; Schwind, Rafael Wallbach (Org.). **Direito Portuário Brasileiro**: Lei 12.815 – Poligonal, Arrendamento e Autorização, Arbi-

Item	Terminal Público	Terminal Privado
Quantidade de Berços[295]	2	3
Área Total (m²)	180.000	400.000
Área de armazenagem (m²)	2.200	3.000
Equipamentos **a) Portêineres *Post Panamax*** **b) Empilhadeiras *Empty Handler*** **c) Empilhadeiras *Reach Stacker*** **d) *Scanner* HCVM** **e) Guindastes Mobile Harbour Crane** **f) Transtêineres (*Rubber Tire Gantry*)**	 a) 2 b) 2 c) 14 d) 1 e) 3 f) N/A	 a) 6 b) 4 c) 5 d) 1 e) N/A f) 18

Tabela 1 – Características da estrutura dos terminais

Fonte: Elaborada pelo autor

O fato de terminais públicos e privados, com características estruturais distintas e submetidos a graus de regulação díspares, dividirem o mesmo acesso aquaviário já seria um atrativo para uma pesquisa de dados sob o aspecto concorrencial. Porém, tendo o TUP de Navegantes a maior movimentação de contêineres no Brasil, a pesquisa torna-se ainda mais interessante.

Para o desenvolvimento da pesquisa, a amostra sobre o volume da movimentação de cargas em terminais públicos e privados (e também quanto aos custos e eficiência dos terminais) foi obtida a partir da coleta de dados em diferentes as bases (pois cada uma delas divulga um deter-

tragem. São Paulo: Marcial Pons, 2015. p. 103. A autoridade portuária emite Instruções Normativas e Ordens de Serviço para comunicar a especificação de calados máximos autorizados. A profundidade do calado, informada na tabela, foi divulgada pela Superintendência do Porto de Itajaí. Disponível em: http://www.portoitajai.com.br/novo/c/calado-maximo-operacao. Acesso em: 15 set. 2018.

[295] Berços são os locais de atracação e de movimentação das cargas a serem embarcadas e descarregadas.

minado tipo de informação, muitas vezes insuficiente para permitir análises ou conclusões). Na sequência, essas informações foram consolidadas para permitir o diagnóstico proposto neste trabalho.

Este trabalho pretende, assim, contribuir para a compreensão dos efeitos advindos dessa competição direta entre operadores portuários sujeitos a uma regulação assimétrica mediante o estudo de caso do terminal público situado em Itajaí e do terminal privado instalado em Navegantes.

3.2. O início das operações do terminal público arrendado de Itajaí

Em fevereiro de 2001, a Superintendência do Porto de Itajaí divulgou o Edital nº 005 da concorrência, na modalidade "maior oferta" de pagamento, para o arrendamento da área do Porto de Itajaí (berços 1 e 2), dentro do porto organizado, com vistas à implantação do Terminal de Contêineres do Vale do Itajaí.

A justificativa da concorrência foi a necessidade de modernização e expansão da capacidade de movimentação de cargas no Porto de Itajaí – o que dependeria não só da adequada qualificação técnica dos operadores portuários, mas, principalmente, da realização de investimentos contínuos na área –, a ausência de recursos da Superintendência do Porto de Itajaí para fazer frente a esses investimentos, bem como a possibilidade de custeio da própria Autoridade Portuária com o fluxo de receitas originárias do arrendamento.

Na elaboração de sua proposta comercial, o licitante deveria considerar que, na qualidade de arrendatário, pagaria à Superintendência de Itajaí o valor inicial para, em resumo, a reestruturação institucional, operacional e física do porto, e o pagamento de parte das indenizações devidas em virtude das desapropriações de imóveis localizados na área de implantação do terminal.

Além do *down payment*, o Edital previu que o arrendatário seria responsável pelo pagamento de remunerações fixas e variáveis: (i) remuneração fixa mensal pelo arrendamento (calculada mediante a multiplicação do valor proposto pela licitante por metro quadrado em relação à área disponibilizada para o arrendamento); (ii) remuneração mensal variável pela movimentação de contêineres (obtida pela multiplicação do valor proposta pela concorrente e a quantidade de contêineres embarcados ou desembarcados); e (iii) remuneração mensal variável por movimentação de cargas fora de contêineres (resultante da multiplicação de importância prevista no edital e a quantidade de toneladas ou veículos, fora de contêineres, embarcados ou desembarcados).

Também restou estabelecido no instrumento convocatório que a proposta do licitante deveria considerar a garantia de uma quantidade mínima movimentada de contêineres. Caso os movimentos de carga conteinerizada fossem superiores ao mínimo assegurado, o arrendatário pagaria a quantidade total movimentada no ano – e, na hipótese de não atingimento da meta, o arrendatário pagaria o equivalente à quantidade mínima fixada para aquele determinado ano.

Outro ponto que o Edital ressaltou foi a necessidade de serem realizadas obras na estrutura do terminal arrendando. O vencedor do certame deveria efetuar os pagamentos à Administração, promover obras de melhorias e adequação, assim como adquirir equipamentos para a operação (os quais depois seriam revertidos à Administração).

Após as fases de habilitação do processo licitatório, e uma vez escolhida a proposta com a "maior oferta" pelo arrendamento[296], seria assinado contrato administrativo com o vencedor do certame, de modo que esse seria responsável por implantar, conservar, modernizar, aparelhar, ampliar e explorar instalação portuária dentro da área do porto organizado até 31 de dezembro de 2022, com a possibilidade de prorrogação por um período de mais 3 anos (de modo a completar um prazo total de 25 anos)[297].

Em novembro de 2001, o contrato nº 030/2001, regulado pelas disposições do regime jurídico público[298], foi firmado com a vencedora do certame, o qual especifica todas as obrigações da arrendatária e detalha as obras e ampliações a serem realizadas na área arrendada – dentre as quais incluíam-se: (i) demolição de armazém; (ii) reestruturação da cortina de estacas-pranchas dos berços 1 e 2 para assegurar uma profundidade de no mínimo 12 metros; (iii) pavimentação, urbanização, iluminação, duplicação e acabamento de pátios e ruas; (iv) execução de aterros

[296] Os itens que deveriam constar obrigatoriamente da proposta comercial foram descritos no Capítulo V, Seção II do Edital nº 005/2001.

[297] Cf. Capítulo I, Seções II e III do Edital nº 005/2001.

[298] Consoante dispõe a Cláusula Décima-Primeira, itens 1 e 2, do Contrato.

e terraplanagem na área; (v) construção de novo berço de atracação, no prazo máximo de 18 meses; e (vi) aquisição de equipamentos para movimentação mínima nominal de 25 contêineres por hora[299].

Por se tratar de contrato de arrendamento submetido às normas de direito público, as características inerentes a esse tipo de relação jurídica (as quais foram indicadas no capítulo 1 desta obra) constaram expressamente no ajuste, como, por exemplo, a previsão de metas a serem atingidas na movimentação anual de contêineres, sob pena de pagamento do equivalente à quantidade mínima não atingida (cláusulas 23ª e 24ª, item 4); a prestação de serviços de forma regular, contínua, eficiente, atual, com cortesia e modicidade de preços (cláusula 28ª); a reversão de bens (cláusula 32ª); e a fiscalização de investimentos (cláusula 33ª, I).

Quanto aos pagamentos a serem efetuados pela arrendatária à Superintendência do Porto de Itajaí pela outorga onerosa da área[300], os valores ajustados, à época da contratação, foram de (i) R$ 16.700.000,00 pelo arrendamento (contrapartida pela exploração das áreas e instalações portuárias, durante o período de vigência do contrato); (ii) R$ 50.000,00 mensais pelas instalações; (iii) R$ 5,10 por metro quadrado disponibilizado pela Superintendência do Porto de Itajaí; (iv) R$ 25,50 por contêiner movimentado; (v) R$ 1,00 por tonelada de carga movimentada, fora de contêiner[301]; e (vi) R$ 5,00 por veículo movimentado, fora de contêiner (rubricas apuradas mensalmente em função da exploração de áreas, utilização de instalações e equipamentos, bem como pela movimentação de cargas).

[299] Cláusula Décima-Oitava do Contrato.

[300] Comumente no setor portuário, o valor pago pela outorga é dividido em três parcelas: uma em função do sítio padrão, que representa o valor não amortizado ou não depreciado de instalações portuárias, normalmente paga à vista ou em parcelas trimestrais; outra parcela fixa mensal em função do metro quadrado da área arrendada; e outra parcela variável mensal em função da carga movimentada. DIÓGENES, Aline Guimarães. MARTINS, Francisco Giusepe. **Reajustes e revisões nos contratos de arrendamentos portuários operacionais de uso público**: o caso da Companhia Docas do Estado de São Paulo: TCU, 2011. p. 16. Disponível em: https://portal.tcu.gov.br/lumis/portal/file/fileDownload.jsp?fileId=8A8182A24F0A728E014F0B1C59CD39FF. Acesso em: 29 out. 2018.

[301] Cláusulas Vigésima-Terceira e Vigésima-Quarta do Contrato.

Em 2007, foi adquirida transferida a exploração do terminal público a grupo econômico dinamarquês de logística e transporte. O novo arrendatário, naquele mesmo ano, iniciou seus investimentos, na ordem de US$ 90 milhões, para aquisição de equipamentos, melhorias no terminal e execução de novas obras.

3.3. Fatores de decisão para a escolha terminais portuários por parte dos armadores

No setor portuário, o principal cliente é o armador. Cabe a ele escolher onde atracar as suas embarcações. A definição de como funcionará uma linha navegação (o serviço marítimo *Liner* – para o caso da carga conteinerizada operada nos terminais objeto deste estudo) não é uma tarefa fácil ao armador. Diversos fatores devem ser considerados no processo decisório do armador, tais como: demanda de transporte entre um conjunto de localidades; escolha de navios compatíveis com essa demanda; terminais a escalar[302] capazes de receber essa demanda e as respectivas embarcações; terminais que disponham de janelas de atracação[303] adequadas à demanda; velocidades de navegação e encontrar um sequenciamento de tal forma o oferecer precisão, confiabilidade e baixo custo, sem intervalos perdidos entre as escalas entre terminais de diferentes portos.

Nessa dinâmica, ao escolher o terminal no qual irá escalar uma linha de navegação, o armador considera, em regra, os seguintes fatores: disponibilidade de janelas de atracação (compatível com as demais escalas que ele realizará na rotação do seu serviço *Liner*[304]), preços competitivos e alta produtividade da operação portuária.

[302] A "escala" correspondente à parada temporária de um navio durante uma viagem. No caso dos serviços *Liner*, os armadores atracam suas embarcações em determinados portos, de forma cíclica, para movimentação de carga de contêineres.

[303] A "janela de atracação" equivale ao termo utilizado no setor portuário para referir-se às horas na semana que um determinado berço de um terminal portuário estará disponível para operação de um determinado serviço marítimo (uma linha de navegação).

[304] Por que essas janelas são um fator relevantes aos armadores? Os terminais de contêineres operam em "janelas de atracação" com programação semanal regular: um armador que contrata um terminal para receber seu serviço marítimo ocupará em todas as semanas um determinado berço apto a receber todos os navios do serviço, pelo mesmo intervalo de tempo (por exemplo, 0h-12h toda segunda-feira). Se o terminal possuir janelas disponíveis,

Na seção seguinte, será examinado o desempenho operacional do terminal público arrendado antes da entrada em vigor do marco regulatório dos portos, a fim de verificar se, antes da Lei nº 12.815/2013, o terminal conseguia apresentar índices satisfatórios de produtividade e, por consequência, alcançar grande volume de movimentação de carga conteinerizada.

3.4. O desempenho do terminal arrendado de Itajaí antes da Lei nº 12.815/2013

O terminal público arrendando, situado no município de Itajaí, figurou, historicamente, entre os principais complexos de contêineres do país. Em 2007, por exemplo, o terminal de uso público movimentou 496.231 TEUs[305], ficando atrás apenas dos portos públicos de Santos (2.532.900 TEUs), Paranaguá (595.000 TEUs) e Rio Grande (587.000 TEUs)[306].

Por apresentar um dos melhores índices de movimentação de carga em nível nacional, pode se dizer que o terminal arrendado de Itajaí, em relação à produtividade, era, durante a vigência do marco regulatório revogado (a Lei nº 8.630/1993), uma instalação considerada *benchmark* no setor portuário. Afinal, terminais com alta produtividade conseguem extrair maior capacidade de movimentação de seus ativos (maior *capacity share*) e, consequentemente, atraem maior volume de carga (maior *market share*).

Os índices de aproveitamento de áreas arrendadas por alguns dos principais terminais portuários (entendidos como aqueles que figuraram, nos últimos anos, nas 10 primeiras posições no *ranking* nacional de

conseguirá atender outros serviços marítimos, desde que esses serviços escalem ou pretendam escalar aquele porto naquele mesmo dia. Por esse motivo, a produtividade, como dito, é muito importante para a competitividade do terminal, para que não ocorra uma sobreposição de escalas de diferentes armadores – se a produtividade é baixa ou incerta, o navio incorre em atrasos para atender à janela de atracação no próximo porto da rota, e torna-se impossível carregar e descarregar todo volume programado (com multas e sobre custos para encontrar soluções contingenciais).

305 Disponível em: http://www.portoitajai.com.br/novo/estatisticas/9/Estat%C3%ADsticas%20de%202007. Acesso em: 23 set. 2018.

306 Números obtidos e compilados pelo autor nos sites das respectivas Autoridades Portuárias (CODESP, APPA e SUPRG) e da ANTAQ.

movimentação de contêineres), demonstra que o terminal de uso público movimentava, em 2008, o número de 2,8 contêineres por metro quadrado, ficando atrás apenas do principal terminal público arrendado em Santos (principal porto do país).

O Centro de Estudos em Regulação de Mercado – CERME, da Universidade de Brasília, realizou um exame comparativo das estruturas de custos e avalição dos projetos/investimentos entre terminais portuários públicos e privados. O objetivo do estudo foi "investigar a possível existência de desvantagem concorrencial provocada por assimetria regulatória entre os terminais portuários de uso público (PP), objeto de arrendamento, e os terminais portuários de uso privativo misto, autorizados pela ANTAQ"[307].

Nesse trabalho, elaborado a partir de uma base de dados referente ao ano de 2010 – antes, portanto, da Lei nº 12.815/2013, atual marco regulatório dos portos –, o CERME utilizou *inputs* (insumos: investimentos em máquinas e equipamentos; despesas administrativas; e custos de serviços prestados) e *outputs* (resultados: movimentação de contêineres – TEUs por ano) para estabelecer a eficiência dos terminais.

Em relação ao terminal público arrendado tratado neste trabalho, o Centro de Estudos em Regulação de Mercado da Universidade de Brasília conclui que o terminal público de Itajaí consegue produção máxima com o mínimo de insumos, pois alcançara índice de eficiência igual a 100%, sendo utilizado como benchmark para os demais[308].

Até final de 2008, o volume operado pelo terminal público de Itajaí variou entre 55% e 70% da movimentação de carga conteinerizada no Estado de Estado de Santa Catarina, o que está em linha com a afirmação de que o terminal arrendado era considerando, na vigência da Lei nº 8.630/1993, uma referência para o setor quanto aos aspectos de eficiência e produtividade.

O quadro abaixo, que indica a evolução do movimento de cargas durante o período compreendido entre 2001 (ano de assinatura do

[307] Disponível em: http://antaq.gov.br/Portal/pdf/EstudoTUPPP/Relatorio.pdf. Acesso em: 23 set. 2018.

[308] Disponível em: http://antaq.gov.br/Portal/pdf/EstudoTUPPP/Relatorio.pdf. Acesso em: 23 set. 2018.

contrato de arrendamento) e 2013 (quando entrou em vigorar a Lei nº 12.815/2013), confirma ser o terminal público de Itajaí *benchmark* do setor:

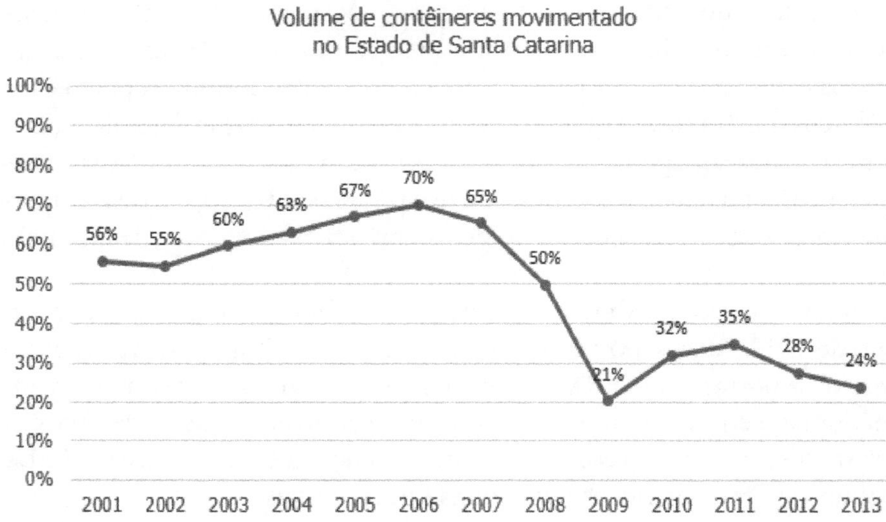

Figura 2 – Volume de contêineres movimentado pelo terminal público

Fonte: Elaborada pelo autor

A leitura do gráfico ainda aponta uma queda acentuada da movimentação de contêineres entre os anos de 2008 e 2009. Enquanto em 2008 o terminal de uso público movimentou o total de 476.995 TEUs, no ano seguinte esse número caiu na ordem de 59%, somando 196.634 TEUs[309]. Tal diminuição implicou em perda de participação do terminal público no mercado – em 2008, o terminal arrendado movimentou o volume total de contêineres equivalente a 50% do estado catarinense e, em 2009, esse percentual caiu para 21%.

309 Disponível em: http://www.portoitajai.com.br/novo/estatisticas/7/Estat%C3%ADsticas%20de%202009. Acesso em: 27 set. 2018.

E o que justificaria essa situação? A pergunta é relevante posto que, desde 2001, quando se iniciou o arrendamento do porto de Itajaí, a dinâmica verificada no mercado de contêineres foi no sentido de crescimento da movimentação (e não de quedas acentuadas), tal como demonstrado no início deste capítulo.

No final de 2008, em virtude de fortes chuvas no Estado de Santa Catarina, a cidade de Itajaí foi inundada pelo rio Itajaí-Açu. A força das águas destruiu o berço 1 e parte do berço 2 (área destinada às operações do terminal arrendado) e causou o assoreamento do canal de acesso e da bacia de evolução do Complexo de Itajaí[310]. Essa circunstância trouxe significativo impacto às operações do terminal de uso público de Itajaí.

Com restrições no acesso marítimo ao terminal público e sem dispor da integralidade da área de seus dois berços, o perfil da frota de navios recebidos no terminal foi modificado. As condições insuficientes fizeram com que apenas embarcações de pequeno calado[311] pudessem operar no local (até que fosse realizada a dragagem emergencial e reconstruída as áreas dos berços), o que, por consequência, impactou o volume movimentado de carga conteinerizada.

A precarização do acesso aquaviário do rio Itajaí-Açu atingiu todo o Complexo Portuário de Itajaí. Verificou-se uma relevante diminuição no número de movimento de contêineres entre os meses de outubro e

[310] Em 26.11.2008, por meio da Medida Provisória 448, foi aberto um crédito extraordinário no valor de R$ 1.600.000.000,00 para atender o Estado de Santa Catarina, dos quais R$ 350.000.000,00 foram destinados à reconstrução emergencial do Porto de Itajaí. As obras realizadas nos berços 1 e 2, na retroárea e para a dragagem dos canais interno e externo e da bacia de evolução do referido porto – todas diretamente contratadas pela Secretaria de Portos – foram objeto de fiscalização e auditoria do Tribunal de Contas da União (processo TC-010.760/2009-4). Disponível em: https://portal.tcu.gov.br/lumis/portal/file/fileDownload.jsp?fileId=8A8182A24E08D405014E0D246CE96AAC. Acesso em: 25 out. 2018.

[311] A tendência do transporte marítimo de contêineres, conforme já explicado, é que os armadores aumentem gradativamente o tamanho de suas embarcações, visando eficiência e menores custos (ganhos de escala). Logo, se o armador está limitado a utilizar embarcações de pequeno calado (por questões de infraestrutura), isto pode levá-lo a atracar em outros portos, com características estruturais adequadas às grandes embarcações.

dezembro de 2008 (período das chuvas): de 79.403 TEUs para 10.332 TEUs, uma diminuição de 87%[312].

Apesar de também ter sofrido com o assoreamento do canal de acesso aquaviário, o terminal privado de Navegantes continuou operando, durante o período, com a sua área total de cais e berços de atracação – os quais não foram danificados pela catástrofe natural. Com isso, quando reestabelecidas as condições para o recebimento de grandes embarcações – e considerando que não houve a necessidade de executar obras civis no cais (situação oposta daquela do terminal público de Itajaí) –, o TUP passou a representar, em 2009, 57% dos movimentos de contêineres no estado catarinense. Um salto expressivo, pois, em 2008, o volume movimentado pelo terminal foi de 23%:

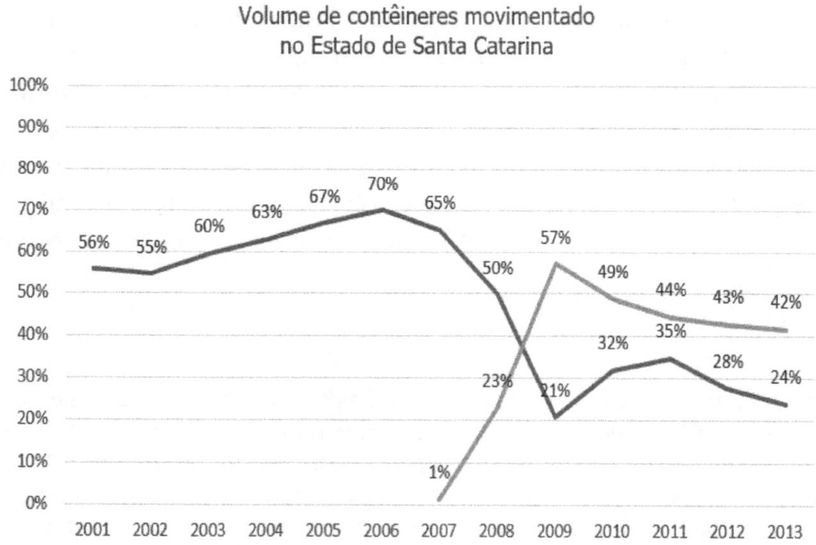

Figura 3 – Volume de contêineres movimentado pelos terminais público (cinza escuro) e privado (cinza claro)

Fonte: Elaborada pelo autor

312 Disponível em: http://www.portoitajai.com.br/novo/estatisticas/8/Estat%C3%ADsticas%20de%202008. Acesso em: 30 set. 2018.

Mesmo que se abstraia a questão das chuvas – e a consequente destruição do cais e berços de atracação utilizados pelo terminal de uso público de Itajaí –, a movimentação de carga conteinerizada do terminal público vinha caindo desde o início das operações do TUP de Navegantes. O período compreendido entre outubro de 2007 (data da instalação do terminal privado) e outubro de 2008 (momento anterior as chuvas e enchentes) demonstra essa característica, indicando que o TUP de Navegantes não enfrentou barreira à entrada no mercado de movimentação de contêineres, tendo mantido, desde o início de suas operações, o incremento praticamente constante nos volumes de carga:

Mês/Ano	Terminal Público (Mov. TEUs)	Terminal Privado (Mov. TEUs)
Out./2007	41.435	1.040
Nov./2007	42.702	4.827
Dez./2007	41.532	6.512
Jan./2008	35.522	8.054
Fev./2008	35.486	11.480
Mar./2008	38.565	9.430
Abr./2008	31.676	11.614
Maio/2008	32.977	16.632
Jun./2008	34.471	19.547
Jul./2008	34.923	24.493
Ago./2008	32.007	28.650
Set./2008	26.872	27.474
Out./2008	29.784	35.935

Tabela 2 – Movimentação de contêineres dos terminais

Fonte: Elaborada pelo autor

Os números comprovam um crescimento praticamente constante do TUP de Navegantes a partir do momento em que o terminal passa a prestar serviços de movimentação de carga conteinerizada no Complexo Portuário de Itajaí. Nota-se, inclusive, que no mês anterior ao período das chuvas, quando o terminal privado completara seu primeiro ano de operação, o terminal privado havia superado o terminal de uso público de Itajaí nos movimentos de contêineres no estado catarinense.

Portanto, a resposta para a pergunta enunciada linhas acima – o que teria justificado a queda na participação de mercado do terminal público arrendado, tido como *benchmark* de eficiência e produtividade no setor portuário –, pode não ser apenas a enchente (e danos oriundos dessa catástrofe natural), mas também a entrada de um novo competidor na disputa pela movimentação de carga conteinerizada.

Até a entrada em vigor da Lei nº 12.815/2013, o terminal público arrendado recuperou parte de suas operações, sem conseguir, contudo, reassumir o protagonismo de outrora no mercado de contêineres da região. Resta investigar, neste trabalho, se com o advento do marco regulatório do setor portuário esse panorama foi alterado. Quais foram os efeitos da Lei dos Portos em relação a esses dois operadores portuários e identificar os resultados da concorrência direta entre terminais público e privado, sujeitos a uma regulação assimétrica.

3.5. Os impactos de um novo competidor – o terminal privado de Navegantes

Em junho de 1999, o TUP de Navegantes requereu autorização para construir e explorar comercialmente terminal portuário de uso privativo misto, mediante a celebração de contrato de adesão com a União Federal (por meio do Ministério dos Transportes).

O terminal seria instalado na margem esquerda do rio Itajaí-Açu, no município de Navegantes (defronte ao porto de Itajaí) e utilizaria o já existente acesso aquaviário que servia ao porto público (ou seja, seria compartilhada a mesma infraestrutura entre o terminal privado e o porto público, como, por exemplo, canal de acesso, bacia de evolução, estrutura de proteção).

Dois anos mais tarde, foi celebrado o contrato de adesão nº 98/2001 (pelo prazo de 25 anos, prorrogável por igual período) para exploração do terminal privado na margem esquerda do rio Itajaí-Açu (no município de Navegantes).

Por se tratar de uma exploração em regime privado, o TUP não se obrigou ao pagamento: (i) inicial (*down payment*) para exercer a atividade portuária; (ii) mensal à Autoridade Portuária pelo arrendamento de uma área; e (iii) mensal por contêiner movimentado. Do mesmo modo, não foi prevista a obrigatoriedade de o terminal privado movimentar um quantitativo mínimo de contêiner (MMC).

A ANTAQ expediu o termo de autorização nº 096/2004 para a empresa em 2004 e, no ano seguinte, o terminal de uso privado deu início às obras para construção do terminal, tendo investido mais de R$ 500 milhões no projeto[313].

Ao longo da tramitação do processo administrativo para autorização do terminal, houve uma série de questionamentos acerca do tipo de carga a ser movimentada, sobretudo a carga própria. Foram produzidas manifestações da ANTAQ, de terceiros e da própria interessada. A Autoridade Portuária de Itajaí chegou a solicitar que fossem adotadas providências quanto à instalação do terminal privado, ponderando que um TUP deveria comprovar a sua movimentação preponderante de carga própria para ser autorizado a operar.

Após iniciar suas operações, o TUP de Navegantes passou a ocupar posição de destaque na movimentação de cargas de contêineres em Santa Catarina. O terminal que, em 2007, primeiro ano de suas atividades, encerrou com uma participação de 1% no mercado, passou, no ano de 2012, a representar a fatia de 43% do volume de contêineres na região:

[313] Os terminais privados custeiam a aquisição do terreno de suas instalações e de equipamentos, contratam e capacitação funcionários, formam sua clientela, constroem a estrutura da operação, daí porque são tidos por investimentos *greenfield*. Em suas obras iniciais, o terminal gastou R$ 420 milhões e, no seu projeto de expansão, foram investidos aproximadamente R$ 120 milhões.

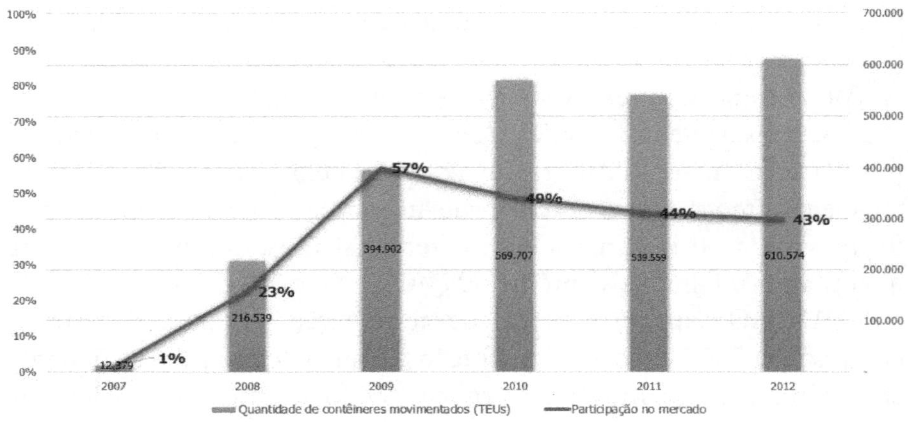

Figura 4 – Movimentação de contêineres e *market share* do terminal privado

Fonte: Elaborada pelo autor

A análise do volume de contêineres movimentados no período (2007 até 2012), bem como da participação do terminal no mercado demonstra que, na prática, ao menos em relação ao terminal privado, o Decreto nº 6.620, publicado em outubro de 2008 para regulamentar a revogada Lei nº 8.630/1993 – o qual estabeleceu aos terminais de uso privativo misto a obrigação de movimentar preponderante carga própria e, em caráter subsidiário e eventual, de carregamento de terceiros – não impactou o crescimento do TUP de Navegantes. A barreira à entrada no mercado, identificada pela literatura do setor portuário no Decreto nº 6.620/2008, não se aplicou ao TUP.

Veja-se que, em 2008, o volume total de contêineres movimentados pelo terminal privado somou 216.539. No ano seguinte, esse número cresceu 82,37%, tendo o TUP atingindo a marca de 394.902 TEUs. Do mesmo modo, em 2010, verificou-se novo crescimento (superior a 44%), quando o terminal somou 569.707 TEUs na movimentação de carga conteinerizada.

Importante notar que, neste período, o terminal privado foi multado em R$ 364.500,00 pela ANTAQ por não apresentar movimentação de carga própria que justificasse a instalação de um terminal privativo misto

– a empresa movimentava 1% desse tipo de carregamento. No acórdão nº 008/2010[314], a agência chegou a deliberar sobre a criação de grupo de trabalho, no âmbito da Superintendência dos Portos, para estabelecer quantitativos mínimos e preponderantes de movimentação de carga própria para os terminais privados outorgados antes da vigência de preceitos legais que regulavam a matéria, tendo destacado, ainda, que era "imprescindível a movimentação de carga própria que justifique o empreendimento para autorização do terminal de uso privativo misto, ou seja, esta deve ser suficiente, sob pena de desfigurar o fim pelo qual a Administração Pública (...) autoriza terceiros a execução ora pretendida".

Nesse contexto, o crescimento da participação do TUP de Navegantes no mercado pode estar relacionado, em alguma medida, ao fato de o terminal privativo ter concorrido diretamente com os terminais públicos pela movimentação de carga de terceiros em uma época na qual essa competição irrestrita era inviável.

No mesmo período, o terminal público arrendado de Itajaí marcou os seguintes números na movimentação de contêineres no mesmo período: (i) 2008 – total de 476.995 TEUs; (ii) 2009 – total de 196.634 TEUs; e (iii) 2010 – total de 384.949 TEUs.

Mesmo que não se depure dos números acima os efeitos adversos das enchentes em relação ao terminal público de Itajaí (tratados na seção acima), fato é que esses dados já permitem afastar o fenômeno classificado por parte da doutrina como "contrarreforma do setor portuário". Segundo defendem alguns autores, o Decreto nº 6.620/2008 teria acabado com a competição e inibido os investimentos privados nos portos[315].

[314] Referente aos processos nºs 50300.001413/2008-61, 50303.000175/2008-46 e 50300.001984/2007-14. Disponível em: http://antaq.gov.br/Portal/Legislacao_Acordaos.asp. Acesso em: 28 out. 2018.

[315] Nesse sentido, se posicionou Vitor Schirato: "é importante mencionar que o Decreto 6.620 praticamente acabou com a competição no setor portuário, atendendo aos anseios da Abratec. Embora não tenha acabado com a figura dos terminais de uso privativo misto, dispôs que tais terminais apenas poderiam movimentar cargas de terceiro em caráter subsidiário e eventual. Na prática, portanto, impôs o fim da competição entre terminais privados e públicos (...) e, mais ainda, decretou o fim da competição entre portos organizados e portos privados.". SCHIRATO, Vitor Rhein. Instalações portuárias e serviço público: requisitos e efeitos da definição de poligonais dos portos organizados *In*: PEREIRA, Cesar;

Essa não é uma afirmação verdadeira para os terminais objeto do recorte deste trabalho, consoante comprovam os números da movimentação de contêineres no Complexo Portuário de Itajaí.

Todavia, o debate entre os operadores de terminais públicos e privados quanto aos limites de movimentação de carregamento próprio e de terceiros (tratado de forma mais detalhada no princípio deste trabalho) perdeu sentido com a edição da Lei nº 12.815/2013. Hoje, ambos os terminais (públicos e privados) podem movimentar cargas sem qualquer tipo de distinção, o que fomentou a concorrência direta e irrestrita pela movimentação de carga entre terminais (os quais estão sujeitos a regimes jurídicos díspares, por opção legislativa).

Em relação aos terminais privado de Navegantes e público de Itajaí, os resultados demonstram que o incremento das operações do TUP implicou na redução da movimentação de carga conteinerizada do terminal público arrendado. O terminal de uso público de Itajaí, que era reconhecido por exibir índices de produtividade e eficiência acima da média no tocante ao volume movimentado (i) de carga conteinerizada; (ii) por área arrendada; (iii) por metro de cais; e (iv) por atracação de embarcações, perdeu espaço no mercado.

O terminal de uso público, que chegou a ocupar a terceira posição no *ranking* nacional de movimentação de contêineres, e foi visto como uma referência no setor (*benchmark* de eficiência, segundo estudo elaborado pelo CERME/UnB), não figura sequer mais entre os 10 principais terminais do país, conforme aponta a movimentação nacional divulgada pela ANTAQ[316].

Enquanto o terminal público de Itajaí está na décima-terceira posição na lista de terminais portuários (em termos de volume de contêineres movimentados), o TUP de Navegantes ocupa o segundo posto neste aspecto – esse aumento na movimentação de carga do terminal privado

SCHWIND, Rafael Wallbach (Org.). **Direito Portuário Brasileiro**: Lei 12.815 – Poligonal, Arrendamento e Autorização, Arbitragem. São Paulo: Marcial Pons, 2015. p. 441.

316 BRASIL. Ministério dos Transportes, Portos e Aviação Civil. **Dados estatísticos sobre movimentação de cargas e *ranking* nacional**. Disponível em: https://webportos.labtrans.ufsc.br/Brasil/Movimentacao. Acesso em: 17 out. 2018.

pode ser visto como uma externalidade positiva do atual marco regulatório dos portos (esse era, inclusive, um objetivo da Lei nº 12.815/2013).

De acordo com os dados divulgados pela agência reguladora setorial, do total de 9.444,18 milhares de TEUs movimentados em 2017, o TUP de Navegantes foi responsável por 9,45% desse montante e o terminal público de Itajaí, por sua vez, participou em 2,40% do cômputo geral, um número quatro vezes menor.

Em um exame detalhado da movimentação de contêineres no período compreendido entre a data da entrada em vigor da Lei nº 12.815/2013 (junho de 2013) e o último ano com estatísticas completas de movimentação de contêineres divulgadas pela Autoridade Portuária de Itajaí (2017)[317], constata-se o crescimento contínuo e representativo do TUP de Navegantes, ao passo que o terminal público de Itajaí reduz sua participação de mercado no Estado de Santa Catarina:

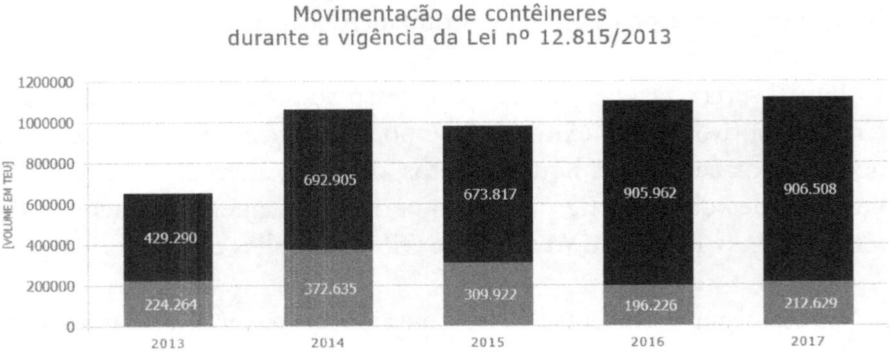

Figura 5 – Movimentação de contêineres na vigência do marco dos portos (cinza escuro TUP x cinza claro terminal público)

Fonte: Elaborada pelo autor

317 Disponível em: http://www.portoitajai.com.br/novo/estatisticas. Acesso em: 18 out. 2018.

Os números indicam há uma relação de causa e efeito entre o crescimento na participação de mercado (do volume de contêineres) do TUP de Navegantes, por consequência, a diminuição do *market share* do terminal público arrendado de Itajaí.

Se em 2012, antes do advento da Lei nº 12.815/2013, o TUP havia movimentado 610.574 TEUs, em 2017, 5 anos após a entrada em vigor do atual marco regulatório dos portos, o terminal privado passou a movimentar 906.508 TEUs, um crescimento de mais de 48%. Em contrapartida, o terminal público, que no ano de 2012 movimentou 369.872 TEUs, passou a somar um quantitativo de movimentos igual a 212.629 TEUs, o que representou uma queda de pouco mais de 42% em suas operações.

A própria Autoridade Portuária de Itajaí, ao divulgar os resultados da atividade portuária no Complexo da região no ano de 2016 (quando se verificou uma perda expressiva de mercado por parte do terminal púbico), consignou que a retração verificada na movimentação em TEUs do terminal público seria resultado da transferência de escalas da margem direita do Porto de Itajaí para o município de Navegantes (ou seja, transferência de embarcações do terminal público arrendado para o TUP de Navegantes)[318].

E qual seria a razão a justificar o sucesso do terminal de uso privado? Um dos motivos para o êxito do TUP pode ser atribuído à sua estrutura de cais, armazenagem e equipamentos, os quais, além de adequados às necessidades da indústria portuária, permitem a operação eficiente do terminal. Luiz Henrique Werneck de Oliveira explica que:

> Para conseguir movimentações substanciais de contêineres, não basta o porto possuir berços de acostagem suficientemente logos e fundos; é necessário que os portos possuam equipamentos capazes de descarregar e carregar contêineres com grande velocidade (*portainers*), bem como é necessário possuir área suficiente no retroporto. Um *portainer* para carregar e descarregar até 23 fileiras de contêineres ao longo da lateral de um navio demora 2 anos para

[318] Disponível em:_http://www.portoitajai.com.br/novo/estatisticas/164/Estat%C3%ADstica%20de%20Junho%20de%202016. Acesso em: 17 out. 2018.

ser entregue a um porto que queira ou precise se reaparelhar (que precisa de muitas unidades), sendo um item caro e de disponibilidade restrita[319].

O TUP de Navegantes dispõe de 6 Portêineres *Post Panamax*, 900m de extensão de cais, 400.000m de área total e 3.000m^2 de área de armazenagem. Além disso, a empresa dispõe de 18 Transtêineres RTGs, que são guindastes utilizados para transportar o contêiner do caminhão para o pátio de armazenagem (e vice-versa)[320].

Com essa estrutura, a eficiência do TUP na movimentação de contêineres por hora (*Moves Per Hour* – MPH[321]) torna-se um ativo para competir no mercado – a empresa, inclusive, já atingiu o recorde sul-americano de produtividade. A operação portuária com equipamentos modernos e velozes possibilitará o atendimento de navios prontamente (viabilizando a inclusão de escala de seu terminal na rotação do mesmo período em um serviço *Liner*) e pontualmente (evitando perder escalas programadas). Por conseguir descarregar e carregar contêineres com grande velocidade, a empresa atrai embarcações para o seu terminal, movimentando grandes consignações de carga em uma única janela de atracação.

De fato, tal critério é significativo no mercado de contêineres. Em estudo desenvolvimento pelo CERME/UnB para a "avaliação da concorrência na prestação de serviços portuários", publicado no final de 2014, o Centro de Regulação da Universidade de Brasília apontou ser a eficiência

319 Oliveira, Luiz Henrique Werneck de; Schirato, Vitor Rhein. Tendências do transporte marítimo mundial e sua contextualização para o planejamento portuário brasileiro *In*: Pereira, Cesar; Schwind, Rafael Wallbach (Org.). **Direito Portuário Brasileiro**: Lei 12.815 – Poligonal, Arrendamento e Autorização, Arbitragem. São Paulo: Marcial Pons, 2015. p. 103.

320 Os RTGs são equipamentos mais produtivos, adotados nos terminais de contêineres mais eficientes.

321 O MPH é um indicador de eficiência operacional muito utilizado pela indústria portuária. Com ele, mede-se o número de "movimentos" que os portêineres fazem ao retirar uma carga (um contêiner) da embarcação que está atracado no porto e transferi-la para um dos caminhões em terra, que transportará a carga para a área de armazenagem. Assim, um alto índice de MPH indica melhor aproveitamento do tempo do navio e, por consequência, maior eficiência do operador portuário.

um fator que impulsiona a participação no *market share* de um terminal portuário:

> A primeira constatação é de que o mercado de contêineres é aquele em que uma variação no nível de eficiência de um porto/terminal tem o maior impacto médio tanto sobre a participação de mercado daquele porto/terminal quanto sobre as dos demais. Isso é uma indicação de que a concorrência via eficiência no mercado de contêineres é maior do que nos outros mercados. (...) A concorrência via eficiência no mercado de contêineres é mais significativa. A participação de mercado de um porto/terminal aumenta 5,8% como resultado de um ganho de eficiência de 10%, em média, o que é um incentivo significativo à busca por maior eficiência[322].

Por compartilharem o mesmo acesso aquaviário (o rio Itajaí-Açu), não haverá diferença em relação ao canal de acesso, bacia de evolução, estrutura de proteção, calado, ou largura do rio se o navio atracar no terminal público de Itajaí ou no TUP de Navegantes. Os diferenciais competitivos, portanto, são a estrutura física, a área de armazenagem, o rol de equipamentos do terminal, somados ao seu grau de eficiência.

No caso em estudo, o terminal público dispõe de 1/3 da capacidade de Portêineres *Post Panamax*[323] do terminal privado (equipamento relevante para o carregamento e descarregamento veloz de contêineres); sua área de extensão de cais é aproximadamente 40% menor do que aquela do

[322] Cf. páginas 92 e 102 do estudo produzido pelo CERME/Unb, a pedido da ANTAQ. Disponível em: http://web.antaq.gov.br/Portal/pdf/Estudos/2015/AvaliacaoConcorrenciaPrestacaoServicosPortuarios/RelatorioFinal.pdf. Acesso em: 02 nov. 2018.

[323] A indústria de portos reconhece importância dos guindastes portêineres. Tanto assim que, embora não exista, atualmente, indicadores padronizados para medir o grau de eficiência das atividades realizadas por operadores de terminais de contêineres, admite-se como uma das métricas para a medição da qualidade da operação do terminal a quantidade de portêineres (e transtêineres, outro tipo de guindaste) que este possui, tal como aponta Thiago de Almeida Rodrigues em trabalho específico sobre a identificação dos índices de desempenho operacional. Rodrigues, Thiago de Almeida. **Identificação e hierarquização de dimensões de indicadores de desempenho operacionais de terminais de contêineres no Brasil por meio da *Analytic Hierarchy Process* (AHP)**. 2016. Dissertação (Mestrado em Engenharia) – Universidade Federal do Paraná, 2016. p. 36.

TUP; sua área total é 2,3 vezes menor do que a do terminal de uso privado e o terminal público oferece 30% menos espaço para armazenamento de carga.

Assim, o terminal privado, por possuir atributos que são considerados diferenciais competitivos pela indústria portuária, consegue "roubar" escalas de embarcações e, consequentemente, clientes e volume de carga de contêineres do terminal público de Itajaí.

O marco regulatório dos portos também influenciou o crescimento de outro terminal de uso privado, o TUP de Itapoá (um terminal privado que dispõe de uma estrutura semelhante àquela do TUP de Navegantes: 2 berços de atracação, 800m de extensão de cais, 250.000m² de área total de pátio, 6 Portêineres, 17 Transtêineres RTG, além de um calado máximo para operação de 16m)[324].

Ao examinar a competição no mercado de contêineres dentro do estado catarinense, Luiz Henrique Werneck de Oliveira concluiu que o TUP de Itapoá retira a clientela do terminal público arrendado de Itajaí: "a 115 km ao Norte [do Complexo Portuário de Itajaí] há o porto de São Francisco do Sul, com o TUP de Itapoá no lado oposto da baía da Babitonga, que também vem roubando cargas do primeiro."[325].

O TUP de Itapoá não trouxe consequências apenas à operação do terminal público de Itajaí – ou mesmo ao TUP de Navegantes, que, mesmo com sua boa estrutura de operação, enfrentou a concorrência de outro terminal com predicados semelhantes. O TUP de Itapoá implicou na queda do terminal público de São Francisco do Sul.

O TESC – Terminal Portuário Santa Catarina, situado na Baía da Babitonga, em São Francisco do Sul, desapareceu do mercado de movimentação de carga conteinerizada em 2017, perdendo mercado para o TUP de Itapoá, cujo terminal está instalado na mesma Baía da Babitonga.

[324] Disponível em: http://www.portoitapoa.com.br/institucional/68. Acesso em: 23 out. 2018.

[325] OLIVEIRA, Luiz Henrique Werneck de; SCHIRATO, Vitor Rhein. Tendências do transporte marítimo mundial e sua contextualização para o planejamento portuário brasileiro *In*: PEREIRA, Cesar; SCHWIND, Rafael Wallbach (Org.). **Direito Portuário Brasileiro**: Lei 12.815 – Poligonal, Arrendamento e Autorização, Arbitragem. São Paulo: Marcial Pons, 2015. p. 114.

O TESC, inclusive, alterou o seu objeto social para operação de carga graneis (e não mais movimentação de contêineres)[326].

Outro impacto da alteração do marco regulatório relaciona-se com a menor viabilidade para que os terminais públicos arrendados cumpram a obrigação de uma quantidade mínima anual de movimentação de contêineres (MMC) – o que pode ser visto como uma externalidade negativa, uma falha de mercado cujo conceito foi explorado no capítulo 2.

Isso se deveu a concorrência direta dos TUPs, uma vez que o surgimento de novos operadores (com atuação no mesmo mercado) tornou a conquista de clientela uma tarefa distinta daquela inicialmente prevista pelo arrendatário no momento em que decidiu participar de uma concorrência pública (cujo objeto seria o arrendamento de uma área situada em porto público – um bem da União).

No caso concreto do terminal público de Itajaí, a figura abaixo demonstra que, desde a entrada em operação dos terminais de uso privado (Itapoá, e, sobretudo, Navegantes, que compartilha o mesmo acesso aquaviário do terminal público), a obrigação da MMC tornou-se muito difícil de ser cumprida pela arrendatária:

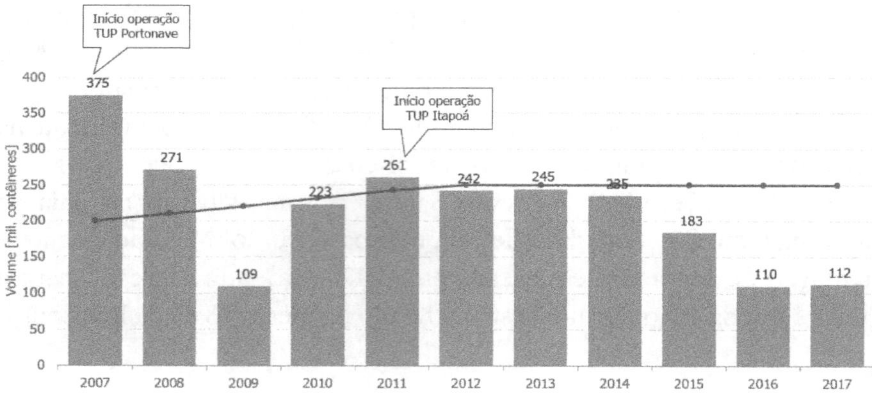

Figura 6 – Volume de contêineres e quantitativo de MMC do terminal público de Itajaí

Fonte: Elaborada pelo autor

[326] Disponível em: https://www.ppi.gov.br/terminal-portuario-de-santa-catarina-tesc. Acesso em: 22 out. 2018.

Pela leitura do gráfico, verifica-se que, antes da mudança do marco regulatório e da instituição de concorrência direta entre terminais (público e privado), a meta contratual para a movimentação de contêineres do terminal público de Itajaí era cumprida ou ficava muito perto de ser atingida (exceto em 2009, o que se explica pelas enchentes ocorridas no final de 2008 e as obras para reconstrução da área do terminal público).

Contudo, a partir de 2015, esse quadro se alterou e, atualmente, a empresa sequer atinge a metade do quantitativo previsto no contrato nº 30/2001 (250 mil contêineres, cf. disposto na cláusula vigésima).

A redução no volume de contêineres movimentado pelo terminal de uso público tem consequência direta nos seus custos (o que, em última análise, tem impacto nas tarifas que a empresa cobrará dos armadores). Isso porque o não atingimento do quantitativo mínimo de movimentos de carga conteinerizada previsto contratualmente implica no pagamento da MMC – o que, em relação ao terminal público arrendado, vem ocorrendo desde 2013 (ano da entrada em vigor do marco regulatório dos portos).

A partir do momento em que a empresa passa a arcar com o ônus de pagamento anual de uma verba concebida para incidir apenas em hipótese excepcional, o custo unitário do arrendamento torna-se muito maior, como indica o gráfico seguinte.

A imagem aponta um aumento substancial no valor do arrendamento unitário em 2016 e 2017, por conta da redução de volume de contêineres operado pelo terminal público de Itajaí (com uma quantidade menor de contêineres, o arrendatária se viu obrigada a pagar pela MMC não atingida). Nesses mesmos anos, o TUP de Navegantes aumentou exponencialmente os embarques e desembarques de contêineres, na ordem de 35% (saltou de aproximadamente 674 mil TEUs para 906 mil TEUs).

Com isso, a remuneração prevista na época do certame público – pagamento de uma parcela fixa, calculada pela área total arrendada; e outra variável, que depende da movimentação de carga do terminal – é alterada.

Nos últimos 5 anos, o custo do arrendamento para o terminal de uso público envolveu o pagamento de (i) parcela fixa devida pela área arrendada; (ii) parcela variável pelos contêineres efetivamente movimentados;

e (iii) MMC pelo quantitativo mínimo não alcançado no embarque e desembarque de contêineres. Configurou-se, assim, uma nova estrutura econômico-financeira do contrato de arrendamento. Por outro lado, o TUP de Navegantes experimenta uma redução de seus custos unitários em virtude de sua estrutura operacional, sua eficiência e, por consequência, dos ganhos de escala advindos do aumento do volume de contêineres movimentados nos últimos anos.

Com isso, é razoável concluir que os custos totais do terminal de uso público de Itajaí são superiores ao do terminal privado de Navegantes (uma vez que, além dos custos do arrendamento, o terminal público arca com todas as demais que também incorre o TUP – mão de obra[327], manutenção de equipamentos, energia, etc.).

Em termos de concorrência entre os terminais, a realidade verificada acaba por trazer uma vantagem competitiva ao TUP. Afinal, o terminal público não pode aumentar o valor cobrado do usuário porque, se o fizer, perderá ainda mais mercado para o terminal privado (cuja estrutura permite-lhe ganhos de escala e eficiência, o que resulta em economia de custos). Em contrapartida, o TUP de Navegantes tem capacidade de desempenhar suas atividades a um custo total inferior ao do terminal público arrendado.

Além disso, o terminal público arrendado precisa arcar com as obrigações contratuais, dentre elas a garantia da MMC, assumidas em 2001, muito antes da entrada em vigor do atual marco regulatório dos portos (ocorrida em junho de 2013) e da competição direta, no mesmo mercado (movimentação de contêineres), com os terminais de uso privado (TUPs).

Como consequência desses fatores, há a perda de competitividade do terminal público arrendado, conforme indicam os números expostos nas seções anteriores. As perdas de volume e *market share* poderiam, inclusive, ser ainda maiores caso o terminal não fizesse parte de um grande conglomerado com atuação internacional, circunstância que permite ao terminal manter um "mercado cativo" relacionado ao seu grupo logístico). Essa peculiaridade atenua as perdas.

[327] A mão de obra pode ser incluída como um outro fator competitivo em favor do terminal privado, pelas razões que foram tratadas no item 2.2.2.

Outro fator que também contribuiu para que o terminal público arrendando não saia do mercado de contêineres (tal como ocorreu com o terminal de São Francisco do Sul) é a necessidade de os armadores trabalharem com as "janelas de atracação". Mesmo que o TUP de Navegantes possa dispor de uma estrutura melhor à indústria e possa conseguir melhores índices de eficiente, caso um armador precise escalar uma linha de navegação em uma data sem disponibilidade no terminal privado (sem "janelas de atracação"), ele acabará enviando o seu serviço para atracar no terminal público, um terminal menos ocupado – que apesar das características díspares em relação ao TUP, dispõe de uma boa superestrutura, tem expertise no setor (já foi *benchmark*) e a infraestrutura (o canal de acesso aquaviário) é a mesma, não havendo grandes custos de transação com a mudança[328].

Portanto, embora o TUP tenha obtido parcela significativa do mercado de contêineres do Complexo Portuário de Itajaí, dificilmente conseguirá deter poder de mercado para impor um aumento de preços acima do preço competitivo. Caso isso ocorra (e se houver "janelas de atracação", uma possibilidade bastante plausível, considerando os números de ambos os terminais), o armador passará a escalar o terminal público arrendado para a sua linha de navegação.

3.6. Resultado do comparativo entre os terminais público e privado

O estabelecimento de regras diferenciadas para os atores do setor portuário (assimetria regulatória) permitiu, no Estado de Santa Catarina, a satisfação da política pública fixada pela Lei nº 12.815/2013 – consistente na expansão do investimento privado, aumento da movimentação de cargas e incentivo à concorrência. Essa, sem dúvida, é uma externalidade positiva do atual marco setorial.

[328] É economicamente melhor ao armador transferir (ou manter) o seu serviço no terminal público do que correr o risco de perder as escalas em outros portos. Tal como explicado no item 3.3, traçar uma rota de um serviço *Liner* é uma tarefa complexa, sobretudo pela questão das escalas. O modelo operacional do armador é estruturado na cadência e regularidade (traço típico dos serviços *Liner*). Como o modelo se utiliza de ativos caros (navios e portos) e carrega cargas de alto valor, o cumprimento das escalas é um aspecto significativo ao armador.

Os números mostrados nas seções anteriores dão a exata medida de que o resultado pretendido pelo atual marco regulatório dos portos foi alcançado em relação ao TUP de Navegantes: investimentos do operador privado na ordem de R$ 500 milhões; aumento da capacidade operacional de contêineres na região catarinense; embarque e desembarque de contêineres de quase 1 milhão de TEUs (em 2017, o montante movimentado pelo TUP foi de 906.508 TEUs contra 610.574 em 2012, antes da Lei nº 12.815/2013, o que representou um avanço de quase 50% no espaço de 5 anos); e a conquista da segunda posição no *ranking* nacional de movimentação de carga conteinerizada (o TUP responde por praticamente 10% do mercado, ficando atrás apenas de alguns terminais situados em Santos, maior porto do país).

Contudo, com a adoção de regimes distintos para atores que atuam no mesmo mercado (movimentação de carga conteinerizada) e a possibilidade de competição direta entre eles, as "amarras" inerentes ao regime público ficam mais evidentes[329].

Quando se faz referência às "amarras", menciona-se, sobretudo, a gestão dos portos públicos por administrações portuárias burocratizadas, politizadas e ineficientes[330]; e a submissão às regras e condicionantes que

[329] As características desse regime, ao qual se submetem arrendatários de terminais públicos, foram discutidas no capítulo 1 da presente obra (tais como: prestação de serviço público adequado aos usuários, definido como aquele que satisfaz as condições de regularidade, continuidade, eficiência, segurança, atualidade, generalidade, cortesia na sua prestação e modicidade das tarifas; prévia licitação; controle de tarifas; reversão de bens; garantia do pagamento de uma movimentação mínima de contêineres ao Poder Público; dentre outras).

[330] A discussão sobre a eficiência das administrações portuárias, especialmente das Companhias de Docas, que comandam alguns dos principais portos do país (como, por exemplo, os portos de Santos e do Rio de Janeiro) foge ao escopo deste trabalho. Todavia, cabe ressaltar, apenas a título de informação, que a ineficiência das Companhias de Docas não é circunstância desconhecida. Tanto é assim que o Governo Federal, por meio do Programa de Parcerias de Investimentos – PPI (na forma da Resolução nº 14/2007 –cf. arts. 3º e 4º), recomendou, agosto de 2017, a qualificação do projeto de transferência da Companhia de Docas do Espírito Santo (CODESA) à iniciativa privada (via Programa Nacional de Desestatização – PND). Em linhas gerais, o projeto previa a realização de estudo pelo BNDES para que fosse examinado o melhor modelo a ser levado adotado no projeto (privatização ou concessão de ativos). Porém, 3 meses após o início da iniciativa, o Ministro

tornam decisões relacionadas ao uso do bem público lentas, sem a presteza exigida pela demanda de mercado.

A falta de agilidade na tomada de decisões e a limitação quanto à possibilidade de investimentos dos operadores portuários de terminais arrendados acabam se tornando uma vantagem competitiva em favor dos TUPs, que, sujeitos ao regime de direito privado, dispõe de autonomia de gestão, administração e investimentos, fatores capazes de explicar o crescimento dos terminais de uso privado no mercado nacional nos últimos anos[331]. A estrutura que dispõe o TUP de Navegantes, adequada ao perfil das embarcações mais modernas que navegam no Brasil, demonstra essa peculiaridade da regulação dos portos.

Ainda que o terminal público pretenda aportar recursos para atualizar seu parque de equipamentos, modernizar áreas do cais e armazenagem, bem como melhorar estrutura, esses eventuais investimentos por parte da arrendatária devem ser aprovados pela Administração. Esse procedimento pode ser extremamente moroso, principalmente porque tais decisões, no atual marco regulatório, como se viu no capítulo inicial, foram centralizadas na esfera federal – que está distante da realidade e dia a dia da operação do terminal portuário.

Ademais, a depender do grau de recursos que o arrendatário pense em aportar no negócio, o equilíbrio de seu contrato será modificado, circunstância que demandará uma atuação do Poder Público. Com esse cenário, inibe-se investimentos do operador do terminal público arrendado.

Tome-se por exemplo a disparidade na estrutura dos terminais privado (Navegantes) e público (Itajaí), destacada na seção anterior, a qual per-

dos Transportes retirou o projeto de desestatização da CODESA do PPI. Disponível em: https://www.gazetaonline.com.br/noticias/economia/2017/11/governo-federal-volta--atras-e-nao-vai-mais-privatizar-a-codesa-1014109391.html. Acesso em: 25 out. 2018. Sobre o tema, veja-se também:

[331] Dinorá Grotti e Cristiana Lima afirmam que "sai em desvantagem o arrendatário que, dentro do porto organizado, se sujeita a um regime menos célere e mais custoso (com a obrigatoriedade de mão de obra avulsa), enquanto o autorizatário sujeita-se a regras que lhe permitem maior maleabilidade em seu custo e no respectivo preço.". GROTTI, Dinorá Adelaide Mussetti; LIMA, Cristiana Maria Melhado. Diferenças entre terminais portuários de uso público e de uso privado *In*: **Direito Portuário Brasileiro**. 2ª ed. rev., amp. e atual. de acordo com o Decreto nº 9.048. Belo Horizonte: Fórum, 2018. p. 166.

mite a maior eficiência do terminal privado. Embora o terminal público de Itajaí tenha, em 2014, solicitado, por meio de pedido de reequilíbrio contratual, a extensão de seu arrendamento (que vence em 2022), de modo a viabilizar investimentos na ordem de R$ 400 milhões no terminal público, a ANTAQ ainda não se pronunciou sobre o tema.

Como resultado, o terminal fica impossibilitado de adaptar sua estrutura às exigências do mercado, em especial às embarcações com grande capacidade de TEUs (os grandes navios) – afinal, a empresa não investirá milhões no terminal sabendo que, no cenário atual, o arrendamento somente poderá ser prorrogado até 2025[332]. Por conseguinte, o terminal de uso público de Itajaí perde competitividade, diminuiu sua participação de mercado e movimenta quantidades menores de contêineres[333].

Atualmente, as embarcações são cada vez maiores, o que implica a diminuição dos números de escalas em diversos portos por parte dos armadores. Com isso, a estrutura adequada para receber tais navios (por exemplo, maior número de equipamentos atuais disponíveis e maior área de armazenagem) é fator essencial para a concorrência. Sem a possibilidade de se adequar às necessidades da indústria de forma ágil, os terminais públicos – que foram licitados no final da década de 90, com características físicas (sobretudo em relação à área e estrutura) desenhadas para

[332] Como pontua Egon Bockmann Moreira, os contratos de longo prazo, tal qual o arrendamento portuário, configura "(...) um projeto de investimento com fluxos de receitas e despesas: estas, oriundas da execução contratual e do serviço das dívidas; aquelas, derivadas da captação de recursos e do pagamento de tarifas. Os aportes de recursos privados não são objeto de resgate imediato (o lucro não é realizado em curto prazo), mas arcados pela receita tarifária paga ao longo de 10, 2 ou 35 anos. Por isso que, em termos econômicos, tais contratos são classificados como 'investimentos de longa maturação': o investidor demora bastante tempo para realizar os ganhos.". MOREIRA, Egon Bockmann. Contratos Administrativos de longo prazo: a lógica do seu equilíbrio econômico-financeiro *In*: MOREIRA, Egon Bockmann (Coord.). **Contratos administrativos, equilíbrio econômico-financeiro e a taxa interna de retorno**: a lógica das concessões e parcerias público privadas. Belo Horizonte: Fórum, 2016. p. 84.

[333] Os investimentos do terminal privado podem ser feitos sem restrições – o terminal de Navegantes inclusive conseguiu expandir a sua área (o que não ocorre em uma área arrendada) – e ainda que os valores aportados nessa empreitada sejam elevados (como aconteceu no início da operação, um projeto *greenfield*), tudo se reverte em ativos do próprio terminal privado (terreno, equipamentos e demais itens da estrutura).

um perfil distinto de embarcações – perderão mercado para os terminais privados.

Maurício Araquam de Souza, ao tratar do tema, destaca a importância de se adaptar a estrutura dos terminais portuários às grandes embarcações, diante do fenômeno de agigantamento dos navios verificado nos últimos anos (objetivando maiores economias de escala), o que acaba por exigir áreas cada vez maiores e equipamentos de maior capacidade, a fim de atenderem convenientemente às demandas nacionais e internacionais, sob pena de obsolescência do porto [334].

Na hipótese específica do terminal público de Itajaí, caso um armador, por exemplo, entenda pela falta de estrutura do terminal (seja pelo tamanho de cais, retroárea, maquinário, quantidade de berços ou condições de acesso), bastará a ele atracar sua embarcação na outra margem do rio Itajaí-Açu[335], no terminal privado de Navegantes (o que não lhe trará maiores ônus), cujas características físicas e de equipamentos, conforme demonstram os volumes de contêineres movimentados, estão adequados ao momento atual da indústria portuária.

Ademais, não há, em teoria, diferenças entre a movimentação de carga de contêineres do terminal público ou do terminal privado. O serviço executado é basicamente o mesmo e os terminais compartilham o acesso aquaviário (então, na prática, a infraestrutura não é um fator determinante para que um armador escolha um ou outro terminal).

Há, quanto aos terminais estudados, uma relação direta entre a migração de carga conteinerizada do terminal arrendado para o TUP. Os números minudenciados nas seções anteriores apontaram que o crescimento no volume total de contêineres movimentados pelo TUP de Navegantes (e sua ascensão em participação de mercado) causou a diminuição dos movimentos de carga conteinerizada e *market share* do terminal arrendado de Itajaí.

[334] SOUSA, Maurício Araquam de. Diferenças entre terminais portuários de uso público e de uso privado *In*: PEREIRA, Cesar; SCHWIND, Rafael Wallbach (Org.). **Direito Portuário Brasileiro**: Lei 12.815 – Poligonal, Arrendamento e Autorização, Arbitragem. São Paulo: Marcial Pons, 2015. p. 200.

[335] Com o pressuposto lógico de que há, no terminal privado, disponibilidade na “janela de atracação” pretendida pelo armador.

Essa transferência de volume de TEUs também acarretou no descumprimento da quantidade mínima anual de movimentação de contêineres por parte do terminal público de Itajaí, trazendo despesas não previstas à arrendatário. Isso porque o terminal público agregou ao seu custo operacional o pagamento anual da MMC[336], o que, imagina-se, não havia sido previsto no plano de negócios da empresa[337].

Lembre-se que, em praticamente todos os anos anteriores ao advento do atual marco regulatório, o terminal público de Itajaí atendeu ao quantitativo mínimo de movimentação de contêineres. Essa constatação alinha-se, inclusive, com o que fora indicado pelo estudo do CERME (e corroborado por outras entidades do setor): o terminal arrendado era considerado *benchmark* em eficiência.

A consequência do pagamento recorrente da MMC é a dificuldade de o terminal de uso público de Itajaí competir com as tarifas portuá-

[336] Sem atingir o quantitativo mínimo fixado em contrato, a arrendatária paga pela diferença de número de contêineres efetivamente movimentados e do montante estabelecido contratualmente como meta. Esse pagamento pela MMC por parte da arrendatária vem ocorrendo desde 2012, ou seja, há mais de 5 anos. Portanto, essa rubrica tornou-se praticamente uma despesa ordinária do terminal público.

[337] Como destaca Marçal Justen Filho, o lucro é importante para viabilizar o modelo de delegação de serviços públicos ao particular: "Não se contraponha que o concessionário, como empresário privado, é vocacionado preponderantemente para o lucro. A procedência da asserção não exclui a natureza associativa da concessão. O intuito lucrativo é o objetivo mediato do concessionário, tal como a satisfação dos interesses objetivos é a finalidade indireta do Estado e da comunidade. (...). Todos buscam é produzir o funcionamento de um serviço público, de modo eficiente, satisfatório e lucrativo. (...). Daí se extrai que o lucro do concessionário também integra o interesse do Estado e da Sociedade Civil. Sem esse lucro, torna-se inviável a concessão, o que inviabiliza o modelo concebido. Portanto, a ausência de lucro do concessionário afeta negativamente o interesse tanto do Estado como da própria comunidade.". JUSTEN FILHO, Marçal. As diversas configurações da concessão de serviço público *In*: **Revista de Direito Público da Economia**. Belo Horizonte: Editora Fórum, n. 1, jan./mar. 2003. Assim, se no curso da execução do contrato de arrendamento ocorre uma alteração nas regras que regulam o ajuste, modificando as condições originalmente previstas na concorrência pública, o particular que, legitimamente confiou na estabilidade do contrato (e por conta dele aportou seus recursos em uma atividade de longo período para amortização de investimentos e início de obtenção de lucros), poderá sofrer um revés – o que poderá ser objeto, inclusive, de pedido de reequilíbrio contratual.

rias do terminal privado, pois sua estrutura operacional é mais custosa[338], ao passo que o TUP de Navegantes, com o ganho de escala e volume de movimentos de carga conteinerizada, conseguiu diminuir o seu custo de operação. O terminal privado tem capacidade de desempenhar suas atividades a um custo total inferior ao do terminal público arrendado. Nesse contexto, o terminal público arrendado sequer pode aumentar o valor cobrado do usuário, pois, caso adote tal comportamento, correrá o risco de perder ainda mais mercado.

Por outro lado, pode se ponderar que, a partir do momento em que há um choque de concorrência na indústria portuária do Estado de Santa Catarina (a partir da entrada em vigor da Lei nº 12.815/2013), com a possibilidade de uma competição direta entre terminais público e privados pela movimentação de contêineres (o que não ocorria antes do atual marco regulatório), o *benchmark* de eficiência dos portos passou a ser outro. Os resultados sugeririam que os terminais antes vistos como eficientes, na realidade, não dispunham dos predicados imaginados pelo setor e não apresentariam graus satisfatórios de eficiência operacional.

Para os terminais objeto da presente análise, esse raciocínio parece não ser aplicável. O terminal público de Itajaí fechou o ano de 2015 com o maior índice histórico de produtividade (medido por MPH), mesmo operando com uma área total menor e um rol de equipamentos (sobretudo os portêineres) mais enxuto daquele que dispõe o TUP de Navegantes. O terminal público seguiu, portanto, sendo eficiente na prestação dos serviços portuários no mercado de carga conteinerizada.

Portanto, os resultados da pesquisa elaborada demonstram que a assimetria de regimes produziu efeitos positivos para a injeção de recursos privados e o incentivo à competição no Complexo Portuário de Itajaí. No entanto, os números também indicam que o atingimento da política pública pretendida pelo legislador pode implicar, a longo prazo, no risco de desaparecimento de alguns terminais públicos arrendados (tal como se viu para o TESC), os quais foram licitados em uma outra realidade de mercado, cujas obrigações contratuais se tornaram de difícil cumprimento e, para piorar, tais terminais não dispõem de agilidade da Admi-

[338] Inclusive pela necessidade de contratação de mão de obra via OGMO, como indicado no item 2.2.2.

nistração Pública para buscar soluções conjuntas com o operador portuário para adaptação do bem público às exigências do mercado.

3.7. Os desafios do regime assimétrico – tentativa pelo caminho da mutabilidade e consensualidade

Apesar dos resultados atingidos no Estado de Santa Catarina, a Lei nº 12.815/2013, pouco depois da sua edição, sofreu críticas dos atores do setor portuário. As complexidades de um modelo regulatório assimétrico – no qual, por exemplo, não obstante a distinção de regimes jurídicos, os terminais públicos e privados dividem a mesma infraestrutura aquaviária em alguns casos (tal qual acontece no Complexo Portuário de Itajaí) –, gerou debates entre os operadores de portos no país.

Por essa razão, por meio da Portaria nº 435/2016, foi criado um Grupo de Trabalho, com representantes do Ministérios dos Transportes, Portos e Aviação Civil e ANTAQ[339], "com vistas a propor novos procedimentos ou adequação daqueles atualmente instituídos, que permitam fomentar a exploração das atividades portuárias prevista na Lei nº 12.815, de 5 de junho de 2013"[340].

Após meses de debate, Ministério dos Transportes, Portos e Aviação Civil e ANTAQ, o Governo Federal publicou o Decreto nº 9.048, de 10 de maio de 2017[341], com o objetivo de ajustar a regulação dos portos.

Em relação aos problemas identificados pela pesquisa de dados da movimentação de contêineres no Complexo Portuário de Itajaí, o aludido Decreto propôs algumas mudanças que poderiam endereçar as questões tratadas nas seções anteriores, tais como:

(i) a modificação do prazo de vigência dos contratos de arrendamento e concessões: de 25 anos, renováveis uma única vez por igual período, para 35 anos,

[339] O Grupo poderia convidar representantes de outros órgãos e entidades públicas ou privadas, bem como especialistas sobre o tema, a fim de obter subsídios e auxílio na elaboração de seu relatório.

[340] Cf. disposto no art. 1º da aludida Portaria.

[341] O Decreto nº 9.048/2017 altera o Decreto nº 8.033/2013, que regulamenta o disposto na Lei nº 12.815/ 2013, e as demais disposições legais que regulam a exploração de portos organizados e de instalações portuárias.

renováveis por sucessivos períodos – iguais ou inferiores a 35 anos –, observado o prazo máximo de 70 anos, sempre a critério do Poder Concedente;
(ii) a possibilidade de revisão dos cronogramas de investimentos das concessões e arrendamentos;
(iii) a simplificação dos Estudos de Viabilidade Técnica, Econômica e Ambiental nos casos especificados na norma; e
(iv) a possibilidade de prorrogação antecipada do prazo contratual (para viabilizar a amortização de novos investimentos), de ampliação da área dos arrendamentos (se houver ganhos de eficiência à operação portuária) e de substituição da área arrendada.

Esses pontos poderiam endereçar alguns dos problemas diretamente relacionados com a dificuldade de arrendatários adequarem suas estruturas (físicas e de equipamentos) às exigências do mercado, sobretudo ao tamanho das grandes embarcações que frequentam à costa brasileira.

Para além de tais disposições, o art. 2º do Decreto nº 9.048/2017, que faculta aos arrendatários de terminais públicos a possibilidade de manifestarem interesse na adaptação de seus contratos aos termos da Lei nº 12.815/2013 e seus regulamentos, também merece destaque[342].

Ao que parece, a intenção do dispositivo foi tentar mitigar, para os arrendatários cujos contratos foram assinados antes da Lei nº 12.815/2013, os efeitos das modificações nas "regras do jogo" da operação portuária – pois grande parte dos contratos de arrendamento decorrem de processos licitatórios ocorridos no final da década de 90, durante a vigência de Lei nº 8.630/1993, quando se verificava uma realidade distinta no mercado dos portos[343].

342 "Art. 2º: Os arrendatários cujos contratos estejam em vigor na data de publicação deste Decreto poderão, no prazo de cento e oitenta dias, manifestar seu interesse na adaptação de seus contratos aos termos da Lei nº 12.815, de 5 de junho de 2013, e de seus regulamentos, por meio de termo aditivo ao contratual.
§1º: A adaptação de que trata o caput permitirá a adoção de cláusulas contratuais que estabeleçam, entre outras disposições, a possibilidade de prorrogação da outorga, nos termos estabelecidos pelo art. 19 do Decreto nº 8.033, de 2013, inclusive para os arrendatários que tenham prorrogado os seus contratos nos termos da Lei nº 12.815, de 2013."

343 Uma das grandes diferenças entre a realidade do mercado em meados da década de 1990 e o se verifica agora, tal como já se tratou neste trabalho, são as dimensões das

O objetivo pretendido pelo Decreto nº 9.048/2017 alinha-se com a perspectiva de um direito público voltado para a consensualidade[344]. No caso de contratos de longo prazo – tal qual os arrendamento firmados entre o Poder Público e o particular –, a tentativa de se flexibilizar a sua revisão e, consequentemente, a sua manutenção por meio do consenso, surge como uma alternativa à imposição unilateral e imperativa da vontade da Administração (o que ocorreria, por exemplo, com a declaração de caducidade do contrato ou mesmo em uma decisão sobre reequilíbrio econômico-financeiro, nos casos em que se verificasse dificuldades na execução do contrato administrativo).

Apesar da tentativa de enfrentar as questões surgidas com o advento do atual marco regulatório dos portos – e flexibilizar regras sobretudo para os arrendamentos, aproximando-os, quando possível, do modelo de exploração dos TUPs –, o Decreto nº 9.048/2017 está no centro de uma polêmica e sua aplicação, na prática, não ocorre[345].

embarcações. Com efeito, os estudos prévios às licitações de terminais portuários públicos demonstravam que os a frequentar a costa brasileira teriam aproximadamente 180m de comprimento. Hoje, porém, para ganhos de escala, os armadores portuários utilizam embarcações variando entre 350-400m, conforme indicado em estudo específico sobre o tema pela OCDE. OCDE. Disponível em: https://www.itf-oecd.org/sites/default/files/docs/15cspa_mega-ships.pdf. Acesso em: 10 nov. 2018. Com isso, é inevitável que as condições dos contratos de arrendamento e das áreas arrendadas fiquem desatualizadas.

[344] O saudoso jurista Diogo de Figueiredo Moreira Neto, sempre à frente do seu tempo, já defendia o consenso como importante instrumento de ação estatal (como alternativa à imperatividade estatal): "é inegável que o consenso como forma alternativa de ação estatal representada para a Política e para o Direito uma benéfica renovação, pois contribui para aprimorar a governabilidade (eficiência), propicia mais freios contra os abusos (legalidade), garante a atenção de todos os interesses justiça), proporciona decisão mais sábia e prudente (legitimidade), evitam os desvios morais (licitude), desenvolve a responsabilidade das pessoas (civismo) e torna os comandos estatais mais aceitáveis e facilmente obedecidos (ordem)." MOREIRA NETO, Diogo de Figueiredo. Novos institutos consensuais da ação administrativa *In*: **Revista de Direito Administrativo – RDA**. Rio de Janeiro: v. 231, jan./mar. 2003. p. 145.

[345] O Ministério dos Transportes, Portos e Aviação Civil chegou a emitir o Ofício nº 1/2018/GM/MTPA, por meio do qual assumiu o compromisso de não assinar termos aditivos de adaptação contratual dos contratos celebrados na legislação anterior.

A Polícia Federal instaurou inquérito para apurar a eventual captura[346] do Governo ao editar a norma.

Além disso, o Tribunal de Contas da União, por meio do "Relatório de Acompanhamento" (Racom), fiscalizou os atos e procedimentos adotados pelo Ministério dos Transportes, Portos e Aviação Civil e pela ANTAQ, em razão de alterações no marco regulatório do setor portuário, em especial as mudanças introduzidas pelo Decreto nº 9.048/2017.

A análise da Corte de Contas, tratada no acórdão nº 1446/2018, se limitou a três pontos específicos do Decreto: (i) a extensão do prazo inicial do contrato de arrendamento, com prorrogações sucessivas, até o limite máximo de 70 anos; (ii) a possibilidade de realização de investimentos em infraestrutura comum, fora da área arrendada, com obrigatoriedade de reequilíbrio econômico; e (iii) a possibilidade de substituição da área arrendada dentro do mesmo porto.

Quanto à prorrogação do contrato de arrendamento, o Tribunal entendeu que essa possibilidade dependeria de quando o contrato foi assinado. Segundo posicionamento exarado no acórdão nº 1446/2018[347], seria admitida uma única prorrogação, e pelo prazo original, para os contratos assinados antes do Decreto. Apenas aos contratos firmados posteriormente ao Decreto nº 9.048/2017 seria possível a prorrogação pelo prazo de 35 anos (ou seja, um contrato portuário com 70 anos de vigência) – e desde que demonstrado o cumprimento cumulativo de determinados requisitos[348].

[346] A Teoria da Captura surge da constatação que, em alguns casos, os agentes econômicos estão "imunes" à regulação. Isso ocorre porque os legisladores foram capturados pela indústria ou a agência reguladora passou a ser "controlada" pela indústria, sendo as normas regulatórias utilizadas para impedir a concorrência. Em 1971, Stigler apresentou essa teoria e trouxe elementos para comprovar a captura. STIGLER, George J. The Theory of Economic Regulation. **The Bell Journal of Economics and Management Science**. v. 2, n. 1, 1971, p. 3. JSTOR. Disponível em: www.jstor.org/stable/3003160. Acesso em: 19 ago. 2018.

[347] Disponível em: https://contas.tcu.gov.br/sagas/SvlVisualizarRelVotoAcRtf?codFiltro=SAGAS-SESSAO-ENCERRADA&seOcultaPagina=S&item0=627787. Acesso em: 29 out. 2018.

[348] A ocorrência de fato superveniente alocado como risco do Poder Concedente que tenha modificado a situação contratada inicialmente; a necessidade de recomposição de equilíbrio econômico-financeiro; e a demonstração da inviabilidade de utilização de

Já sobre a possibilidade de realização de investimentos fora da área arrendada, o TCU entendeu, em resumo, que existiria tal possibilidade, mas não de forma automática. Previamente, deveria ser realizada uma minuciosa análise do caso concreto e, como condições a esse procedimento: (i) o contrato não poderia estar perto de vencer; (ii) as intervenções deveriam estar diretamente relacionadas ao serviço portuário; e (iii) o orçamento dos investimentos deveria ser previamente aprovado pela Autoridade Portuária[349].

Por fim, no tocante à substituição das áreas arrendadas, a Corte se posicionou no sentido de ser possível a permuta, desde que fossem estabelecidas regras de equivalência econômica entre as áreas trocadas, bem como mantida a finalidade do arrendamento (sem descaracterizar do objeto licitado originalmente)[350].

Abstraindo-se a discussão sobre a captura do Governo e a eventual prática dos atos apontados no inquérito policial, o Decreto nº 9.048/2017 tinha a finalidade de endereçar às questões surgidas a partir da Lei nº 12.815/2013 e buscar soluções com uso de técnicas de consensualidade.

Diferentemente do que constou no acórdão do TCU, as eventuais alterações no contrato administrativo de arrendamento portuário, inclusive aquelas instrumentalizadas em procedimento consensual com o Poder Concedente (tal como visou o Decreto), não acarretam, *per se*, sem ao menos uma avaliação minudente do caso concreto, violação aos princípios da vinculação ao instrumento convocatório, à isonomia e à seleção da proposta mais vantajosa.

De fato, as contratações públicas da Administração são, via de regra, realizadas por meio de prévio procedimento licitatório, o qual respeitará uma série de princípios (como: isonomia, legalidade, impessoalidade, moralidade, publicidade, probidade administrativa, vinculação ao ins-

outros mecanismos que interfiram prioritariamente na relação entre o Poder Público e o particular (por exemplo: modificar valores pagos no contrato pelo particular). Sobre a decisão acerca da extensão do contrato e recomendações da Corte, vejam-se os itens 9.1.1, 9.1.2 e 9.2.1 do acórdão.

349 Quanto ao ponto específico (realização de investimentos) decidido pelo Tribunal e suas recomendações, conferir itens 9.1.3 e 9.2.2.

350 Sobre o que foi acordado pelos Ministros acerca dessa matéria (permuta de áreas arrendadas) e as respectivas recomendações, vejam-se os itens 9.1.4 e 9.2.3.

trumento convocatório, julgamento objetivo, seleção da proposta mais vantajosa, e correlatos).

Isso não significa, contudo, que aquelas condições verificadas no momento do certame (ou na assinatura do contrato) permanecerão inalteradas até o fim do longo período pelo qual o ajuste será executado. Sendo as concessões (ou "subconcessões", no caso específico dos arrendamentos portuários) contratos de longuíssimo prazo de execução – nos quais há, inclusive, o ônus imposto à iniciativa privada de manter atual o serviço delegado pelo Estado –, é inerente da natureza desse tipo de contrato a possibilidade de mudança.

Sobre a mutualidade dos contratos administrativos, sem que isso implique em burla ao procedimento licitatório, Rafael Wallbach Schwind explica que:

> Os contratos administrativos são caracterizados pela sua mutabilidade. Essa mutabilidade deriva inclusive do reconhecimento de que a Administração dispõe de competência para alterar unilateralmente determinadas condições da avença. Assim, se houvesse uma vinculação absoluta e irrestrita ao resultado da licitação, o postulado da mutabilidade dos contratos administrativos teria de ser abandonado. (...) Pode-se dizer ainda que existe uma mutabilidade intensificada nos contratos de arrendamento portuário. Isso porque as condições de prestação do serviço dependem em grande medida da evolução do mercado de portos, inclusive em nível internacional. As necessidades dos usuários e da cadeia logística são cambiantes, e exigem que os terminais se adaptem a essa realidade[351].

De certo, a forma pela qual o Tribunal de Contas interpretou o Decreto nº 9.048/2017, ignorando a mutabilidade dos contratos, retirou do administrador e do particular a segurança de que eventual negociação entabulada entre eles para, por exemplo, permitir a realização de investimentos e prorrogação do contrato de arrendamento, não serão objeto

[351] SCHWIND, Rafael Wallbach. Prorrogação dos contratos de arrendamento portuário *In*: PEREIRA, Cesar; SCHWIND, Rafael Wallbach (Org.). **Direito Portuário Brasileiro**: Lei 12.815 – Poligonal, Arrendamento e Autorização, Arbitragem. São Paulo: Marcial Pons, 2015. p. 496-497.

de críticas. Ou mesmo que um possível ajuste de deveres contratuais (*v.g.* extinção da obrigatoriedade do pagamento da MMC, em contrapartida do aumento de quantias investidas e extensão de prazo contratual) não serão declaradas nulas.

Essas poderiam ser alternativas para resolver as "amarras" na tomada de decisão para investimentos em terminais de uso público – um problema que atinge o terminal arrendado de Itajaí, conforme se depreendeu da pesquisa realizada neste trabalho.

Ademais, essa forma seria mais ágil e eficiente de resolver problemas do contrato de arrendamento. Haveria um alinhamento entre os interesses da Administração (que, em última análise, é a defesa do interesse público, configurado na prestação de um serviço público eficiente) e do titular do terminal (que promoverá investimentos, com um prazo maior para exploração da área, mas sempre sob supervisão do Poder Público, que, ao final, terá revertido a seu favor os recursos aplicados pelo particular no terminal arrendado)[352].

Portanto, o que o Decreto nº 9.048/2017 tentou promover foi um ajuste de alguns aspectos do atual marco regulatório dos portos (com o uso de mecanismos consensuais, alterações de contratos, sem a imposição da vontade unilateral da Administração, o que não foi aceito pelo Tribunal de Contas[353]).

[352] A decisão, porém, ficaria a cargo do Poder Concedente. A Administração ouviria o particular, negociaria as melhores soluções para atendimento dos interesses juridicamente protegidos envolvidos na relação, mas não estaria vinculada a decidir necessariamente em favor do particular. Diogo de Figueiredo Moreira Neto qualificou a intensidade dessa atuação consensual como uma participação coadjuvante do particular: "A atuação coadjuvante do particular é aquela em que a Administração ouve os particulares e com eles negocia as melhores soluções, mas se reserva a plenitude da decisão. Nesta hipótese, o consenso complementa, coadjuva e orienta a decisão administrativa, sem vincular o Poder Público, que, não obstante, estará obrigado a justificá-la. Será desnecessário que a lei preveja a adoção dessa modalidade, pois não se requer qualquer alteração na competência do órgão decisório". Moreira Neto, Diogo de Figueiredo. Novos institutos consensuais da ação administrativa *In*: **Revista de Direito Administrativo – RDA**. Rio de Janeiro: v. 231, jan./mar. 2003. p. 147.

[353] Novamente, não está aqui, neste trabalho, promovendo-se juízo de valor das razões pelas quais o Decreto foi editado. O exame limitou-se às disposições legais da norma e as consequências que ela poderia trazer ao setor portuário (*v.g* equalização de algumas

O caso do terminal público de Itajaí expõe alguns traços dessa dificuldade: o terminal arrendado, que sempre foi visto na indústria como referência no setor portuário, apesar de manter índices de eficiência (MPH) acima da média, não consegue concorrer diretamente com o TUP de Navegantes. Sem as "amarras" do regime público, o TUP mantém uma estrutura (física e de equipamentos) mais adequada à demanda exigida pelos usuários (armadores que se valem de grandes embarcações).

A assimetria de regimes jurídicos, certamente, não é o único fator que impacta na dinâmica concorrencial do setor portuário, sobretudo porque um porto não é apenas um local onde atracam navios para a movimentação de cargas (ou de pessoas), mas sim *hub* complexo, a partir do qual se estabelece uma intricada rede de atividades econômicas, interesses (um elo na cadeia de logística de exportação e importação de produtos em escala mundial, não podendo ser analisado isoladamente).

Se, por um lado, ao menos em relação ao Complexo Portuário de Itajaí e aos terminais público e privado operados, a Lei nº 12.815/2013 atingiu grande parte dos seus objetivos (atraiu investimentos privados; aumentou a movimentação de cargas; fomentou o surgimento de novos terminais portuários; estimulou a competição), por outro, a atuação, no mesmo mercado, de *players* submetidos a regimes jurídicos distintos, trouxe grandes desafios (cujas respostas não são parte desse estudo; a finalidade da obra foi examinar os resultados do marco legal e fomentar o debate acerca da a competitividade no setor portuário).

relações desequilibradas; aumento de investimentos privados em portos públicos – cujo resultado esperado seria a melhora da prestação do serviço, melhora da competitividade, além de geração de empregos e renda).

CONCLUSÕES

Os portos são um elemento essencial para o desenvolvimento econômico do país. Por essa razão, o exame do marco regulatório setorial – a Lei nº 12.815/2013 que, fundada na adoção de regimes assimétricos para a exploração da atividade portuária, procurou tornar a indústria mais moderna, produtiva, eficiente, atrativa ao capital privado e com maior concorrência – mostrou-se uma contribuição importante para a compreensão dos impactos e efeitos da edição da Lei nº 12.815/2013.

Para que os objetivos da Lei dos Portos fossem alcançados, foram promovidas mudanças no desenho do setor. A principal delas foi a substituição do parâmetro para distinguir os operadores de terminais público e privado: abandonou-se o critério de titularidade da carga e passou-se ao critério geográfico (área do porto organizado).

A restrição para que operadores de terminais privados (que, no marco regulatório dos portos são denominados "terminais de uso privado – TUPs") operassem apenas carga de terceiros em caráter subsidiário e eventual representava uma barreira à entrada no setor, prejudicando a competitividade. Sem essa distinção quanto à titularidade do carregamento, estabeleceu-se uma concorrência irrestrita pela movimentação de carga de terceiros nos portos entre os terminais públicos e privados – em um ambiente de dualidade de regimes jurídicos (regime público aos terminais públicos e, respectivamente, regime privado aos terminais privados).

A partir da edição da Lei nº 12.815/2013, verificou-se um aumento no número de terminais privados em operação no país. Desde em 2013, já haviam sido autorizados mais de 60 outorgas de autorizações para TUPs, o que representou uma injeção de mais de R$ 16 bilhões em investimentos na economia.

Mas esse resultado seria um reflexo do modelo assimétrico de regulação dos portos instituído pela Lei nº 12.815/2013 ou seria fruto, por exemplo, da maior eficiência do terminal privado? Ou, ainda, foi o modelo assimétrico que permitiu aos operadores de TUPs serem mais eficientes e, por consequência, ocuparem um espaço no mercado? Mediante exame de caso concreto, esses questionamentos foram respondidos a partir da análise dos dados do volume de movimentação de contêineres do terminal público, e terminal privado, ambos instalados no Complexo Portuário de Itajaí (dividindo, portanto, a mesma infraestrutura aquaviária).

Antes, porém, de se promover o escrutínio dos números desses dois *players* do mercado de carga conteinerizada a fim de buscar respostas aos questionamentos, demonstrou-se, no capítulo 1, o panorama da atividade portuária no país (tratando, especificamente, dos aspectos históricos – a evolução de um modelo estatal à participação do particular na prestação da atividade –, das características dos regimes jurídicos público e privado e mudanças implementadas pelo atual marco setorial), bem como, no capítulo 2, tratou-se dos traços da regulação econômica e os aspectos concorrenciais (como, por exemplo, as falhas de mercado, o mercado relevante, a integração vertical entre armadores e a contratação da mão de obra) que influenciam a competição nos portos.

Com base nessas informações sobre os portos (história, regulação e competição), passou-se, enfim, à análise do volume da movimentação de cargas no terminal público arrendado de Itajaí e terminal privado de Navegantes. Verificou-se que, no Complexo Portuário de Itajaí, houve um aumento na movimentação de cargas de contêineres e atração de capital privado (uma externalidade positiva do atual marco regulatório dos portos).

Desde que obteve autorização para operar (ainda que antes no marco regulatório dos portos), o TUP investiu mais de R$ 500 milhões para construir o seu terminal privado. Com a estrutura adequada às exigências da indústria (que utiliza embarcações cada vez maiores buscando economia de escala no transporte de carga conteinerizada), o TUP de Navegantes é o que mais movimenta contêineres no país. Nacionalmente, entre terminais públicos e privados, o TUP fica atrás apenas dos terminais instalados no porto de Santos (o maior do Brasil).

Esse resultado significativo alcançado pelo TUP decorre, em alguma medida, como indicaram os números, do regime jurídico a que o terminal se submete. Não há "amarras" ou procedimentos burocráticos, tal qual ocorre com a Administração Pública e o arrendatário de terminal público, para investimentos na estrutura do terminal privado. Assim, o TUP de Navegantes (com autonomia de gestão, administração e investimento) está apto a tomar decisões empresariais eficientes, sendo capaz de conquistar (e manter) a clientela no mercado de contêineres.

Por outro lado, viu-se que o terminal público arrendado de Itajaí, sujeito às regras do regime público, sofre com a falta de agilidade na tomada de decisões e a limitação quanto à possibilidade de investimentos. Não consegue se adaptar à indústria e perde competitividade (e, por consequência, clientes e movimentos de contêineres).

Portanto, depreendeu-se que o regime assimétrico permite a construção de um elemento competitivo determinante em favor do terminal privado. Com uma melhor estrutura, verifica-se uma relação direta entre a migração de carga conteinerizada do terminal arrendado para o TUP, conforme apontaram os números. Isso porque, não há custo (custo de transação) para que o armador que atraca sua embarcação no lado do rio onde se situa o terminal público altere sua escala para o terminal privado instalado na margem oposta. O acesso aquaviário será o mesmo (o rio Itajaí-Açu) – assim como o serviço de movimentação de contêineres, que não possui diferenças entre o que presta um ou outro terminal.

Além disso, outro fator que prejudica a competitividade do terminal público – e que também resulta da adoção do regime assimétrico e da perda de mercado – é a obrigação de pagamento da MMC praticamente desde o início do atual marco regulatório dos portos por parte do terminal público arrendado. Como vem perdendo mercado, o terminal público de Itajaí não cumpre os quantitativos mínimos de carga fixados no contrato de arrendado e se vê obrigada a pagar altos valores da MMC anualmente. Esse montante agrega-se ao seu custo operacional e torna ainda mais difícil a competição com o TUP de Navegantes.

Note-se que o estudo do CERME sobre competição e outros indicadores do setor portuário mostram que o terminal de uso público de Itajaí foi (e continua sendo) um operador portuário eficiente. Ou seja, a perda de *market share* não está relacionada com a má prestação do serviço de movimentação de contêineres.

Sendo assim, os resultados da pesquisa mostram que a assimetria de regimes produziu efeitos positivos para a injeção de recursos privados e o incentivo à competição no Complexo Portuário de Itajaí. Por outro lado, os dados também demonstram que há pontos a serem endereçados para uma concorrência mais preocupada com o equilíbrio sistêmico dos portos a longo prazo, de modo que a competição entre terminais portuários não implique com o encerramento das atividades de quaisquer dos seus atores.

REFERÊNCIAS

ABRATEC. Disponível em: https://abratec.terminais.org.br/. Acesso em: 11 out. 2018.

ABTP. Disponível em: http://www.abtp.org.br/. Acesso em: 11 out. 2018.

ANTAQ. Disponível em: http://antaq.gov.br/Portal/Legislacao_Acordaos.asp. Acesso em: 28 out. 2018.

—. Disponível em: http://antaq.gov.br/Portal/pdf/EstudoTUPPP/Relatorio.pdf. Acesso em: 23 set. 2018.

—. Disponível em: http://antaq.gov.br/Portal/pdfSistema/Publicacao/0000004965.pdf. Acesso em: 26 abr. 2018.

—. Disponível em: http://antaq.gov.br/Portal/pdfSistema/Publicacao/0000007285.pdf. Acesso em: 05 nov. 2018.

—. Disponível em: http://web.antaq.gov.br/Anuario2017/. Acesso em: 09 set. 2018.

—. Disponível em: http://web.antaq.gov.br/Portal/pdf/Estudos/2015/AvaliacaoConcorrenciaPrestacaoServicosPortuarios/RelatorioFinal.pdf. Acesso em: 15 mar. 2018.

—. Disponível em: http://web.antaq.gov.br/sistemas/sig/AreaTrabalho.asp. Acesso em: 15 mar. 2018.

—. Disponível em: https://webportos.labtrans.ufsc.br/#. Acesso em: 11 set. 2018.

—. **Anuários estatísticos da Agência Nacional de Transportes Aquaviários**. Disponível em: http://antaq.gov.br/Portal/Estatisticas_Anuarios.asp. Acesso em: 11 out. 2018.

—. Disponível em: http://web.antaq.gov.br/Sistemas/WebServiceLeilao/DocumentoUpload/Audiencia%2016/Ato%20Justificat%C3%B3rio%20%20-%20Terminais%20de%20Miramar%20e%20Vila%20do%20Conde.pdf. Acesso em: 10 nov. 2018

APM TERMINALS. Disponível em: https://www.apmterminals.com.br/home. Acesso em: 02 dez. 2018.

—. Disponível em: https://www.apmterminals.com/en/news/press-releases/2017/itajai-dredging-contract. Acesso em: 22 set. 2018.

ARAGÃO, Alexandre Santos de. Atividades privadas regulamentadas: autorização administrativa, poder de polícia e regulação *In*: **Revista de Direito Público da Economia – RDPE**. Belo Horizonte: a. 3, n. 10, abr./jun.

—. **Direito dos Serviços Públicos**. 3ª ed. Forense: Rio de Janeiro, 2013.

—. O marco regulatório dos serviços públicos. **Interesse Público**. Belo Horizonte: v. 5, n. 27, set. 2004.

—. Serviços Públicos e Concorrência *In*: **Revista de Direito Administrativo – RDA**. Rio de Janeiro: v. 233, jul./set. 2003.

—; FIDALGO, Carolina Barros. Regime jurídico da autorização portuária no Brasil: serviços públicos ou atividades privadas regulamentadas *In*: RIBEIRO, Leonardo Coelho; FEIGELSON, Bruno; FREITAS, Rafael Véras de (Coord.). **A nova regulação de infraestrutura e da mineração**: portos, aeroportos, ferroviais e rodovias. Belo Horizonte: Fórum, 2015.

ARAÚJO, Fernando. **Adam Smith – o conceito mecanicista de liberda**de. Coimbra, 2001.

—. **Teoria económica do contrato**. Coimbra: Almedina, 2007.

ARAUJO JR, José Tavares de. **A economia política da reforma comercial**: o papel dos portos – CINDES, Abril de 2017. p. 12-13. Disponível em: http://iepecdg.com.br/wp-content/uploads/2017/02/Papel_dos_portos_na_politica_comercial-Final.pdf. Acesso em: 01 jun. 2018.

AREEDA, Philip E.; SOLOW, John L.; HOVENKAMP, Herbert. **Antitrust Law**. An analysis of antitrust principles and their application. New York: Aspen Law and Business. v. IIA, Second Edition, 2007.

AUBERT, Cécile; POUYET, Jérôme. Competition Policy, Regulation and the Institutional Design of Industry Supervision. **Recherches Économiques de Louvain/Louvain Economic Review**. v. 70, n. 2, 2004. p. 153-168. Disponível em: www.jstor.org/stable/40724406. Acesso em: 07 ago. 2018.

BARROSO, Luís Roberto. Apontamentos sobre as agências reguladoras *In*: **Agências reguladoras**. MORAES, Alexandre de Moraes de (Org.). São Paulo: Atlas, 2002.

BILIERI, Mário Dittrich. A Taxa de Segregação no Porto de Santos e o Conflito de Competência entre Autoridades Administrativas *In*: MOREIRA, Egon Bockmann; MATTOS, Paulo Todescan Lessa (Coord.). **Direito concorrencial e regulação econômica**. Belo Horizonte: Fórum, 2010.

BINENBOJM, Gustavo. Assimetria regulatória no setor de transporte coletivo de passageiros: a constitucionalidade do art. 3º da lei nº 12.996/2014 *In*: **Revista de Direito da Cidade**. v. 09, n. 3. 2017.

—. **Poder de polícia, ordenação, regulação**: transformações político-jurídicas, econômicas e institucionais do direito administrativo ordenador. Belo Horizonte: Fórum, 2016.

BOOZ & COMPANY. Análise e Avaliação da Organização Institucional e da Eficiência da Gestão do Setor Portuário Brasileiro. São Paulo: Booz & Company, v. 1, 2012.

BRASIL. **Anuários estatísticos da Agência Nacional de Transportes Aquaviários**. Disponível em: http://antaq.gov.br/Portal/Estatisticas_Anuarios.asp. Acesso em: 11 out. 2018.

—. **Constituição da República Federativa do Brasil, de 05 de outubro de 1988**. Disponível em: http://www.planalto.gov.br/ccivil_03/constituicao/constituicao.htm. Acesso em: 16 abr. 2018.

—. **Decreto nº 6.620, de 29 de outubro de 2008**. Disponível em: http://www.planalto.gov.br/ccivil_03/_Ato2007-2010/2008/Decreto/D6620.htm. Acesso em: 07 jun. 2018.

—. **Decreto nº 8.033, de 27 de junho de 2013**. Disponível em: http://www.planalto.gov.br/ccivil_03/_ato2011-2014/2013/Decreto/D8033.htm. Acesso em: 22 jul. 2018.

—. **Exposição de Motivos da Lei nº 8.630, de 25 de fevereiro de 1993**. Disponível em: http://imagem.camara.gov.br/Imagem/d/pdf/DCD26FEV1991.pdf#page=63. Acesso em: 10 maio 2018.

—. **Exposição de Motivos Interministerial no 00012-A - SEP-PR/MF/MT/AGU de 03 de dezembro de 2012**. Disponível em: http://www.planalto.gov.br/ccivil_03/_ato2011-2014/2012/Exm/EMI-12-A-SEPPR-MF-MT-AGU-Mpv-595-12.doc. Acesso em: 07 maio 2018.

—. **Lei nº 10.233, de 5 de junho de 2001**. Disponível em: http://www.planalto.gov.br/ccivil_03/Leis/LEIS_2001/l10233.htm. Acesso em: 15 abr. 2018.

—. **Lei nº 12.815, de 5 de junho de 2013**. Disponível em: <http://www.planalto.gov.br/ccivil_03/_ato2011-2014/2013/Lei/L12815.htm>. Acesso em: 09 dez. 2018.

—. **Lei nº 8.630, de 25 de fevereiro de 1993**. Disponível em: <http://www.planalto.gov.br/ccivil_03/leis/l8630.htm>. Acesso em: 09 dez. 2018.

—. Ministério dos Transportes, Portos e Aviação Civil. **Dados estatísticos sobre movimentação de cargas e *ranking* nacional**. Disponível em: https://webportos.labtrans.ufsc.br/Brasil/Movimentacao. Acesso em: 25 abr. 2018.

—. Disponível em: http://www.planalto.gov.br/ccivil_03/_ato2011-2014/2012/Exm/EMI-12-A-SEP-PR-MF-MT-AGU-Mpv-595-12.doc. Acesso em: 17 abr. 2018.

—. Disponível em: http://www.portosdobrasil.gov.br/assuntos-1/investimentos/terminais-de-uso-privado. Acesso em: 17 abr. 2018.

—. Disponível em: http://www.portosdobrasil.gov.br/assuntos-1/pnd. Acesso em: 04 dez. 2018.

—. Disponível em: http://www.portosdobrasil.gov.br/assuntos-1/sistema-portuario-nacional. Acesso em: 01 jun. 2018.

—. Disponível em: https://www.ppi.gov.br/terminal-portuario-de-santa-catarina-tesc. Acesso em: 22 out. 2018.

—. Disponível em: https://esic.cgu.gov.br/sistema/site/index.aspx. Acesso em: 25 ago. 2018.

—. Disponível em: http://www.transportes.gov.br/images/arquivos-pnd/programa-nacional-de-dragagem-pnd1-pac-1.pdf. Acesso em: 04 dez. 2018.

BRITTO, Paulo Augusto P. de. Promoção da concorrência no setor portuário: uma análise a partir dos modelos mundiais e aplicação ao caso brasileiro. **Revista Adm. Pública**. Rio de Janeiro: 49(1), jan./fev. 2015.

BTP. Disponível em: http://btp.com.br/. Acesso em: 06 nov. 2018.

CADE. **AC nº 08012.000777/2011-16**. Requerentes: Terminal Portuário Movimentação e Armazenagem Participações S.A., Portos e Serviços Logísticos Adjacentes Participações S.A., Paranaguá Movimentação de Contêineres Participações S.A., Terminal de Contêineres de Paranaguá S.A.

—. **AC nº 08012.003911/2008-27**. Requerentes: Rezende Barbosa S.A. Administração e Participações; Cosan S.A. Indústria e Comércio.

—. **AC nº 08012.008685/2007-90**. Requerentes: Itajaí Investimentos Ltda. e Teconvi S.A. Terminal de Contêineres do Vale do Itajaí.

—. **AC nº 08012.014090/2007-73**. Requerentes: Logística Brasil – Fundo de Investimento em Participações, Porto Novo Participações S.A. e Carlos Alberto de Oliveira Junior.

—. **Processo nº 08012.007452/2009-31**. Relator Conselheiro César Matos. Disponível em: https://sei.cade.gov.br/sei/modulos/pesquisa/md_pesq_documento_consulta_externa.php?xgSJHD3TI7Rh0CrGYtJb0A1Onc6JnUmZgGFW0zP7 uM9buwPlY4eCQGiHeNR2gH1GILeO4J1sgECro_FAafCkhgQV6xBcichDS--YjlBWSmJ8IYramfdLa3Brp9S0tFIZK. Acesso em: 16 maio 2018.

—. Disponível em: http://www.cade.gov.br/acesso-a-informacao/publicacoes-institucionais/publicacoes dee/Cadernos%20do%20Cade. Acesso em: 18 set. 2018.

—. Disponível em: https://sei.cade.gov.br/sei/modulos/pesquisa/md_pesq_processo_pesquisar.php?acao_externa=protocolo_pesquisar&acao_origem_externa=protocolo_pesquisar&id_orgao_acesso_externo=0. Acesso em: 18 set. 2018.

—. Disponível em: http://www.cade.gov.br/assuntos/normas-e-legislacao/portarias/2001portariaconjunta50-1_guia_para_analise_economica_de_atos_de_concentracao.pdf/view. Acesso em: 02 nov. 2018.

—. **Processo nº 08012.007443/99-17**. Disponível em: https://sei.cade.gov.br/sei/modulos/pesquisa/md_pesq_processo_exibir.php?0c62g277GvPsZDAxAO1tMiVcL9FcFMR5UuJ6rLqPEJuTUu08mg6wxLt0JzWxCor9mNcMYP8UAjTVP9dxRfPBcT5kD7elswaslV8jhGPE3S_J-rCKax9D6QFsJB51jxZW. Acesso em: 30 set. 2018.

CANOTILHO, José Gomes. **Direito Constitucional e Teoria da Constituição**. 6ª ed. Coimbra: Almedina, 1993.

CARVALHO, Juliane Erthal de. A natureza jurídica da autorização para exploração da infraestrutura portuária *In*: PEREIRA, Cesar; SCHWIND, Rafael Wallbach (Org.). **Direito Portuário Brasileiro**: Lei 12.815 – Poligonal, Arrendamento e Autorização, Arbitragem. São Paulo: Marcial Pons, 2015.

CASSESE, Sabino. **La globalización jurídica**. Madri: Marcial Pons, 2006.

—. **La nuova costituzione económica**. Roma: Laterza, 2005.

CASTRO JUNIOR, Osvaldo Agripino de. Breves notas sobre a defesa da concorrência na Nova Lei dos Portos *In*: **Direito Portuário Brasileiro**: lei 12.815, porto organizado, poligonal, arrendamento e autorização, arbitragem. PEREIRA, Cesar; SCHWIND, Rafael Wallbach (Org.). 1ª ed. São Paulo: Marcial Pons, 2015.

—. Defesa da concorrência na Nova Lei dos Portos, **Revista de Defesa da Concorrência**. v. 4, n. 2, nov./2016.

CASTRO JÚNIOR, Osvaldo Agripino de. **Direito portuário e a nova regulação**. São Paulo: Aduaneiras, 2015.

CHEVALLIER, Jacques. **O Estado Pós-moderno**. Tradução Marçal Justen Filho. Belo Horizonte: Fórum, 2009.

CLÈVE, Clèmerson Merlin. Preceitos constitucionais fundamentais da República Federativa do Brasil, serviço público portuário e autorização para exploração de atividade portuária por meio de terminais privativos de uso misto *In*: **Interesse Público** – IP, v. 51, 2008.

CNI – Confederação Nacional da Indústria. **Pesquisa sobre barreiras no setor portuário**. Disponível em: http://www.portaldaindustria.com.br/publicacoes/2016/9/barreiras-da-burocracia-setor-portuario/. Acesso em: 03 maio 2018.

—. **Sistema portuário**: avanços, problemas e agenda. Propostas da indústria eleições 2018. v. 21. Brasília, 2018.

COASE, Ronald. The problem of social cost. **The Journal of Law & Economics**. v. 3, 1960. p. 1-44. Disponível em: www.jstor.org/stable/724810. Acesso em: 14 nov. 2018.

COLLYER, Wesley O. **Lei de portos**: o Conselho de Autoridade Portuária e a busca da eficiência. São Paulo: Lex Editora, 2008.

COOTER, Robert; ULEN, Thomas. **Law & economics.** 6th edition. Barkeley Law Books, Book 2, 2016. p. 38. Disponível em: http://scholarship.law.berkeley.edu/books/2. Acesso em: 10 nov. 2018.

COUTINHO, Diogo Rosenthal. A universalização do serviço público para o desenvolvimento como uma tarefa da regulação *In*: SALOMÃO FILHO, Calixto (Coord.**). Regulação e Desenvolvimento**. São Paulo: Malheiros, 2002.

DI PIETRO, Maria Sylvia Zanella. Alteração da poligonal de porto organizado: requisitos materiais segundo a Lei 12.815/2013 *In*: PEREIRA, Cesar; SCHWIND, Rafael Wallbach (Org.). **Direito Portuário Brasileiro**: Lei 12.815 – Poligonal, Arrendamento e Autorização, Arbitragem. São Paulo: Marcial Pons, 2015.

—. Compartilhamento de infra-estrutura por concessionárias de serviços públicos *In*: **Revista Fórum Administrativo**. v. 2, n. 11, jan. 2002.

—. **Parcerias na Administração Pública**. 11ª ed. Rio de Janeiro: Forense, 2017.

DIÓGENES, Aline Guimarães; MARTINS, Francisco Giusepe. **Reajustes e revisões nos contratos de arrendamentos portuários operacionais de uso público**: o caso da Companhia Docas do Estado de São Paulo: TCU, 2011. p. 16. Disponível em: https://portal.tcu.gov.br/lumis/portal/file/fileDownload.jsp?fileId=8A8182A24F0A728E014F0B1C59CD39FF. Acesso em: 20 ago. 2018.

DP WORLD. Disponível em: http://web.dpworld.com/about-dp-world/. Acesso em: 06 nov. 2018.

FARRANHA, Ana Claudia; FREZZA, Conrado da Silveira; BARBOSA, Fabiana de Oliveira. Nova Lei dos Portos: Desafios Jurídicos e Perspectivas de Investimentos *In*: **Revista Direito GV**. n. 11, p. 99, jan./jun. 2015.

FERNANDES, Victor Oliveira. Os desafios do antitruste no setor portuário brasileiro: inovações da Lei nº 12.815/13 e seus reflexos concorrenciais. **Revista de Direito Setorial e Regulatório**. Brasília: v. 2, n. 1, maio/2016.

FERRO, Miguel Sousa. **A definição de mercados relevantes no direito europeu e português da concorrência**: teoria e prática. 2015. Coleção Teses de Doutorado Coimbra: Almedina, 2015.

FGV. Fundação Getúlio Vargas. **Pesquisa sobre o desenvolvimento das fases de nomeação de dirigentes em agências reguladoras**. Disponível em: https://direitosp.fgv.br/sites/direitosp.fgv.br/files/arquivos/GRP_arquivos/grp_-_relatorio_de_pesquisa_-_nomeacao_de_dirigentes_nas_agencias_reguladoras_sponsor.pdf. Acesso em: 01 maio 2018.

FIDALGO, Carolina Barros. **O Estado empresário** – das sociedades estatais às sociedades privadas com participação minoritária do Estado. São Paulo: Almedina, 2017.

FIGUEIROA, Caio Cesar; CARVALHO, André Castro. A nova lei de portos e a valorização da concorrência nos serviços públicos *In*: PEREIRA, Cesar; SCHWIND, Rafael Wallbach (Org.). **Direito Portuário Brasileiro**: Lei 12.815 – Poligonal, Arrendamento e Autorização, Arbitragem. São Paulo: Marcial Pons, 2015.

FOLHA ONLINE. Disponível em: https://www1.folha.uol.com.br/poder/2018/10/pf-indica-participacao-de-temer-em-corrupcao-nos-portos-e-pede-prisao-de--amigo-do-presidente.shtml. Acesso em: 26 out. 2018.

FORGIONI, Paula A. **Os fundamentos do antitruste**. 3ª ed. São Paulo: Revista dos Tribunais, 2008.

FREITAS, Juarez. **Direito da regulação**: uma avaliação de impactos de longo prazo. RDPE, a. 17, n.89, jan./fev. 2015.

FREITAS, Rafael Véras. Portos: mudanças com o Decreto 8.033 *In*: **Revista Portos e Navios**. a. 55, ed. 632.

GARCIA, Flávio Amaral; FREITAS, Rafael Véras de. Portos brasileiros e anova assimetria regulatória – Os títulos habilitantes para a exploração da infraestrutura portuária *In*: **Revista de Direito Público de Economia – RDPE**. Belo Horizonte: n. 47, jul./set. 2014.

GAROFANO, Rafael Roque. **Contratualidade administrativa**: abrangência e complexidade do fenômeno contratual da administração pública. Rio de Janeiro: Lumen Juris, 2015.

GAZETA ONLINE. Disponível em: https://www.gazetaonline.com.br/noticias/economia/2017/11/governo-federal-volta-atras-e-nao-vai-mais-privatizar-a-codesa-1014109391.html. Acesso em: 25 out. 2018.

GEIPOT. Brasília, 1999. Disponível em: http://observatorioantaq.info/wp-content/uploads/2016/07/1999-A-reforma-portu%C3%A1ria-brasileira.pdf. Acesso em: 05 nov. 2018.

GICO JR, Ivo. Introdução ao direito e economia *In*: TIMM, Luciano Benetti. **Direito e economia no Brasil**. 2ª ed. [2ª reimpressão]. São Paulo: Atlas, 2018.

GILBERTO, André Marques; BAYEUX, Álvaro Adelino Marques. **Os aspectos administrativos e concorrenciais do Direito Portuário**. São Paulo: Quartier Latin, 2013. p.

GOLDBERG, David Joshua Krepel. **Regulação do setor portuário no Brasil**: análise do novo modelo de concessão dos portos organizados. 2009. Dissertação (Mestrado em Engenharia) – Universidade de São Paulo, USP-SP, 2009.

GONÇALVES, Pedro Costa; MARTINS, Licínio Lopes; AZEVEDO, Bernardo. Regime de organização e gestão dos portos marítimos no direito português e europeu *In*: MOREIRA, Egon Bockmann (Coord.). Portos e seus regimes jurídicos: a Lei 12.815/2013 e seus desafios. 1ª ed. Belo Horizonte: Fórum, 2014.

GONZÁLEZ, María Manuela; TRUJILLO, Lourdes. Efficiency Measurement in the Port Industry: A Survey of the Empirical Evidence. **Journal of Transport Economics and Policy**. v. 43, n. 2, 2009. p. 157-192. Disponível em: www.jstor.org/stable/20466776. Acesso em: 17 jun. 2018.

GORDILLO, Agustín. **Tratado de derecho administrativo y obras selectas**. t. 2, La defensa del usuario y del administrado. 9ª ed. Buenos Aires: F.D.A., 2009.

GRANTHAM, Robert. Armadores: alianças e fusões – qual o impacto no Brasil? *In*: Disponível em: https://www.portosenavios.com.br/noticias/artigos-de-opiniao/armadores-aliancas-e-fusoes-qual-o-impacto-no-brasil. Acesso em: 13 nov. 2018.

GRAU, Eros. **A ordem econômica na Constituição de 1988**. 17ª ed. São Paulo: Editora Malheiros, 2015.

GROTTI, Dinorá Musetti. Regime jurídico das telecomunicações – autorização, permissão e concessão *In*: **Revista de Direito Administrativo – RDA**. n. 224, abr./jun. 2001.

—; LIMA, Cristiana Maria Melhado Araujo. Diferenças entre terminais portuários de uso público e de uso privado *In*: PEREIRA, Cesar; SCHWIND, Rafael Wallbach (Org.). **Direito Portuário Brasileiro**: Lei 12.815 – Poligonal, Arrendamento e Autorização, Arbitragem. 1ª ed. São Paulo: Marcial Pons, 2015.

—; Diferenças entre terminais portuários de uso público e de uso privado *In*: **Direito Portuário Brasileiro**. 2ª ed. rev., amp. e atual. de acordo com o Decreto nº 9.048. Belo Horizonte: Fórum, 2018.

GUERRA, Sérgio. Evolução das Escolhas Administrativas: da Self-Execution Law à Regulação *In*: GUERRA, Sérgio (Org.). **Teoria do Estado Regulador**. v. II, Coleção FGV Direito Rio, 2017.

—. Regulação Estatal sob a ótica da organização administrativa brasileira *In*: GUERRA, Sérgio (Org.). *Regulação no Brasil*: uma visão multidisciplinar. Rio de Janeiro: Editora FGV, 2014.

—. Riscos, assimetria regulatória e o desafio das inovações tecnológicas *In*: FREITAS, Rafael Véras de; RIBEIRO, Leonardo Coelho; FEIGELSON, Bruno (Coord.). **Regulação e novas tecnologias**. Belo Horizonte: Fórum, 2017.

GUIMARÃES, Eduardo Augusto. Regulação dos portos no Brasil: evolução e perspectivas *In*: PINHEIRO, Armando Castelar; FRISCHTAK, Cláudio Roberto. **Gargalos e soluções na infraestrutura de transportes**. Rio de Janeiro: FGV, 2014. p. 285-311.

—; ARAÚJO JR., José Tavares de. Regulação e desempenho dos portos brasileiros. In: Revista Brasileira de Comércio Exterior –RBCE, n. 107, abr./jun. 2011, p. 38-62. Disponível em: http://www.funcex.org.br/publicacoes/rbce/material/rbce/107_EAGJTA.pdf. Acesso em: 02 ago. 2018.

HAARMEYER, David; YORKE, Peter. Port Privatization: An International Perspective *In*: **Policy Study**. n. 156, abr./1993. Disponível em: https://reason.org/wp--content/uploads/files/6a983123788632131171e022e6466a7a.pdf. Acesso em: 15 maio 2018.

HEEREN, Márcia Lopes Gomes. Mudança de competências e novas formas de exploração portuária *In*: RIBEIRO, Leonardo Coelho; FEIGELSON, Bruno; FREITAS, Rafael Véras de (Coord.). **A nova regulação de infraestrutura e da mineração**: portos, aeroportos, ferroviais e rodovias. Belo Horizonte: Fórum, 2015.

HOVENKAMP, Herbert. **Federal antitrust policy**. St. Paul: The West Group, 1999.

IPEA. Disponível em: http://www.ipea.gov.br/portal/index.php?option=com_content&view=article&id=25234. Acesso em: 26 nov. 2018.

JORDÃO, Eduardo. **Restrições regulatórias à concorrência**. Belo Horizonte: Fórum, 2009.

JUCÁ, Paulo Renato. A Lei nº 12.815/2013: veneno ou remédio? A regulação do setor portuário *In*: Sérgio Guerra. (Org.). **Teoria do Estado Regulador**. Curitiba: Juruá, v. 3, 1ª ed, 2017.

JUSTEN FILHO, Marçal. As diversas configurações da concessão de serviço público *In*: **Revista de Direito Público da Economia**. Belo Horizonte: Editora Fórum, n. 1, jan./mar. 2003.

—. **O direito das agências reguladoras independentes**. São Paulo: Dialética, 2002.

—. O regime jurídico dos operadores de terminais portuários no direito brasileiro *In*: **Revista de Direito Público da Economia – RDPE**. Belo Horizonte: Fórum, v. 4, n. 16, out./dez. 2006.

—. **Teoria geral das concessões de serviços públicos**. São Paulo: Dialética, 2003.

—. O regime jurídico das atividades portuárias e seus reflexos sobre a delimitação do porto organizado *In*: PEREIRA, Cesar; SCHWIND, Rafael Wallbach (Org.). **Direito Portuário Brasileiro**: Lei 12.815 – Poligonal, Arrendamento e Autorização, Arbitragem. São Paulo: Marcial Pons, 2015.

KLEIN, Aline Lícia. O porto organizado como bem público e a delimitação de sua área *In*: PEREIRA, Cesar; SCHWIND, Rafael Wallbach (Org.). **Direito Portuário Brasileiro**: Lei 12.815 – Poligonal, Arrendamento e Autorização, Arbitragem. São Paulo: Marcial Pons, 2015.

—; MARQUES NETO, Floriano de Azevedo. Funções administrativas do Estado *In*: DI PIETRO, Maria Sylvia Zanella. (Coord.). **Tratado de Direito Administrativo**. v. 4, São Paulo: Editora Revista dos Tribunais, 2014.

LANDAU, Elena; SAMPAIO. Patricia Regina Pinheiro. O Setor Elétrico em uma visão introdutória *In*: LANDAU, Elena (Coord.). **Regulação jurídica do setor elétrico**. Rio de Janeiro: Lumen Juris, 2006.

LIMA, Cristiana Maria Melhado Araújo. **Regime jurídico dos portos marítimos**. 2009. Dissertação (Mestrado em Direito) – Pontifícia Universidade Católica de São Paulo, PUC-SP, 2009. p.

LOBO, Carlos Augusto da Silveira. Os terminais portuários previstos na Lei nº 8.630/93. **Revista de Direito Administrativo**. Rio de Janeiro: n. 220, abr./jun. 2000.

MAJONE, Giandomenico. Do estado positivo ao estado regulador *In*: **Regulação Econômica e Democracia**: o debate europeu. Paulo Todescan Lessa Mattos (Coord.). São Paulo: Singular, 2006.

MARQUES NETO, Floriano de Azevedo. A Nova Regulação dos Serviços Públicos. *In*: **Revista de Direito Administrativo – RDA**. Rio de Janeiro: v. 228, abr./jun. 2002.

—. Delimitação da poligonal dos portos organizados e o regime jurídico dos bens públicos *In*: PEREIRA, Cesar; SCHWIND, Rafael Wallbach (Org.). **Direito Por-**

tuário Brasileiro: Lei 12.815 – Poligonal, Arrendamento e Autorização, Arbitragem. São Paulo: Marcial Pons, 2015.

—. Público e privado no setor de saúde *In*: **Revista de Direito Público da Economia – RDPE**. Belo Horizonte: a. 3, n. 9, jan./mar. 2005.

—. ZAGO, Marina Fontão. Limites das assimetrias regulatórias e contratuais: o caso dos aeroportos *In*: **Revista de Direito Administrativo – RDA**. Rio de Janeiro: v. 277, n. 1, jan/abr. 2018, 2002.

—; FREITAS, Rafael Véras de. Uber, Whatsapp, Netflix: os novos quadrantes da publicatio e da assimetria regulatória *In*: FREITAS, Rafael Véras de; RIBEIRO, Leonardo Coelho; FEIGELSON, Bruno (Coord.). **Regulação e novas tecnologias**. Belo Horizonte: Fórum, 2017.

—; KLEIN, Aline Lícia. **Tratado de direito administrativo**: funções administrativas do Estado. v. 4, DI PIETRO, Maria Sylvia Zanella (Coord.). São Paulo: Revista dos Tribunais, 2014.

—; LEITE, Fábio Barbalho. Peculiaridades do contrato de arrendamento portuário *In*: **Revista de Direito Administrativo – RDA**. Rio de Janeiro: v. 231, jan./mar. 2003.

MAXIMILIANO, Carlos. **Hermenêutica e aplicação do Direito**. 19ª ed. Rio de Janeiro: Forense, 2010.

MAYER, Giovanna. Notas sobre o regime de portos brasileiros *In*: MOREIRA, Egon Bockmann (Coord.). **Portos e seus regimes jurídicos**: a Lei 12.815/2013 e seus desafios. Belo Horizonte: Fórum, 1ª ed. 2014.

—. **Regulação portuária brasileira**: uma reflexão sob a luz da análise econômica do direito. 2009. Dissertação (Mestrado em Direito). Universidade Federal do Paraná, 2009.

MENDONÇA, José Vicente Santos de. Esboço de guia jurídico para a revisão das poligonais de portos organizados *In*: PEREIRA, Cesar; SCHWIND, Rafael Wallbach (Org.). **Direito Portuário Brasileiro**: Lei 12.815 – Poligonal, Arrendamento e Autorização, Arbitragem. São Paulo: Marcial Pons, 2015.

MINISTÉRIO DO COMÉRCIO CHINA. Disponível em: http://english.mofcom.gov.cn/article/policyrelease/buwei/201407/20140700663862.shtml. Acesso em: 06 nov. 2018.

MONCADA, Luís Cabral de Oliveira. **Direito económico**. 7ª ed. Almeida: Coimbra, 2018.

MOREIRA NETO, Diogo de Figueiredo. Novos institutos consensuais da ação administrativa *In*: **Revista de Direito Administrativo – RDA**. Rio de Janeiro: v. 231, jan./mar. 2003.

—; FREITAS, Rafael Véras de. **A Nova Regulação Portuária**. Belo Horizonte: Editora Fórum, 2015.

MOREIRA, Egon Bockmann. Contratos Administrativos de longo prazo: a lógica do seu equilíbrio econômico-financeiro *In*: MOREIRA, Egon Bockmann (Coord.). **Contratos administrativos, equilíbrio econômico-financeiro e a taxa interna de retorno**: a lógica das concessões e parcerias público privadas. Belo Horizonte: Fórum, 2016.

—. Portos brasileiros e seus regimentos jurídicos *In*: **Portos e seus regimes jurídicos**: a Lei 12.815/2013 e seus desafios. Belo Horizonte: Editora Fórum, 2014.

—; MATTOS, Paulo Todescan Lessa (Coord.). **Direito concorrencial e a regulação econômica**. Belo Horizonte: Fórum, 2010.

MOREIRA, Lilian Drummond Diniz Malaco. Lei nº 12.815/2013: insegurança jurídica para os contratos de adesão vigentes na data de sua publicação *In*: RIBEIRO, Leonardo Coelho; FEIGELSON, Bruno; FREITAS, Rafael Véras de (Coord.). **A nova regulação de infraestrutura e da mineração**: portos, aeroportos, ferroviais e rodovias. Belo Horizonte: Fórum, 2015.

MOREIRA, Vital. **Auto-regulação profissional e administração pública**. Coimbra: Almedina, 1997.

MOURA E SILVA, Miguel. **Direito da concorrência, uma introdução jurisprudencial**. Coimbra: Almedina, 2008.

—. **O abuso de posição dominante na nova economia**. Teses de Doutorado, Coimbra: Almedina, 2010.

NESTER, Wagner. **Regulação e concorrência**: compartilhamento de infraestruturas e redes. São Paulo: Dialética, 2006.

NOTTEBOOMA, Theo E.; PAROLAE, Francesco; SATTAE, Giovanni; PALLIS, Athanasios A. The relationship between port choice and terminal involvement of alliance members in container shipping *In*: **Journal of Transport Geography**. n. 64, 2017.

OCDE. Disponível em: http://www.oecd.org/regreform/sectors/48837794.pdf. Acesso em: 02 dez. 2018.

—. Disponível em: https://www.itf-oecd.org/sites/default/files/docs/15cspa_mega-ships.pdf. Acesso em: 02 mar. 2018.

OLIVEIRA, Carolina Zaja Almada Campanate de. **Contratos administrativos de longo prazo em tempos de crise econômica**: a prorrogação antecipada e a relicitação na teoria dos contratos públicos. 2018. Dissertação (Mestrado em Direito) – Escola de Direito da Fundação Getúlio Vargas do Rio de Janeiro, FGV Direito. Rio de Janeiro, 2018.

OLIVEIRA, Gesner. **Concorrência**: panorama no Brasil e no mundo. São Paulo: Saraiva, 2001.

—. Defesa da concorrência nos portos. **Revista de Administração de Empresas São Paulo – RAE**. v. 38, n. 3, jul./set. 1998.

OLIVEIRA, Luiz Henrique Werneck de; SCHIRATO, Vitor Rhein. Tendências do transporte marítimo mundial e sua contextualização para o planejamento portuário brasileiro *In*: PEREIRA, Cesar; SCHWIND, Rafael Wallbach (Org.). **Direito Portuário Brasileiro**: Lei 12.815 – Poligonal, Arrendamento e Autorização, Arbitragem. São Paulo: Marcial Pons, 2015.

OLIVEIRA, Rafael Carvalho Rezende. Parcerias Público-Privadas no setor portuário *In*: RIBEIRO, Leonardo Coelho; FEIGELSON, Bruno; FREITAS, Rafael Véras de (Coord.). **A nova regulação de infraestrutura e da mineração**: portos, aeroportos, ferroviais e rodovias. Belo Horizonte: Fórum, 2015.

ONU. **Concentration in liner shipping**: its causes and impacts for ports and shipping services in developing regions. Disponível em: https://repositorio.cepal.org/handle/11362/31094. Acesso em: 20 nov. 2018.

ORTIZ, Gaspar Ariño. Sucessos e fracassos da regulação *In*: **Revista Eletrônica de Direito Administrativo Econômico – REDAE**. Salvador: n. 3, ago./out. 2005. p. 5. Disponível em: http://www.direitodoestado.com.br/artigo/gaspar-arino-ortiz/sucessos-e-fracassos-da-regulacao. Acesso em: 08 mar. 2018.

PEREIRA, Cesar A. Guimarães. **A Medida Provisória nº 595**: mudanças no marco regulatório do setor portuário no Brasil. Interesse Público – IP. Belo Horizonte: v. 13, n. 77, jan./fev. 2013.

PEREIRA, Cesar; SCHWIND, Rafael. O Novo Marco Regulatório do Setor Portuário Brasileiro *In*: PEREIRA, Cesar; SCHWIND, Rafael Wallbach (Org.). **Direito Portuário Brasileiro**: Lei 12.815 – Poligonal, Arrendamento e Autorização, Arbitragem. São Paulo: Marcial Pons, 2015.

PIERDOMENICO, Fabrizio; AZEVEDO NETO, João Octávvio de. O novo terminal de uso privado na logística do agronegócio *In*: RIBEIRO, Leonardo Coelho; FEIGELSON, Bruno; FREITAS, Rafael Véras de (Coord.). **A nova regulação de**

infraestrutura e da mineração: portos, aeroportos, ferroviais e rodovias. Belo Horizonte: Fórum, 2015.

PINHEIRO, Armando Castelar; SADDI, Jairo. **Direito, economia e mercados**. Rio de Janeiro: Elsevier, 2005.

PIZZOLATO, Nélio Domingues; SCAVARDA, Luiz Felipe; PAIVA, Rodrigo. Zonas de influência portuárias – *hinterlands*: conceituação e metodologias para sua delimitação *In*: Gest. Prod., São Carlos, v. 17, n. 3, 2010.

PORT ECONOMICS. Disponível em: http://www.porteconomics.eu/2018/01/22/the-relationship-between-port-choice-and-terminal-involvement-of-alliance-members-in-container-shipping/ e https://freighthub.com/en/blog/shipping-alliances-mean/. Acesso em: 06 nov. 2018.

PORTAL TECNOLOGISTICA. Disponível em: http://www.tecnologistica.com.br/portal/noticias/67509/portonave-registra-recorde-sul-americano-de-produtividade/. Acesso em 18 out. 2018.

PORTAL PORTOS E NAVIOS. Disponível em: https://www.portosenavios.com.br/noticias/portos-e-logistica/apm-terminals-itajai-bate-mais-um-recorde-de-produtividade-do-terminal. Acesso em: 25 out. 2018.

PORTO DE ITAJAÍ. Disponível em: http://www.docs.ndsr.org/ConvenioPortodeItajai1997.pdf. Acesso em: 13 set. 2018.

—. Disponível em: https://www.itajai.sc.gov.br/e/portodeitajai. Acesso em: 05 dez. 2018.

—. Disponível em: http://www.portoitajai.com.br/institucional/movimento_mercadorias.php e http://antaq.gov.br/Portal/Anuarios/Portuario2002/InformacoesGeraisPortos/Portos/Itajai.htm. Acesso em: 09 set. 2018.

—. Disponível em: http://www.portoitajai.com.br/novo/. Acesso em: 05 nov. 2018.

—. Disponível em: http://www.portoitajai.com.br/novo/c/calado-maximo-operacao. Acesso em: 15 set. 2018.

—. Disponível em: http://www.portoitajai.com.br/novo/estatisticas. Acesso em: 18 out. 2018.

—. Disponível em: http://www.portoitajai.com.br/novo/estatisticas/164/Estat%C3%ADstica%20de%20Junho%20de%202016. Acesso em: 17 out. 2018.

—. Disponível em: http://www.portoitajai.com.br/novo/estatisticas/183/Estat%C3%ADstica%20de%20Dezembro%20de%202017. Acesso em: 08 nov. 2018.

—. Disponível em: http://www.portoitajai.com.br/novo/estatisticas/7/Estat%C3%ADsticas%20de%202009. Acesso em: 27 set. 2018.

—. Disponível em: http://www.portoitajai.com.br/novo/estatisticas/8/Estat%C3%ADsticas%20de%202008. Acesso em: 30 set. 2018.

—. Disponível em: http://www.portoitajai.com.br/novo/estatisticas/9/Estat%C3%ADsticas%20de%202007. Acesso em: 23 set. 2018.

—. Disponível em: http://www.portoitajai.com.br/novo/noticia/1035. Acesso em: 07 set. 2018.

—. Disponível em: http://www.portoitajai.com.br/novo/noticia/954. Acesso em: 04 dez. 2018.

PORTO DE ITAPOÁ. Disponível em: http://www.portoitapoa.com.br/institucional/68. Acesso em: 23 out. 2018.

—. Disponível em: http://www.portoitapoa.com.br/institucional/71. Acesso em: 06 nov. 2018.

PORTO DE SANTOS. Disponível em: http://www.portodesantos.com.br/estatisticas.php?pagina=estmen. Acesso em: 15 jul. 2018.

PORTONAVE. Disponível em: http://www.portonave.com.br/pt/. Acesso em: 24 out. 2018.

—. Disponível em: http://www.portonave.com.br/pt/a-portonave/institucional/. Acesso em: 16 set. 2018.

POSNER, Richard A. **Antitrust law**. Second Edition. The University of Chicago Press, 2001.

—. **Natural monopoly and its regulation**. Massachusetts: Cato Institute, 1999.

RAGAZZO, Carlos Emmanuel Joppert. A regulação da concorrência *In*: **Regulação no Brasil** – uma visão multidisciplinar. 1ª ed. Rio de Janeiro: FGV, 2014.

—. **Regulação Jurídica, racionalidade econômica e saneamento básico**. Rio de Janeiro: Renovar, 2011.

REVISTA PORTUÁRIA. Disponível em: http://www.revistaportuaria.com.br/noticia/16913. Acesso em 18 out. 2018.

RIBEIRO, Leonardo Coelho. O novo marco regulatório dos portos: entre grandes objetivos e inadequadas exigências *In*: MOREIRA, Egon Bockmann (Coord.). **Portos e seus regimes jurídicos**: a Lei 12.815/2013 e seus desafios. 1ª ed., Belo Horizonte: Fórum, 2014.

RODRIGUES, Itiberê de Oliveira Castellano. Evolução histórico-jurídica do regime de exploração de portos no Brasil e no regime na Constituição de 1998 *In*: **Revista Eletrônica de Direito Administrativo Econômico – REDAE**. n. 37, fev./abr. 2014. p. 1-61 Disponível em: www.direitodoestado.com.br/codrevista.asp?cod=639. Acesso em: 15 abr. 2018.

RODRIGUES, Thiago de Almeida. **Identificação e hierarquização de dimensões de indicadores de desempenho operacionais de terminais de contêineres no Brasil por meio da *Analytic Hierarchy Process* (AHP)**. 2016. Dissertação (Mestrado em NOME) – Universidade Federal do Paraná, 2016.

RODRIGUES, Vasco. **Análise Económica do Direito** – uma introdução. 2ª ed. Coimbra: Almedina, 2016.

SALOMÃO FILHO, Calixto. **Direito Concorrencial**: as estruturas. 2ª ed. São Paulo: Malheiros, 2002.

—. **Regulação da atividade econômica**: princípios e fundamentos jurídicos. 2ª ed. São Paulo: Malheiros, 2008.

SAMPAIO, Patrícia Regina Pinheiro. **Direito da concorrência e obrigação de contratar**. Rio de Janeiro: Campus, 2009.

—. **Regulação e concorrência** – A atuação do CADE em setores de infraestrutura. São Paulo: Saraiva, 2013.

SANTOS, Alexandre Santos de. O contrato de compartilhamento de infra-estrutura: disciplina e natureza jurídica *In*: **Revista Trimestral de Direito Civil**. Rio de Janeiro: v. 6, n. 22. abr./jun., 2005.

SARMENTO, Daniel; Ordem constitucional econômica, liberdade e transporte individual de passageiros: o "caso Uber" *In*: FREITAS, Rafael Véras de; RIBEIRO, Leonardo Coelho; FEIGELSON, Bruno (Coord.). **Regulação e novas tecnologias.** Belo Horizonte: Fórum, 2017.

SCHIRATO, Vitor Rhein. A experiência e as perspectivas da regulação do setor portuário no Brasil *In*: **Revista de Direito Público da Economia – RDPE**. Belo Horizonte: a. 6, n. 23, jul./set. 2008.

—. As infraestruturas privadas no novo marco setorial de portos *In*: MOREIRA, Egon Bockmann (Coord.). **Portos e seus regimes jurídicos**: a Lei 12.815/2013 e seus desafios. 1ª ed. Belo Horizonte: Fórum, 2014.

—. Instalações portuárias e serviço público: requisitos e efeitos da definição de poligonais dos portos organizados *In*: PEREIRA, Cesar; SCHWIND, Rafael Wallbach (Org.). **Direito Portuário Brasileiro**: Lei 12.815 – Poligonal, Arrendamento e Autorização, Arbitragem. São Paulo: Marcial Pons, 2015.

—. **Livre iniciativa nos serviços públicos**. 1ª ed. Belo Horizonte: Fórum, 2012.

SCHWIND, Rafael Wallbach. Prorrogação dos contratos de arrendamento portuário *In*: PEREIRA, Cesar; SCHWIND, Rafael Wallbach (Org.). **Direito Portuário Brasileiro**: Lei 12.815 – Poligonal, Arrendamento e Autorização, Arbitragem. São Paulo: Marcial Pons, 2015.

SOUSA, Maurício Araquam de. **Administração empreendedora**: novo modelo de arrendamento portuário. Rio de Janeiro: Synergia Editora, 2015.

—. Diferenças entre terminais portuários de uso público e de uso privado *In*: PEREIRA, Cesar; SCHWIND, Rafael Wallbach (Org.). **Direito Portuário Brasileiro**: Lei 12.815 – Poligonal, Arrendamento e Autorização, Arbitragem. São Paulo: Marcial Pons, 2015.

SOUTO, Marcos Juruena Villela. **Direito administrativo da economia**. 3ª ed. Lumen Juris: Rio de Janeiro, 2003.

—. **Direito administrativo das concessões**. Rio de Janeiro: Lumen Juris, 2004.

—. **Direito administrativo regulatório**. Rio de Janeiro: Lumen Juris, 2002.

SOUZA JUNIOR, Suriman Nogueira de. **Regulação portuária**: a regulação jurídica dos serviços públicos de infra-estrutura portuária no Brasil. São Paulo: Saraiva, 2008.

STIGLER, George J. **The organization of industry**. Chicago: University of Chicago Press, 1983.

—. The Theory of Economic Regulation. **The Bell Journal of Economics and Management Science**. v. 2, n. 1, 1971, p. 3. JSTOR. Disponível em: www.jstor.org/stable/3003160. Acesso em: 19 ago. 2018.

SUNDFELD, Carlos Ari. O caminho do desenvolvimento na Lei dos Portos – centralizar para privatizar? *In*: MOREIRA, Egon Bockmann (Coord.). **Portos e seus regimes jurídicos**: a Lei 12.815/2013 e seus desafios. 1ª ed., Belo Horizonte: Fórum, 2014.

—; CÂMARA, Jacintho Arruda. Terminais portuários de uso misto *In*: **Revista de Direito Público da Economia**. Belo Horizonte: Fórum, n. 23, jul./set. 2008.

—; ROSILHO, André. A redefinição da poligonal do porto organizado como mecanismo de desenvolvimento do setor portuário *In*: PEREIRA, Cesar; SCHWIND, Rafael Wallbach (Org.). **Direito Portuário Brasileiro**: Lei 12.815 – Poligonal, Arrendamento e Autorização, Arbitragem. São Paulo: Marcial Pons, 2015.

TRIBUNAL DE CONTAS DA UNIÃO. Relator Ministro Walton Alencar Rodrigues, **Acórdão nº 989/2017**. Disponível em: https://contas.tcu.gov.br/pesquisaJurisprudencia/#/detalhamento/11/%252a/NUMACORDAO%253A989%2520ANOACORDAO%253A2017/DTRELEVANCIA%2520desc%252C%2520NUMACORDAOINT%2520desc/false/1/false. Acesso em: 31 maio 2018.

—. Relatora Ministra Ana Araes. **Processo nº 024.882/2014-3**. Disponível em: https://contas.tcu.gov.br/sagas/SvlVisualizarRelVotoAcRtf?codFiltro=SAGAS-

-SESSAO-ENCERRADA&seOcultaPagina=S&item0=533976. Acesso em: 20 maio 2018.

—. Disponível em: https://contas.tcu.gov.br/sagas/SvlVisualizarRelVotoAcRtf?codFiltro=SAGAS-SESSAO-ENCERRADA&seOcultaPagina=S&item0=627787. Acesso em: 29 out. 2018.

—. Disponível em: https://portal.tcu.gov.br/lumis/portal/file/fileDownload.jsp?fileId=8A8182A24E08D405014E0D246CE96AAC. Acesso em: 25 out. 2018.

TRIUNFO. Disponível em: http://ri.triunfo.com/. Acesso em: 19 out. 2018.

UNCTAD. Dados do relatório anual da Conferência das Nações Unidas sobre Comércio e Desenvolvimento. **Review of Maritime Transport, United Nations Conference on Trade and Development**. cap. 4. Disponível em: http://unctad.org/en/PublicationsLibrary/rmt2017_en.pdf. Acesso em: 15 maio 2018.

WILLIAMSON, John. Washington Consensus as policy prescription for development *In*: BESLEY, Timothy; ZAGHA, Roberto (Coord.). **Development Challenges in the 1990s**: Leading Policymakers Speak from Experience. Copublication of The World Bank and Oxford University Press, 02 abr. 2018.

WORLD BANK. **Port Reform Toolkit**. 2nd ed. mod. 7, Labor reform and related social issues, 2012.